a fondo

Curso de español lengua extranjera

NIVEL AVANZADO

María Luisa Coronado
Javier García González
Alejandro Zarzalejos

Español Lengua Extranjera

SOCIEDAD GENERAL ESPAÑOLA DE LIBRERÍA, S.A.

SGEL

a fondo

Curso de español lengua extranjera

NIVEL AVANZADO

Nuestro agradecimiento a Guadi Galego por su
colaboración en el CD que acompaña este libro.

Primera edición, 2003

Tercera edición, 2006

Produce: SGEL-Educación
      Avda. Valdelaparra, 29
      28108 Alcobendas (Madrid)

© M.ª Luisa Coronado
   Javier García
   Alejandro Zarzalejos

© Sociedad General Española de Librería, S. A., 2003
Avda. Valdelaparra, 29 — 28108 Alcobendas (Madrid)

© Maitena, p. 71

ISBN: 84-9778-058-2
Depósito legal: M-27014-2006
Diseño y maquetación: LdTlab, Comunicación Gráfica
Ilustraciones: Almudena Noriega Buendía
Fotografías: Archivo SGEL y Cordon Press

Impresión: Orymu, S. A.
Encuadernación: Sigma

INTRODUCCIÓN

Este libro es un manual de nivel avanzado de español como lengua extranjera (niveles B2 y B2+ del *Marco común europeo de referencia*) que tiene como objetivo principal servir de apoyo a los estudiantes en su camino hacia una comunicación más eficaz, rica y versátil.

Sus nueve unidades están estructuradas en torno a núcleos temáticos, como la emigración, el mundo laboral o la educación. En cada una de las unidades hay secciones fijas en las que se desarrollan los contenidos y las actividades de la lengua o destrezas comunicativas: gramática (tratada, por lo general, inductivamente), léxico (palabras y sus combinaciones o colocaciones), funciones y sus exponentes, comprensión de lectura y auditiva (mediante textos reales tanto escritos como orales), interacción y expresión orales, expresión e interacción escritas. Transversal al desarrollo de los contenidos es la atención a los aspectos socioculturales, pragmáticos y sociolingüísticos.

Este libro es heredero del antiguo manual *A fondo*, de esta editorial. Nuestra mayor experiencia y las sugerencias, críticas y alabanzas que hemos recibido a lo largo de estos años por parte de profesores y alumnos que lo han utilizado han hecho posible una profunda renovación. El manual *A fondo. Nivel avanzado* tiene su continuación en el nuevo *A fondo. Nivel superior*.

Los profesores y estudiantes interesados en ampliar en clase o fuera de ella los contenidos gramaticales o en hacer más actividades de práctica pueden usar en Curso de Gramática de Español como Lengua Extranjera *Materia prima*, de los mismos autores y publicado en esta misma editorial.

ACTIVIDAD PREPARATORIA 1

Como puedes ver en el índice, cada unidad de este libro tiene como título la primera mitad de un refrán o expresión que tiene relación con el tema de la unidad. Busca en la columna de la derecha la segunda parte y el tema (a veces la rima puede ayudarte):

1. En todas partes...

2. (Ir/andar) De la ceca...

3. A Dios rogando...

4. El muerto al hoyo...

5. A buen entendedor...

6. Quien mal anda, ...

7. De tal palo, ...

8. A la cama no te irás...

9. De todo hay...

A) pocas palabras bastan (LOS MEDIOS DE COMUNICACIÓN)

B) y el vivo al bollo (EL OCIO)

C) mal acaba (EL MEDIO AMBIENTE)

D) en la viña del Señor (LA RELIGIÓN)

E) y con el mazo dando (EL TRABAJO)

F) sin saber una cosa más (LA EDUCACIÓN)

G) cuecen habas. (TÓPICOS Y ESTEREOTIPOS)

H) a La Meca (LA EMIGRACIÓN)

I) tal astilla (GENERACIONES Y FAMILIA)

ACTIVIDAD PREPARATORIA 2

Aprende a aprovechar tu libro

Con ayuda del índice, contesta estas preguntas:

1 ¿Qué secciones de las unidades te ayudarán más a:

    a) ampliar vocabulario?

    b) mejorar la comprensión auditiva?

    c) desarrollar la escritura?

    d) mejorar tu gramática?

2 ¿Qué página o páginas del libro podrías consultar para encontrar la siguiente información? (Aunque, realmente, para tener toda la información tendrás que haber terminado el libro)

a) Cuándo se dice "fue construido" y cuándo "se construyó".

b) ¿A qué edad suelen irse los jóvenes españoles de casa de sus padres?

c) ¿Qué diferencia hay entre "mientras" y "mientras tanto"?

d) Si alguien te dice "Me lo he pasado de miedo", ¿se lo ha pasado bien o mal?

e) ¿Detrás de "está claro que" se usa indicativo o subjuntivo?

f) ¿Cuántas lenguas se hablan en España?

g) Cómo se escribe un currículum.

h) ¿Qué diferencia hay entre "por eso" y "por lo tanto"?

i) ¿Qué significa "Se me ha ido el santo al cielo"?

j) La diferencia entre "volverse" y "hacerse".

k) ¿Cuándo se usa "antiguo" y cuándo "anticuado"?

l) ¿Cómo se llama el lugar donde se juega al tenis?

¿TÚ QUÉ CREES?

Observa a estos niños y lee de qué país son. ¿Qué pueden tener en común?

España

Bolivia

México

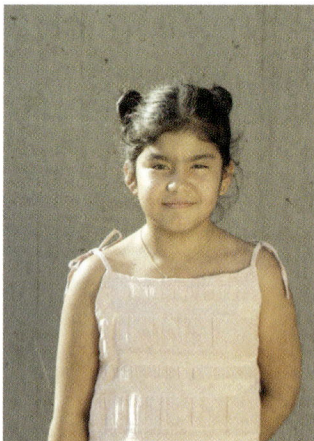

Estados Unidos

¿Quiénes de estos niños pueden ser bilingües porque en su zona de origen se habla más de una lengua? ¿Qué dos lenguas podrían hablar? Observa los siguientes mapas en los que tienes marcadas las zonas hispanohablantes donde, además, se habla otra lengua.

Colombia

La situación lingüística en Hispanoamérica es mucho más compleja, pero este mapa te da una idea general de las lenguas más importantes.

- ■ Catalán
- ■ Gallego
- ■ Vasco

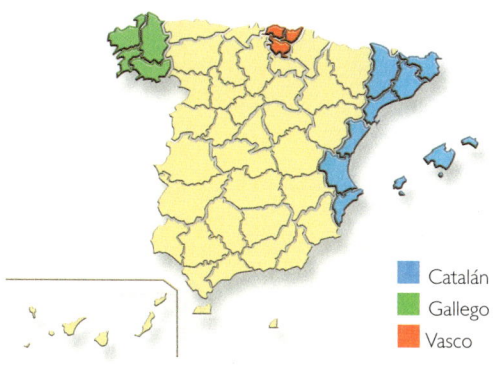

Con frecuencia, se usan las palabras "hispano" o "latino" para referirse a los hablantes de español o castellano. ¿Llamarías a estos niños con esas palabras?

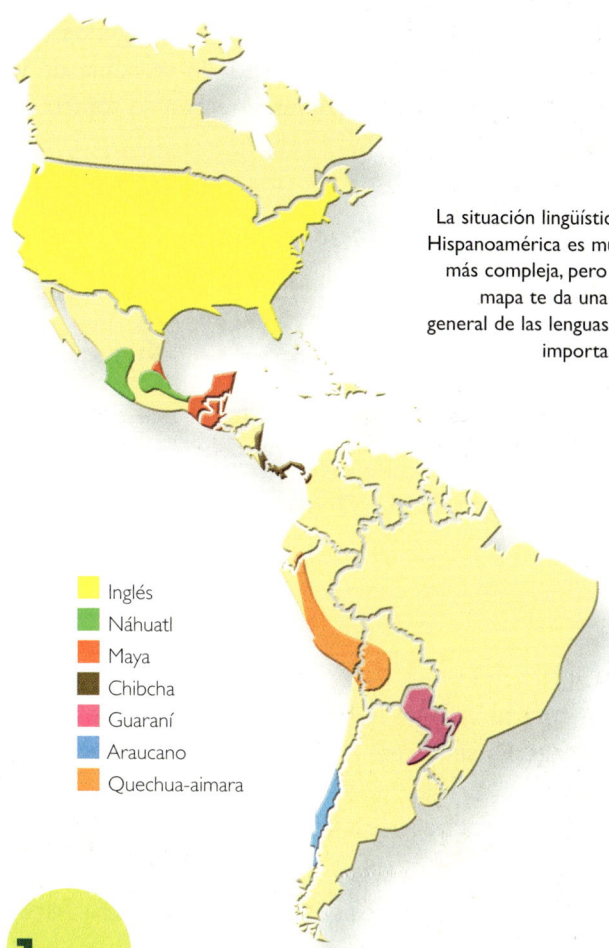

- ■ Inglés
- ■ Náhuatl
- ■ Maya
- ■ Chibcha
- ■ Guaraní
- ■ Araucano
- ■ Quechua-aimara

CON TEXTOS 1

¿Sabes qué significa la palabra "tópico"?

Hay tópicos muy extendidos sobre los idiomas y su aprendizaje como lengua extranjera. Discute con tus compañeros cuáles de los siguientes te parecen verdaderos y cuáles no:

1. Hay lenguas útiles e inútiles.

2. Hay pueblos mejor dotados para aprender lenguas.

3. Hay lenguas fáciles y difíciles. Las primeras se difunden más fácilmente.

4. Hay lenguas que tienen sonidos que sólo pueden pronunciar sus hablantes nativos.

5. Hay lenguas que tienen muchas irregularidades.

6. Para aprender una lengua es imprescindible ir al país donde se habla.

7. Un profesor de idiomas es mejor si es hablante nativo de esa lengua.

8. Al hablar otra lengua con algunos rasgos de nuestra lengua primera, la estamos contaminando, degradando y empobreciendo.

9. Las palabras que no están en el diccionario son incorrectas o no existen.

10. Todas las palabras que están en el diccionario son correctas y existen.

11. Todos los hablantes de un idioma conocen y utilizan la lengua estándar, la que se enseña en las gramáticas y libros de texto.

Compara ahora las opiniones del grupo con las del lingüista español Juan Carlos Moreno Cabrera. En la página 266 tienes algunos fragmentos de su libro "La dignidad e igualdad de las lenguas", donde se habla de los tópicos sobre los idiomas. ¿Podrías relacionar cada comentario con su tópico correspondiente?

CON TEXTOS 2

Miquel Urmeneta
© Kukuxumusu

1 ■ Imagina que tienes que escoger cinco imágenes representativas de España para un reportaje periodístico. ¿Qué aparecería en esas fotografías?

1. _____   2. _____   3. _____

4. _____   5. _____

Comenta tu imagen de España con el resto de la clase. ¿Todo el mundo ha escogido imágenes similares?

Completa esta frase con las palabras "tópico" y "estereotipo":

"Muchas de las imágenes que hemos elegido en la actividad anterior representan

_____ , y el conjunto de esas imágenes muestra el _____

que tenemos de España".

2 ■ ¿Crees en los estereotipos? ¿Son buenos, divertidos, perjudiciales, negativos…? ¿Pueden ser peligrosos? Lee el último párrafo del artículo que tienes en la página siguiente; en opinión de su autora, ¿los estereotipos son positivos o negativos? (Fíjate especialmente en la palabra "espejismo"; si es necesario, busca su significado en el diccionario).

3 ■ Relaciona los dibujos con las palabras, que después vas a leer en el texto:

A	Crucifijo
B	Enlutado (vestido de luto)
C	Pandereta
D	Boina
E	Monja
F	Puñal

4■ Lee ahora el resto del artículo y fíjate especialmente en lo siguiente (subraya las partes del artículo que te ayuden a contestar las preguntas):

a) Según la autora, ¿ha habido cambios profundos últimamente en España?

b) Esos cambios, ¿son todos buenos o los hay buenos y malos?

c) Los demás países europeos, ¿perciben estos cambios igual que nosotros?

d) ¿Los españoles percibimos los cambios que se producen en otros países?

España cañí *

"Decir que España ha cambiado enormemente en los últimos años es una obviedad. Algunos cambios son para bien, otros no tanto. Contemplando el fenómeno en conjunto, la mejora parece indudable: por primera vez en la historia de
5 este país está echando raíces la democracia, y estamos saliendo al fin de un atraso y aislamiento de dos siglos. Pero por todo ello ha habido que pagar un alto precio. Mirando la situación en lo menudo, hay nuevas costumbres deleznables, prepotencias ridículas. No todo lo que brilla es oro,
10 desde luego.

Pero de lo que no cabe duda es de que, para mal y para bien, nuestra sociedad es muy distinta de la que antaño fue. Pues bien, esto que es una pura evidencia para todos nosotros parece ser una realidad difícil de aceptar para los paí-
15 ses que nos rodean. Los europeos nos han congelado en una imagen de pandereta y guerra civil, de viejos enlutados y con boina, de crucifijos, monjas y puñales. Decidieron hace muchísimos años cuál era la especificidad de lo español: un pueblo pobre, inculto, dictatorial, irracional y retra-
20 sado. Y se niegan a abandonar el estereotipo.

¡Son tan cómodos los estereotipos! Te ahorran el esfuerzo de tener que pensar y te tranquilizan con su espejismo de un mundo inmutable. Además, estos estereotipos de pueblos retrasados y miserables son doblemente útiles, porque
25 engordan el etnocentrismo y el orgullo patrio, y te hacen sentir superior al vecino. Es un comportamiento profundamente humano; también los españoles, por supuesto, aplicamos el mismo estereotipo a otros pueblos, y nos negamos a reconocer su evolución y sus avances."

(Rosa Montero, extracto)

* "España cañí" es el título de un pasodoble muy famoso en España, y "cañí" significa 'que es gitano o lo parece'.

5■ Busca en el texto frases que expresen la misma idea que las siguientes, que son también del texto:

a) España ha cambiado enormemente en los últimos años (busca en el segundo párrafo):

b) Es una obviedad (busca en el segundo párrafo):

c) Algunos cambios son para bien, otros no tanto (busca en el segundo párrafo):

6■ Busca ahora en el primer párrafo una frase contraria de ésta: "Contemplando el fenómeno en conjunto".

7■ Ahora compara tu imagen de España con todo lo que has leído.

8■ ¿Qué piensan otros de tu país? ¿Hay también un estereotipo?

9 ■ Busca en el texto las palabras que necesitas para completar estas columnas de familias de palabras (algunas son la forma negativa contraria a la palabra que te damos):

NOMBRE	ADJETIVO	VERBO
	obvio	obviar
	mejor, mejorable, inmejorable	mejorar
duda	dudoso,	dudar
	aislado	aislar
	específico, inespecífico	especificar
cultura, incultura	culto,	
dictador, dictadura		
razón	razonable, racional,	razonar
gordura	gordo	
		comportarse

¡LO QUE HAY QUE OÍR! 1

1 ■ En la grabación de radio que vas a escuchar, la locutora comienza diciendo estas palabras:

Typical Spanish es una sección que abriremos todos los miércoles. Lo haremos para aprender a reírnos de nosotros mismos. Pablo Fernández ha salido a la calle para descubrir qué piensan los turistas del típico español... y española. Un documento que no tiene desperdicio y, si no, escuchen.

a) ¿Como será el tono de esta sección: serio, irónico, humorístico...?

b) ¿Cuáles de estos elementos aparecerán? ¿Se te ocurre algún otro?

- Siesta
- un bailaor
- chuletón
- rascacielos
- mujeres guapas
- paella
- cuadros de Picasso
- callos
- vino

2 Escucha la grabación completa. ¿Cuáles de las imágenes del ejercicio anterior se mencionan?

3 Volvemos al principio del reportaje. Escucharemos primero al reportero, Pablo Fernández, y después a la primera persona entrevistada. ¿Quién da informaciones más objetivas y quién más subjetivas? Completa este cuadro.

PABLO FERNÁNDEZ	PRIMER ENTREVISTADO
Tipo de gobierno:	Calidad de vida:
N° de comunidades autónomas:	Productos destacables:
Orden entre los países industrializados:	Importancia de las mujeres:
Renta per cápita:	Orden entre los países del mundo:

4 En el resto de la grabación también hay un fuerte contraste entre lo que dice Pablo Fernández y lo que opinan los entrevistados. Escúchalo y resúmelo completando el cuadro:

	PABLO FERNÁNDEZ	ENTREVISTADOS
a)	Los españoles son _____ y se preocupan por _____	Los españoles son _____ _____
b)	Los españoles son _____	Los españoles salen _____
c)	Los españoles son famosos en el mundo entero por sus obras _____ , por el valor de sus _____ , y por su importancia en la escena _____ .	Lo mejor de España son _____ _____ _____

5 ¿Piensas que la visión de España que nos dan los entrevistados es: sincera, orgullosa, estereotipada, simplista, realista... ? ¿Crees que se puede conocer un país visitándolo como un turista?

MATERIA PRIMA 1

1 ■ Unos amigos están aconsejando a otro sobre a dónde viajar y a dónde no. Lee la conversación y contesta después las preguntas:

Marina: Viaja a Gurulandia. Me han dicho que los gurulandeses, **que son muy simpáticos,** son el pueblo más hospitalario del mundo. Te invitan en los bares, te llevan a su casa y todas esas cosas.

David: No, no, eso es demasiado generalizar. Seguro que lo has leído en algún folleto turístico.

Marina: Pues la verdad es que sí.

David: Yo sí que he estado en Gurulandia, y te puedo decir que los gurulandeses **que son simpáticos** no son tantos como pone en los folletos. Hay de todo: simpáticos, antipáticos, hospitalarios, cerrados, de todo.

Nuria: Ya, como aquí, vamos. Ya se sabe: En todas partes cuecen habas. Pues yo creo que al final voy a ir; ya os diré cuál de los dos tiene la razón.

a) Según Marina, ¿cuántos gurulandeses son simpáticos?

b) Según David, ¿cuántos gurulandeses son simpáticos?

c) Relaciona las dos columnas:

1) Cuando Marina dice "que son muy simpáticos" nos está…

a) explicando que todos los gurulandeses son simpáticos

2) Cuando David dice "que son muy simpáticos" nos está…

b) especificando que va a hablar del grupo de los gurulandeses simpáticos y no de los antipáticos

d) Una de estas frases, por lo tanto, es especificativa, y la otra, explicativa. Escucha la grabación y fíjate en la entonación; ¿hay alguna diferencia?

e) ¿Con qué palabra (pronombre relativo) comienzan las dos?

2 ■ En los textos formales (tanto escritos como orales), podemos encontrar, además, otros pronombres relativos. Vamos a leer una parte del folleto turístico que tenía Marina; fíjate especialmente en las palabras marcadas:

GURULANDIA
PAISAJES DE POSTAL

En Gurulandia no sólo hay paisajes de postal. Podrá usted disfrutar de la hospitalidad de sus habitantes, *que/quienes/los cuales* no dudarán en invitarle a su propia casa para tomar un té y charlar (1).

Conocerá así nuestras viviendas tradicionales, *que/las cuales* mantienen la antigua estructura de patio rectangular rodeado de habitaciones distribuidas en dos plantas (2).

Son muchos los gurulandeses *que* todavía mantienen estos patios con fuentes y abundante vegetación (3).

En cuanto a las actividades para el tiempo libre, *que/las cuales* son muchas y variadas (4),

nada mejor que venir a Gurulandia.

Los gurulandeses, *que/quienes/los cuales* son desde tiempos remotos grandes amantes de los deportes (5), le animarán a participar en sus competiciones de vela o sus juegos de pelota.

Aunque si usted busca algo más tranquilo, nada mejor que pasear por los inmensos parques, siempre llenos de gente *que* disfruta contemplando los árboles, los lagos, las ardillas, los ciervos... (6)

a) Completa este cuadro sobre las oraciones marcadas en el texto anterior:

	¿ES ESPECIFICATIVA O EXPLICATIVA?	¿CON QUÉ PRONOMBRE PUEDE EMPEZAR?	ESTE PRONOMBRE, ¿SE REFIERE A PERSONAS O A COSAS?
Oración 1			
Oración 2			
Oración 3			
Oración 4			
Oración 5			
Oración 6			

b) Analiza lo que has escrito en el cuadro anterior y completa esta regla de uso de los pronombres relativos:

En las oraciones especificativas usamos siempre el pronombre _____ . En las oraciones explicativas podemos usar _____ o _____ , y si hablamos de personas, también podemos usar _____ .

3■Finalmente, Nuria y Marina se van juntas a Gurulandia. A la vuelta, le cuentan su viaje a David. Lee lo que dicen y fíjate en lo que está marcado:

Nuria: Pues tenías razón, David. Hay de todo. Hay gente antipática, pero también es verdad que hay gente simpatiquísima, y muy hospitalaria. Por ejemplo, Mugala.

Marina: ¿Mugala?

Nuria: Sí, mujer, Mugala, **el que comió con nosotras en aquel restaurante típico en el campo**.

Marina: Ah, ya, ya, sí, era muy majo. Pero a mí me cayó mejor aquella señora rubia tan agradable que nos invitó a un café en su casa.

Nuria: Pues de esa no me acuerdo yo.

Marina: Pues fue **la que nos recomendó** que fuéramos al restaurante típico donde luego conocimos a Mugala.

Nuria: Sí, ya me acuerdo, pero ella no nos recomendó ese restaurante, nos habló del otro, **el que estaba al lado de la playa**, ¿te acuerdas?

¿Con qué función usan Marina y Nuria estas oraciones de relativo que empiezan con el pronombre "el/la/los/las que?"

a) Para explicarnos una característica de una persona o cosa.

b) Para especificar, dentro de un grupo, de qué persona o cosas hablan.

c) Para dar características que sirvan para identificar de qué persona o cosa hablan.

4■ A continuación, tienes algunos fragmentos de un texto titulado "Cómo nos ven", de Vicente Verdú. Trata sobre el conocimiento que gente de diversos países tiene de España y de su cultura.

Fíjate en los pronombres "que" marcados; ¿en qué casos podrían haberse utilizado también otros pronombres relativos?

Cómo nos ven

LOS ALEMANES
Sol, siesta y fiesta, toros, playas y chicas morenas con mucho temperamento. Todos éstos son tópicos **que** (1) durante muchísimos años dominaban las imágenes **que** (2) tenían los alemanes sobre los españoles.

LOS BRITÁNICOS
"Cuando un actor llama la atención es difícil de olvidar. Es el caso de Javier Bardem, **que** (3) ha hecho furor entre las espectadoras" (Charlotte O'Sullivan).

La prensa incluye con fruición artículos como la retirada de los ruedos de Cristina Sánchez*. Un asunto puramente machista para todos los comentaristas, **que** (4) simpatizan con la fémina.

* Mujer que toreaba y se retiró todavía bastante joven por las presiones de sus colegas varones.

LOS MARROQUÍES

La visión **que** (5) los marroquíes tienen de España ha cambiado radicalmente. Si hasta los años ochenta persistía en el imaginario colectivo la idea de una España pobre **que** (6) vivía gracias a los dineros **que** (7) le llovían de los turistas nórdicos, la masiva afluencia de empresarios hispanos a Marruecos, las decenas de miles de emigrantes, así como los cambios **que** (8) cada año constata la riada de emigrantes **que** (9) vienen de Europa a pasar sus vacaciones al país atravesando España, han terminado por deshacer el viejo cliché.

LOS BRASILEÑOS

Muchos brasileños han recibido una noción de un país descono-cido, a través de nombres como Ronaldo, Rivaldo o Roberto Carlos*, **que** (10) son entrevistados a menudo en los medios de comunicación sobre su estilo de vida en España.

Vivente Verdú, "Como nos ven", extracto

* Futbolistas brasileños que juegan o han jugado en equipos españoles.

PALABRA POR PALABRA

1 ▪ Para entender el fragmento que tienes a continuación, es necesario conocer los tópicos que, como en todos los países, existen en España sobre los españoles de determinadas partes del país. Si lees atentamente el texto y las notas, podrás des-cubrir un tópico sobre los gallegos, otro sobre los madrileños y dos más sobre los catalanes:

Conozco tailandeses que cuando te los encuentras en una escale-ra nunca sabes si suben o bajan[1]. He detectado comportamientos supuestamente mexicanos entre arraigados aborígenes del Ampurdán[2]. Colecciono madrileños tan tacaños como se dice son los catalanes o los escoceses. También podría hacer una lista de catalanes gandules y de catalanes generosos. Es decir, no creo demasiado en las idiosincrasias con fronteras y la psicología de los pueblos anda un tanto desconcertada desde que todos los pue-blos, o casi todos, ven los mismos programas de televisión, parti-cipan en las mismas relaciones de producción y realizan sus com-pras en cualquier Hipercor[3] (es un decir).

Manuel Vázquez Montalbán, "En el día de la patria gallega", extracto

1. Este es un tópico sobre los gallegos, para indicar que nunca se pueden conocer sus intenciones.
2. Comarca de Cataluña.
3. Nombre de una cadena de hipermercados españoles.

¿Qué mensaje nos transmite Vázquez Montalbán sobre los tópicos y estereoti-pos? ¿Qué relación tiene su mensaje con el título de esta unidad?

2 ▪ Para entender textos como el anterior, es conveniente que conoz-cas las cualidades y defectos que se les suelen atribuir a los habi-tantes de algunas zonas de España. Los tópicos, por muy falsos que sean, forman parte de la cultura común de un pueblo, y aparecen en conversaciones, chistes y otras muchas situaciones de comunicación.

Andalucía	Castilla-La Mancha	Melilla
Aragón	Cataluña	Murcia
Asturias	Ceuta	Navarra
Baleares	Extremadura	País Vasco
Canarias	Galicia	Valencia
Cantabria	La Rioja	
Castilla y León	Madrid	

Lee la descripción que te damos de los andaluces, aragoneses, castellanos, catalanes, gallegos, madrileños y vascos, y, de acuerdo con ella, busca en cada lista los adjetivos que podrían usarse para explicar de qué tienen fama los habitantes de cada zona.

ANDALUCES:

Tienen fama de estar siempre de fiesta y de hacer reír a los demás. Ofrecen todo lo que tienen sin pensárselo mucho. Les cuesta trabajar. Cuando hablan de las cosas suelen deformar la realidad aumentándola. No suelen mostrarse tristes.

ARAGONESES:

Es difícil que cambien de opinión. A veces se empeñan en hacer cosas que van contra la lógica y la prudencia o que pueden ofender a los demás. No son nada perezosos. No mienten ni engañan, siempre dicen lo que piensan.

Se dice que los andaluces

son [   ],

y que los aragoneses

son [   ].

- generosos
- sinceros
- exagerados
- vagos
- trabajadores
- juerguistas
- testarudos
- brutos
- chistosos
- honrados
- alegres

GALLEGOS:

Mantienen creencias antiguas sin fundamento racional. No se fían de nada ni de nadie. No aceptan fácilmente lo que es distinto o nuevo.

No huyen del trabajo. No hablan claramente de sus ideas y opiniones. Demuestran el amor y el afecto con facilidad.

Se dice que los gallegos

son [   ],

que los madrileños

son [   ], y que los vascos

son [   ].

MADRILEÑOS

Son insolentes y presumidos. Se consideran más poderosos y con más derechos que los demás. Acogen bien a los de fuera. Gastan demasiado.

VASCOS:

Les gusta comer mucho y bueno. Están muy apegados a su zona y a sus gentes. Son robustos. Son sinceros pero duros, sin delicadeza. Tampoco se ríen mucho.

- amantes de su tierra
- trabajadores
- prepotentes
- poco directos
- derrochadores
- chulos
- cerrados
- fuertes
- comilones
- hospitalarios
- supersticiosos
- cariñosos
- serios
- desconfiados
- rudos

CASTELLANOS:

No derrochan, les gusta conformarse con lo estrictamente necesario. Tienen mucho amor propio. No se ríen mucho. Son tradicionales en sus ideas y costumbres.

CATALANES:

No son nada generosos. Sienten satisfacción por lo propio y a veces lo consideran superior a lo de los demás. Tienen iniciativa y decisión para montar negocios y empresas. Les gusta lo que es útil y provechoso.

Se dice que los castellanos

son [   ],

y que los catalanes

son [   ].

- prácticos
- emprendedores
- conservadores
- orgullosos
- tacaños
- austeros
- secos

3 ▪ Las personas descritas a continuación, ¿serían un ejemplo del estereotipo de su zona?

a) Un aragonés tramposo

b) Un catalán derrochador

c) Un gallego que contesta a una pregunta con otra pregunta

d) Un andaluz bromista

e) Un madrileño humilde

f) Un castellano muy efusivo

g) Un vasco débil

MATERIA PRIMA 2

1 ▪ Busca en la columna de la derecha una forma de decir más o menos lo mismo que en la de la izquierda:

Es emprendedor	siempre está contento
Es bromista	siempre está enfermo
Es alegre	siempre está en forma
Es juerguista	siempre está de broma
Es débil	está muy apegado a su tierra
Es fuerte	siempre está ocupado
Es amante de su tierra	siempre está dispuesto a empezar cosas nuevas
Es trabajador	siempre está de juerga

2 ▪ Las palabras y expresiones de la derecha ("contento, de broma, ocupado", etc.) no se usan con el verbo "ser", pero podemos expresar que es una característica más o menos permanente con palabras como "siempre", "constantemente", etc. Completa tú ahora estas frases que hablan del carácter de alguien con las palabras de la izquierda:

DE BUEN HUMOR

DEPRIMIDO

SATISFECHO

DE BROMA

ENFADADO

INSATISFECHO

a) Es muy conformista: siempre _____ con lo que tiene.

b) Tiene muy mal genio: siempre _____ .

c) Es muy depresivo: constantemente _____ .

d) Es muy alegre: casi siempre _____ .

e) Es muy divertido: siempre _____ .

f) Es demasiado ambicioso, y por eso siempre _____ .

¡LO QUE HAY QUE OÍR! 2

1 ▪ Vas a oír parte de un programa de radio dedicado a Galicia. ¿Sabes cuál es la música tradicional gallega? Escucha una muestra.

El programa tiene dos partes: en la primera, oirás la historia de un periodista que ha viajado por Galicia, por sus ciudades, sus pueblos y aldeas, para preguntar a sus habitantes cómo son los gallegos y cuál es la situación de su tierra; en la segunda, un locutor entrevista a Manuel Rivas, famoso escritor gallego.

2 ▪ Escucha al periodista. Fíjate sobre todo en las respuestas de la gente y contesta las siguientes preguntas:

1. Una señora con un paraguas, en Santiago de Compostela:

  a) ¿Cómo es la gente de Galicia?

  b) ¿Qué cosas buenas hay en su tierra?

  c) ¿Es la lluvia lo malo de Galicia?

2. Un ganadero de una aldea:

  d) ¿Cuál es el mayor problema de Galicia para él?

3. Un señor de Valdoviños (pueblo gallego):

  e) ¿Cuál es la explicación para el problema del que habla el ganadero?

4. Un señor de una ciudad gallega:

  f) ¿Qué tópicos sobre los gallegos son falsos actualmente?

5. La última señora:

  g) Según ella, ¿cómo viven los gallegos?

  h) Su respuesta, ¿se puede poner en relación con algún tópico sobre los gallegos? (Si no los recuerdas, consulta el apartado "Palabra por palabra").

3 ▪ A continuación, un locutor entrevista a Manuel Rivas, escritor gallego. ¿Qué opina este escritor? Elige en cada apartado la respuesta a o b.

1. a) Existe una forma de ser común de los gallegos.

  b) No existe una forma de ser común a todos los gallegos.

2. a) La indecisión de los gallegos es algo que merece menosprecio.

  b) Esa aparente indecisión en realidad es una muestra de inteligencia.

3. a) Los tópicos siempre tienen parte de verdad.

  b) Unos tópicos son verdaderos en parte, y otros son completamente falsos.

4. a) Galicia es una tierra que avanza lentamente, movida por las más modernas vanguardias y por las más antiguas tradiciones.

  b) Galicia no progresa porque siempre que se da un paso adelante, luego se da un paso atrás.

DIMES Y DIRETES 1

1▪ Une cada expresión con su significado:

a) Irse /andarse por las ramas	1) comer mucho
b) Hablar por los codos	2) gastar mucho dinero en una ocasión determinada
c) Tener cara de pocos amigos	3) estar fuerte (de salud)
d) Rascarse el bolsillo	4) hablar mucho
e) Tirar la casa por la ventana	5) presumir de algo
f) Dárselas de algo	6) no ser directo
g) Tener buen saque	7) poner dinero, pagar (especialmente cuando alguien lo hace sin ganas)
h) Estar hecho un roble	8) ser testarudo
i) Ser más terco que una mula	9) parecer enfadado

2▪ Recuerda los estereotipos de la sección "Palabra por palabra" e intenta ver a qué pueblos de España podrías aplicar las expresiones del ejercicio anterior.

a) Se dice que los _____ tienden a irse por las ramas.

b) Al parecer, los _____ hablan por los codos

c) Dicen que los _____ suelen tener cara de pocos amigos.

d) A los _____, al parecer, les cuesta rascarse el bolsillo.

e) Parece ser que no es fácil imaginarse a un _____ tirando la casa por la ventana, pero a un _____, sí.

f) Según dicen, los _____ siempre están dándoselas de algo.

g) Por lo visto, lo normal en un _____ es que tenga buen saque y esté hecho un roble.

h) Según dicen, los _____ son más tercos que una mula.

RECUERDA

▪ Una persona podría andar por una ← **rama**, pero no por un **ramo**. ↓

¿Recuerdas la diferencia entre estas otras parejas de palabras? Puedes crear frases como la anterior para recordarlas.

seta/seto
cuadro/cuadra
pasto/pasta
cubo/cuba
cuento/cuenta ▪

MATERIA PRIMA 3

1 ▪ Imagina que oyes a alguien decir alguna frase del ejercicio anterior, por ejemplo, "Según dicen, los madrileños siempre están dándoselas de algo". ¿Cómo presenta esa persona la información sobre los madrileños? Marca todo lo que creas verdadero:

a) Como una opinión generalizada, extendida.

b) Como algo que ha oído decir a otros.

c) Como una opinión que comparte con otras personas.

d) Como una opinión de otros que no comparte.

e) Como algo con lo que, de momento, no se compromete.

2 ▪ Fíjate en las demás frases de ese ejercicio. ¿Qué otras expresiones nos sirven para dar una información o una opinión y decir que procede de otros?

3 ● Todas estas expresiones podemos usarlas cuando no nos comprometemos con la información que procede de otras personas; podemos distinguir dos grupos:

a) Las que nos sirven para presentar informaciones u opiniones diciendo que circulan entre un grupo de gente más o menos grande (un país, una ciudad, un lugar de trabajo, etc.). Se usan mucho cuando se habla de rumores o de opiniones que se presentan como muy generalizadas: **según dicen... se dice que..., dicen que...**

b) Las que nos sirven para presentar informaciones u opiniones como conocidas a través de otras personas o de medios externos a nosotros (pruebas, análisis, textos, etc.), sin expresar que son compartidas por un grupo de gente más o menos grande (es decir, puede ser que nuestra fuente de información sea una sola o que sean varias): **por lo visto..., al parecer..., parece ser que...**

Lee los siguientes ejemplos y comprueba si ves esa diferencia entre unas expresiones y otras:

¿CÓMO NOS VEN?

Dicen que los españoles somos violentos y pasionales.

¿CÓMO LOS VEMOS?

En España *se dice que* los alemanes son organizados, los japoneses, trabajadores e ingeniosos, y los italianos, simpáticos.

LA GUITARRA. Española y tal vez catalana.

Su origen se pierde en lo más profundo de la noche de los tiempos. Fue Johannes Tinctoris quien, en 1484, atribuyó la guitarra a "hispanorum inventio", en concreto, como un instrumento propio de la zona de Cataluña. Aunque, *al parecer*, la guitarra tiene dos raíces: por un lado, la cítara grecorromana, y, por otro, un instrumento musical árabe.

("Hispanidad", *El País Semanal*, extracto)

¿POR QUÉ LOS TOREROS LLEVAN COLETA?

Parece ser que los primeros toreros se prendían el pelo con un pañuelo o lazo de seda negra con el fin de protegerse la nuca en las caídas y golpes que pudieran sufrir durante el desarrollo de la corrida.

(Enrique M. Coperías, *El libro de las preguntas y respuestas*, extracto)

4 ▪ Piensa en alguna creencia que no tenga fundamento científico, pero que esté muy extendida en tu país, o en España, o en todo el mundo.

Ejemplos: (En España) dicen que el hipo se cura recibiendo un susto.

(En España) se dice que, cuando te pitan los oídos, alguien está hablando mal de ti.

5 ▪ El origen de muchas expresiones de las lenguas es dudoso o desconocido. Hay libros enteros dedicados a explicarlas. Lee la explicación de una expresión española:

Alguien que ha leído esta explicación podría contársela a otra persona así:

"Pues *parece ser que* la expresión viene de un zapatero de Granada que, *por lo visto*, cuando le condenaron a muerte, perdió todo el pelo del susto y se le deformó la cara."

Ser más feo que Picio

Para indicar que alguien es muy feo, se puede decir que "es más feo que Picio". Afirma José María Sbarbi que Picio era un zapatero de principios del siglo XX que vivía en un pueblo de Granada y que fue condenado a muerte. La impresión de la noticia le produjo la pérdida total del pelo, aparte de una serie de increíbles deformaciones en la cara que le hicieron pasar a la leyenda española como símbolo de la fealdad física.

Vas a hacer ahora algo similar, explicándole a un compañero el significado de una expresión.

Uno de vosotros tiene que ir a la página 261, y el otro a la página 264.
¡No mires su página!

MATERIA PRIMA 4

1 ▪ Vamos a trabajar con algunas partes de un reportaje periodístico titulado "Así somos. El retrato más completo de los españoles por comunidades autónomas" (por C. Lafuente, L. Martínez y R. Ruiz). Aquí tienes el comienzo del texto; léelo y contesta las preguntas:

Los navarros son los más altos y aficionados a la prensa; los madrileños, los que más viajan y más van al cine. Los andaluces son los que caen más simpáticos y los que más hijos traen al mundo, y los catalanes, los que más hortalizas comen y menos van a misa.

a) Las palabras "los que", ¿a quién se refieren? ¿Qué palabra se podría haber escrito entre "los" y "que"?

b) Busca las diferencias entre el texto anterior y éste:

Los navarros son los más altos y aficionados a la prensa; los madrileños, quienes viajan más y van más al cine. Los andaluces son quienes más simpáticos caen y quienes traen más hijos al mundo, y los catalanes, quienes comen más hortalizas y van menos a misa.

c) Con este sentido generalizador, ¿da igual usar "el/la/los/las que" y "quien/quienes"? ¿Sería lo mismo si habláramos de cosas y no de personas?

d) Este tipo de construcciones comparativas, ¿permite variaciones en el orden de las palabras?

e) Con los siguientes datos, sacados del mismo reportaje, escribe la continuación del texto anterior:

LOS MÁS SOCIABLES	LOS QUE MENOS SE DIVORCIAN	LOS MÁS TRABAJADORES	LOS QUE MENOS GASTAN EN COMER
Porcentaje de quienes declaran que dedican una parte de su tiempo a las relaciones sociales.	*Porcentaje de personas separadas o divorciadas en relación a las casadas.*	*Media de número de horas laborales por trabajador en un año.*	*Dinero gastado en alimentación en casa por persona y año, en euros.*
Castilla-La Mancha (80%) ■	Castilla-La Mancha (0,9%) ■	Canarias (1.736) ■	Canarias (644) ■

2 ■ **Vamos a ver ahora cómo, en el mismo reportaje, se habla de los contrastes entre las diferentes comunidades autónomas. Lee los siguientes textos y fíjate en las palabras que están en negrita. Los cuadros con datos te ayudarán a entender cada texto.**

Los mozos hispanos más altos se encuentran en el Pirineo navarro-aragonés. Los más achaparrados, **por el contrario**, serían los extremeños.

LOS ESPAÑOLES MÁS ALTOS

Estatura media en centímetros.

Más: Navarra (176,031)
Menos: Extremadura (174,109) ■

Galicia es la comunidad autónoma con mayor densidad de bares y con mayor porcentaje de personas que declaran que beben alcohol. **En cambio**, los más austeros con el alcohol son los de Ceuta y Melilla, lo cual se entiende por las prohibiciones de la religión musulmana.

LOS QUE MÁS ALCOHOL BEBEN

Porcentaje de quienes declaran haber tomado bebidas alcohólicas en las dos últimas semanas.

Más: Galicia (53,3%)
Menos: Ceuta y Melilla (26,9%) ■

Los habitantes de Baleares son los que gastan más en juego, **mientras que** los de Galicia son los que menos.

LOS QUE MÁS JUEGAN

Cantidad jugada por habitante y año, en euros.

Más: Baleares (705)
Menos: Galicia (287) ■

a) Escucha ahora las distintas formas en las que usamos "en cambio", "por el contrario" y "mientras que". Fíjate en las pausas, en la entonación, y escribe los signos de puntuación necesarios:

1) Los más altos son los navarros por el contrario los más bajos son los extremeños.

2) Los que más juegan son los de Baleares en cambio los que menos son los gallegos.

3) Los más altos son los navarros los más bajos por el contrario son los extremeños

4) Los que más juegan son los de Baleares los que menos en cambio son los gallegos.

5) Los más altos son los navarros y por el contrario los más bajos son los extremeños.

6) Los que más juegan son los de Baleares y en cambio los que menos son los gallegos.

7) Los más altos son los navarros y por el contrario los más bajos son los extremeños.

8) Los que más juegan son los de Baleares y en cambio los que menos son los gallegos.

9) Los que más beben son los gallegos mientras que los que menos son los de Ceuta y Melilla.

b) Usa estos datos para escribir más párrafos como los anteriores; utiliza una expresión distinta en cada párrafo:

LOS MÁS DORMILONES	**LOS QUE MÁS BARES TIENEN**	**LOS QUE MÁS BASURA TIRAN**
Media de número de horas que duermen al día.	*Número de habitantes por cada bar.*	*Kilos de residuos caseros por habitante y año.*
Más: País Vasco (7,78)	Más : Galicia (1 cada 96)	Más: Baleares (555)
Menos: Madrid (7,37) ■	Menos: Cataluña (1 cada 281) ■	Menos: Aragón (292) ■

c) A primera vista, parece que **"en cambio"** y **"por el contrario"** son iguales. Sin embargo, "por el contrario" puede usarse también así:

> Los aragoneses no son los que más basura tiran; por el contrario, son los que menos.

> Los gallegos no son quienes menos bares tienen; por el contrario, son los que más.

1) En estas frases no podríamos usar *en cambio*. ¿Ves la diferencia? Explícala.

2) Piensa si en la siguiente conversación (una discusión de estudiantes en una clase de Sociología) sólo podrías usar *por el contrario*, o podrías usar *por el contrario* y *en cambio*, según quieras (otra pequeña diferencia entre ambos es que el primero es de uso formal, y el segundo se usa en cualquier situación).

– En mi país también existen algunas diferencias: por ejemplo, los del norte son más fríos, menos sociables. Los del sur, _____ (1), son mucho más alegres.

+ Pues yo no creo que existan esas diferencias en el carácter de la gente según la zona; _____ (2), más bien pienso que todo se debe a las diferencias económicas.

– Claro, eso es importante, pero no me negarás que hay zonas enteras del mundo donde la gente se relaciona más con sus vecinos, con sus amigos, y _____ (3) hay otras donde la gente vive más aislada.

+ Bueno, pero eso tiene más que ver con el clima que con el carácter, ¿no?

– Sí, pero el clima no es algo independiente del carácter; _____ (4), es algo que influye enormemente en la forma de ser de un pueblo. Al menos eso creo yo.

DIMES Y DIRETES 2

1 ▪ Observa las siguientes expresiones. Intenta averiguar, fijándote en las palabras que las componen y sin usar el diccionario, si significan que existe una buena relación entre las personas o lo contrario, y anótalas en la columna correspondiente.

a) Llevarse como el perro y el gato.

b) Estar a partir un piñón.

c) Llevarse a matar.

d) Estar a buenas (con alguien).

e) Estar a malas (con alguien).

f) Hacer buenas migas (con alguien).

g) Ser uña y carne.

LLEVARSE BIEN	LLEVARSE MAL

2 ▪ Algunas de estas expresiones se usan con un matiz determinado. Fíjate en los ejemplos y busca cuál o cuáles significan:

– Tener una buena relación en el momento del que se está hablando:

– Sentirse muy unidos y estar mucho tiempo juntos, físicamente o en el pensamiento:

– Entenderse bien, congeniar:

Todos estaban asombrados viendo cómo su compañero de trabajo, con el que hasta hace poco habían compartido todos sus secretos, estaba ahora a partir un piñón con los jefes.

Él hacía su vida, pero siempre acompañado de su mejor amigo, Mikel Oiarzabal; eran inseparables, más que hermanos. Iban juntos a entrenar en bicicleta, a las carreras, se complementaban, eran uña y carne.

– El Sr. González no va a venir.

+ ¿Ahora lo llamas el Sr. González? ¿No era tu amigo Agustín? ¿Es que ahora no estáis a buenas?

Lorenzo no tiene ningún problema para encontrar amigos; enseguida hace buenas migas con los vecinos en cualquier sitio adonde va.

Ejemplos basados en datos del corpus CREA (Real Academia de la Lengua Española).

3 ▪ Usa ahora algunas de estas expresiones para contarle a la clase o a tu grupo: ¿Cómo se llevan entre sí los habitantes de las distintas regiones de tu país? ¿Y los habitantes de tu país con los de los países vecinos?

HABLA A TU AIRE 1

Ahora que está empezando el curso, seguro que te interesa saber más de tus compañeros. Para hacerlo, empieza por hablarles de ti. Vuelve a leer las expresiones de la sección "Dimes y Diretes (1)". ¿Con cuáles te identificas más? ¿Por qué? Cuéntaselo a tus compañeros.

HABLA A TU AIRE 2

¿Qué tal habla la gente de tu país otros idiomas? ¿Qué tal hablan los extranjeros tu idioma? ¿En qué otros países se hablan idiomas parecidos al tuyo?

Expresiones útiles:

Los que viven en el norte son prácticamente bilingües.

Los holandeses, que hablan un idioma parecido, aprenden muy rápido.

Los italianos son los que mejor lo hablan.

ESCRIBE A TU AIRE 1

1 ▪ Fíjate en estas opiniones. ¿De qué están hablando? ¿Con cuáles te identificas?

a) Mi principal problema con las redacciones es que no sé qué decir. Nunca se me ocurren ideas.

b) A mí lo que me parece más difícil es el límite de palabras. Cuando me dicen que escriba 200 palabras, siempre me sobran o me faltan.

c) Yo me pongo a escribir lo que me salga y luego, si tengo tiempo, lo paso a limpio.

d) Yo no entiendo cómo a mí siempre me ponen un 5 en las redacciones y hay gente que saca un 8 o un 10.

e) A mí me da mucha pereza volverme a leer lo que he escrito, así que lo entrego sin revisar.

2 ▪ Lee ahora estos consejos y emparéjalos con los problemas del ejercicio anterior.

a) Escribir una buena redacción no consiste solo en no cometer faltas de ortografía, vocabulario o gramática. Hay que escribir un texto que esté bien organizado, que sea expresivo y que cumpla su función.

b) Muchas de las faltas de las redacciones las podrían corregir los propios alumnos. Merece la pena pasarse unos minutos revisando lo que uno ha escrito antes de entregarle algo al profesor.

c) Una buena manera de pensar en ideas para una redacción es escribir todo lo que se te vaya ocurriendo sobre el tema, sin ningún orden, en una hoja de papel. Luego puedes seguir escribiendo todo lo que te sugiera cada una de las palabras o frases que hayas escrito. Cuando tengas bastante material será fácil seleccionar lo más interesante para hacer un esquema.

d) Es mejor hacer un esquema con lo que vas a incluir en la redacción antes de ponerte a escribir. El esquema deberá ir dividido en párrafos, con una lista de ideas principales y secundarias que vayas a tratar en cada párrafo.

e) Si tienes un esquema con ideas principales y secundarias, seguro que te será fácil llegar al límite que te proponen en el ejercicio. Si ves que te vas a pasar del límite, elimina algunas o todas las ideas secundarias.

3 ▪ Basándote en los consejos del ejercicio anterior, ¿qué pasos habría que dar para escribir una buena redacción?

ESCRIBE A TU AIRE 2

1 ▪ Como sabes, los textos se dividen en párrafos. Cada párrafo debe contener una sola idea principal, que normalmente viene expresada en la primera frase del párrafo. Fíjate en el texto "España Cañí" de la página 17: ¿cuál es la idea principal de cada párrafo?

2 ▪ Toda la información que aparezca en un párrafo deberá estar directamente relacionada con esta idea principal. Teniendo esto en cuenta, lee este párrafo que ha escrito un alumno y tacha toda la información que te parezca innecesaria.

Mi región es un claro ejemplo de que los estereotipos son falsos y dañinos. A cualquiera que le preguntes te dirá de nosotros que somos tacaños, cerrados y atrasados. Hasta nuestro acento les parece a muchos signo de poca cultura, o lo que es peor, de poca inteligencia. Y eso que solo refleja la pronunciación más conservadora de nuestro idioma, que se ha mantenido sin cambios desde el siglo XVII. Sin embargo, cuando miro a mi alrededor o pienso en mi familia y mis amigos, lo que veo es gente que no es tacaña, sino trabajadora y ahorradora. Probablemente también se confunda el apego a la tradición con la cerrazón y el atraso cultural. Igualmente, en otras regiones se confunde el derroche con la generosidad y ellos sí que tienen buena fama en todo el país. Por desgracia, la consecuencia de todo esto es que a muchos el desprecio no les deja acercarse a conocer y valorar lo que tenemos de bueno. Yo por mi parte hace años que decidí prescindir de las generalizaciones y dedicarme a conocer a las personas, y así cada día huyo más de los estereotipos.

ESCRIBE A TU AIRE 3

1 ▪ Un periódico español ha publicado un artículo sobre tu país o región que, en tu opinión, está lleno de tópicos falsos. Al terminar de leerlo, has decidido escribir una carta al director del periódico quejándote y dando tu opinión. A continuación te damos un esquema con los párrafos que podrías incluir en tu carta; desarróllalo con tus ideas.

Introducción:	¿Por qué escribes la carta? ¿Cuándo apareció el artículo? ¿Cómo se titulaba?
Contenido del artículo:	¿Qué cosas se decían de tu país o región que te han hecho sentirte indignado/a?
Contestación al artículo:	¿Cuál es la realidad que el autor del artículo desconoce o no ha contado?
Reparación:	¿Qué quieres que haga el periódico para reparar el daño que ha podido haber causado? ¿Es suficiente la publicación de tu carta de protesta?
Despedida / Conclusión:	¿Qué esperas haber conseguido con tu carta? ¿Esperas algún tipo de respuesta?

2 ▪ Escribe ahora la carta que has preparado. Utiliza este modelo:

Estimado Sr. Director:

El pasado día 25 de febrero apareció en su periódico _____ , un artículo titulado " _____ un mundo por descubrir". Como (pon aquí tu nacionalidad), me siento indignado/a.

Atentamente,

¿TÚ QUÉ CREES?

Lee las frases y contesta estas preguntas:

¿Qué tienen en común las personas que dicen estas frases?

¿En qué situación se encuentran?

> Tarde o temprano, con más o menos urgencia, (se) suscita además una pregunta existencial: ¿qué hago yo aquí?

> Había muchas miradas que no entendíamos.

> El primer año me acordaba mucho de mi casa y de mis amigas, hasta que conocí a María, Mari, Sara y Rocío, que me enseñaron a contestar mal a la gente que se metía conmigo.

> Mi primer año fue horrible. No conocía a nadie.

> Al despedirme, mi abuela me dio un único consejo: "Si puedes quedarte, quédate. Uno siempre tiene que estar donde mejor le brilla el sol".

> Buscaba una vida mejor y comida para los niños.

> Tener dos culturas es como tener dos ojos o dos oídos, agudiza los sentidos.

Imagina que tienes que irte a otro país o, si ya has vivido o estás viviendo fuera de tu país, piensa en tu experiencia y contesta las siguientes preguntas:

¿Con qué frases estás más de acuerdo o te sientes más identificado?

¿Con qué frases estás menos de acuerdo o te sientes menos identificado?

¿Qué opinan tus compañeros?

CON TEXTOS 1

1 ▪ Vas a leer un texto sobre unas personas que antes vivían en la ciudad, pero que se fueron a trabajar y vivir para siempre al campo. Contesta, antes de leer el texto, las siguientes preguntas y compara tus respuestas con las de tu(s) compañero(s):

a) ¿Por qué crees que abandonaron la ciudad para ir al campo?

b) ¿Quieren volver a la ciudad?

c) ¿Conoces a alguien que haya huido de la ciudad para ir a vivir al campo? ¿Por qué lo hizo?

Lee ahora el principio y el final del texto y comprueba si tus respuestas coinciden con la información que aparece en él.

Una salida laboral

Antes de 1980, Carlos trabajaba en una compañía eléctrica, Nines en una oficina y José Luis en un banco. Todos vivían en el madrileño barrio de Cuatro Caminos. "Coincidió que era la época de los despidos en Standard, nos reunimos un
5 grupo de amigos sin trabajo y desencantados de los sindicatos, y empezamos a buscar una salida laboral y personal en el campo", cuenta Carlos Marín, desde hace 18 años convertido en pastor de un rebaño de 150 cabras. Su mujer, Nines, confiesa que "se dejó llevar", ya que no estaba muy
10 convencida (…) Un vecino de Boltaña (Huesca) les alquiló una casa de labor del siglo XVII en una aldea llamada Aguilar, a más de 1.000 metros de altura y con vistas sorprendentes del Monte Perdido. Aún ahora se asombran de la vitalidad con la que llegaron a Aguilar. Ni la media hora por una tor-
15 tuosa pista de tierra recientemente construida, que les separa del pueblo más cercano; ni el hecho de tener que ser ganaderos y arquitectos improvisados les echó para atrás. Ahora son autosuficientes (…) "La vida es dura, pero también es sencilla y barata. Por ejemplo: todas las verduras y la
20 carne las sacamos de aquí". Y desde que Nines hace mermeladas no hay que
25 preocuparse por los postres. Ella vende sus productos a herbolarios de la zona. "Es un mito pensar que vivimos como sal-
30 vajes; el ganado, unos 250 animales entre cabras y ovejas, y las mermeladas, hacen que tengamos que someternos a los mismos controles sanitarios que cualquiera", apuntan. Consideran que el campo es una salida por explorar para los que están en paro. "Es difícil estar aislado; pero siem-
35 pre te puedes acercar a la ciudad". Cuando van a Madrid aprovechan para ir al cine y de tiendas. Pero siempre con el billete de vuelta cerrado: "Una semana allí y ya te apetece volver a casa".

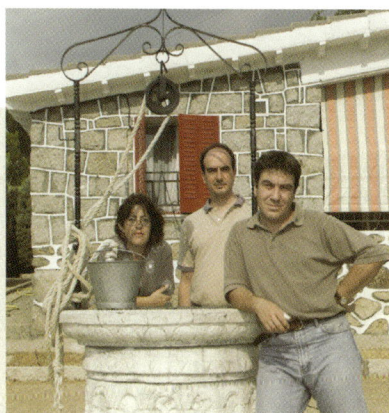

Ana Sánchez Juárez

2 ▪ Busca los siguientes grupos de palabras en el texto y elige la opción adecuada.

a) Estar en paro (línea 34)

1. Estar quieto en un lugar.

2. No tener trabajo.

b) Dejarse llevar por algo o alguien (l. 9)

1. Llevar a una persona de un lugar a otro.

2. Tener voluntad débil y obedecer a otro.

c) Echar algo para atrás a alguien (l. 17)

1. Impedir hacer algo.

2. Dar la vuelta.

d) Ser autosuficientes (l. 18)

1. No depender de nada o nadie.

2. Tener coche propio.

e) Algo por explorar (l. 33)

1. Algo que se ha explorado.

2. Algo que todavía no se ha explorado.

f) Billete de vuelta cerrado (l. 37)

1. Billete de viaje con la fecha de regreso previamente fijada.

2. Billete de viaje con precio fijo.

3 ■ En el texto aparecen las palabras y grupos de palabras que están en la columna A. Cada una de ellas está relacionada con una de las palabras o grupos que aparecen a continuación:

- oportunidad para trabajar
- vida
- hierba
- entusiasmado
- recto
- rebelarse
- preparado
- camino
- despedir
- decir

Escribe en la columna B la palabra o grupo de palabras con el que está relacionado la palabra o grupo de la columna A, y escribe en la columna C qué relación tienen entre ellas (significado contrario, significado parecido o una palabra deriva de la otra).

A	B	C
despido (l. 4)		
desencantado (l. 5)	entusiasmado	significado contrario
salida laboral (l. 6)		
vitalidad (l. 13)		
tortuoso (l. 14-15)		
pista de tierra (l. 15)		
apuntar (l. 32)		
herbolario (l. 28-29)		
someterse (l. 31)		
improvisado (l. 17)		

4▪ Completa el siguiente cuadro con la información que has leído en el texto:

PROBLEMAS QUE PUEDE PLANTEAR EMIGRAR DE LA CIUDAD AL CAMPO...	CARLOS, NINES Y JOSÉ LUIS VIVEN DE...

5▪ ¿Qué podrías o sabrías tú hacer para ser autosuficiente si vivieras en el campo? Cuéntalo.

PALABRA POR PALABRA 1

1▪ Aquí tienes parte del informe de una persona enviada a nuestro tiempo desde el futuro para estudiar nuestro modo de vida en las ciudades. Como verás, su conocimiento de nuestros términos es un poco limitado. Las palabras y expresiones siguientes son las que usamos normalmente en lugar de las que están marcadas en el texto. Relaciónalas:

- aceras
- asfalto
- bloques
- comisarías
- parques de bomberos
- polideportivos
- zonas verdes

- alcalde
- ayuntamiento
- bocas de riego
- concejales
- pasos de cebra
- urbanizaciones

- alcantarillas
- barrios
- calzada
- manzanas
- polígonos industriales
- zona peatonal

A simple vista, en las "ciudades" y "pueblos" (también denominados con el término general de "municipios") no se aprecian divisiones claras. Sin embargo, hay **sectores** en cada ciudad. No parece haber un modo racional de marcar los límites entre unos sectores y otros, pero los que conocen un municipio los distinguen y los califican como buenos o malos. Algunos de estos sectores, sobre todo en la parte externa de la ciudad, se dedican a la elaboración de materiales o productos nuevos, formando **conjuntos de centros de transformación**. Otros sectores se dejan sin habitar y se convierten en **centros de expansión y pro-**ducción de oxígeno**, gracias a las extensiones dedicadas al cultivo de plantas.

Por lo que se refiere a las viviendas, se suelen apilar las unas sobre las otras para ahorrar espacio, formando **figuras geométricas** de distintos tamaños y alturas. También hay estructuras arquitectónicas dedicadas a otras actividades. Las más curiosas son los **edificios para el ejercicio físico**, los **centros de seguridad** y los **centros contra el fuego**. Cada conjunto de figuras geométricas puede formar una **isla** rodeada por cuatro "calles" o canales de tránsito.

El número de figuras de cada isla es variable. Algunas islas contienen sus propias zonas de expansión y producción de oxígeno y comparten servicios y gastos formando **comunidades multiestructurales**. Otras están rodeadas de vías en las que la circulación de vehículos está prohibida y forman un **sector de circulación a pie**, que suele dedicarse a actividades comerciales.

En cuanto a las calles, hay que distinguir dos zonas: la primera, o **vía para vehículos**, ocupa el ochenta por ciento del espacio y está impregnada de una **sustancia negra** que facilita el deslizamiento; la segunda, o **vía para la circulación a pie**, suele ocupar el resto del espacio disponible en dos franjas dispuestas a ambos lados de la zona para vehículos. En estas franjas hay **tomas de agua** que se utilizan para la limpieza, el riego y la extinción de incendios. También hay **puntos de cruce** de una franja peatonal a otra, marcados con rayas blancas pintadas en la vía de vehículos. Por debajo de toda esta estructura vial se extiende una **red de túneles** que se utiliza para la evacuación de desechos.

El gobierno de las ciudades puede ser muy complicado. Está a cargo del **presidente de la ciudad** y de varios **ministros de la ciudad**, y tiene su sede en la **casa principal de la ciudad**. Desde allí se regulan todos los servicios públicos.

2■ Ahora haz lo mismo con la segunda parte del informe, en la que habla de la vida y productos del campo:

- abonos
- biológica
- corral
- establo
- gallineros
- naturales
- precocinados
- semillas
- agricultores
- artesanos/artesanales
- caseras
- cosecha
- ganaderos
- piensos
- pueblos
- surcos
- aldeas
- conservas
- cuadra
- invernadero
- pocilga
- redil
- sembrar
- arar
- congelados
- cultivar
- envasados al vacío
- labores
- prados
- rural
- transgénicos

También existe lo que ellos llaman el "campo", pero hay muchas cosas que no entiendo. Primero, no entiendo por qué la mayoría de la población vive ahora en "ciudades", pero quiere volver al "campo"; sin embargo, hace mucho tiempo, abandonaron el "campo" para irse a la ciudad. Como veis, es un asunto complicado. Van y vienen. A los habitantes de las ciudades les gustan los alimentos y las comidas **hechas en casa**, porque dicen que prefieren los alimentos **que no son artificiales**. Hablan mucho de la agricultura **que no usa elementos químicos** y dicen que es muy sana. Pero muchas veces, sin saberlo, comen vegetales **a los que les han cambiado su estructura interna**. Todo es muy complicado, porque, aunque dicen esto, la mayoría de las veces comen unos alimentos **ya preparados que solo tienen que calentar** o **comida en contenedores de metal**; algunas veces comen alimentos, que ellos dicen que están "frescos", **que están en bolsas o recipientes sin aire**, o **que están con una temperatura por debajo de cero grados centígrados**. Pero los habitantes de las "ciudades" insisten en que les gusta todo lo **que es o viene del campo**. Por eso, también les gusta mucho comprar objetos o productos **hechos con las manos, sin máquinas**, porque dicen que son mejores, pero como son muy caros tienen más cosas hechas por máquinas.

Los habitantes de las "ciudades" son raros y tienen una vida complicada. En el "campo", la vida es más sencilla, pero se trabaja mucho. La gente vive en **poblaciones grandes o medianas**, pero, a veces, en **lugares muy pequeños con pocos habitantes**. Hay muchas **actividades** en el "campo" y todas tienen un orden establecido. Para **trabajar la tierra para que produzca plantas**, primero hay que **remover la tierra** haciendo **unas líneas rectas en los campos**. Luego se echan **unas sustancias que sirven para alimentar la tierra**. Después se ponen en esas líneas **unas pequeñas pelotitas que han sacado antes de otras plantas**. Después de **poner en las líneas las pelotitas**, esperan a que crezcan las plantas. Algunas veces, cuando las plantas son muy delicadas o el clima es muy malo, los campos no están al aire libre sino que se construyen **unos lugares tapados con unas grandes sábanas de plástico o, si son más pequeños, con cristal, para proteger a las plantas**. Después se espera algunos meses y cuando ya han crecido las plantas se hace la **recogida de los productos.** Con los animales es distinto. A veces están en **unos campos donde hay hierba**, pero también están encerrados y comen **unas sustancias que les sirven de alimento**. Por la noche cada tipo de animal está en un lugar distinto. Está el **lugar para las vacas.** También existe la **construcción donde viven los caballos.** Los pollos, las gallinas y los pavos están en el **recinto** **especial para ellos**, aunque también las gallinas viven en **lugares sólo para ellas**. Lo más curioso son los cerdos y las ovejas, que tienen lugares especiales y con nombres distintos; el **lugar de los cerdos** es más sucio que el **lugar de las ovejas.**

Como puede verse, los **que trabajan los campos** y los **que cuidan los animales** tiene mucho trabajo y tienen unos problemas muy distintos de los habitantes de las "ciudades".

DIMES Y DIRETES

1 ▪ Comprueba si conoces el significado de estas palabras, que vas a necesitar para el próximo ejercicio. Si no, consulta el diccionario.

- terco
- olmo
- garbanzo
- borrego

2 ▪ Intenta deducir el sentido de estas expresiones relacionadas en su origen con la vida en el campo.

a) (Esto)	es parece está hecho	una cuadra.
b) Parecer Ser	un borrego.	
c) Ser más terco que una mula.		
d) (Esto)	es parece está hecho	una pocilga.

e) (Esto)	es parece está hecho	un gallinero.
f) Ser	la oveja negra el garbanzo negro	de la familia.
g) Acostarse con las gallinas.		
h) Pedir peras al olmo.		
i) Volver al redil.		
j) (Hacer algo)	en menos que canta un gallo	

De las tres últimas expresiones te damos un ejemplo que te ayudará:

h) Los parados franceses han conseguido organizarse, enhorabuena; pero ya no exigen trabajo, como antes, sino cultura barata, viviendas subvencionadas y transporte público gratuito o semi. Han asumido que no se puede *pedir peras al olmo* ni pleno empleo a una sociedad poshistórica (J. J. Millás, *El País digital*).

i) – ¿No le da vergüenza a su edad seguir viviendo en casa de mamá y papá?
– No, porque estuve nueve años viviendo fuera. Tengo un piso en Madrid y lo he cerrado. Me horroriza vivir solo. He tenido un montón de fobias y neuras por esta causa. Así que *volví al redil*. Digamos que porque estoy cómodo, me hacen la cama y mi familia no es lo que se dice un rollo (*Tiempo*).

j) Veo las bolsas llenas de dinero a mi lado y pienso que lo mejor va a ser ocultarlas en el portaequipajes. Paro el coche y bajo. Miro a un lado y a otro, y *en menos que canta un gallo* guardo las bolsas en el portaequipajes (Carlos Pérez Merinero, *Días de guardar*).

(Ejemplos tomados del corpus CREA)

3 ■ Completa las siguientes frases con las expresiones anteriores en su forma adecuada. No repitas ninguna.

a) Es un egoísta y siempre lo será. Esperar que nos ayude sería

[   ].

b) Lo llamamos y se presentó aquí [   ].
A mí no me hubiera dado tiempo ni de colgar el teléfono.

c) Yo [   ]. A las nueve ya estoy en la cama.

d) No saldrás de casa hasta que recojas tu habitación. Está todo desordenado.
La tienes [   ].

e) Te dije que no te metieras por esta calle, que estaba prohibida, pero como
[   ]... Pues ahora pagas la multa tú.

f) Yo soy [   ]. Todos mis hermanos sacan
buenas notas y yo soy el único que apruebo por los pelos.

g) Pareces [   ]. Siempre haces lo que te dicen.

h) Después de diez años de no querer saber nada de su familia, decidió
[   ].

i) ¿Os podéis callar? Esta casa parece [   ].

j) Siento decirte que tu coche parece [   ].
Da asco entrar. Está sucio, lleno de papeles y de restos de comida.

¡LO QUE HAY QUE OÍR!

1 ■ ¿Conoces a algún español que viva en tu país desde hace mucho tiempo? ¿Sabes por qué se marchó de España?

2 ■ Lee las siguientes preguntas, escucha la grabación y contesta:

a) ¿Qué diferencia hay en la grabación entre exiliados y emigrantes?

b) ¿Qué persona o personas que aparecían en la sección "¿Tú qué crees?" se parecen más a los españoles de los que se habla en la grabación? (Repasa las citas que aparecían en esa sección antes de contestar)

3 ■ Escucha de nuevo la grabación y ordena estos hechos según el señor Silva los cuenta:

- Pasó un examen médico
- Pasó un control de frontera
- No tenía trabajo y nadie le ayudó
- En Cádiz aprovechó para visitar a alguien
- Viajó hasta Canarias
- Hizo la maleta y metió unas sábanas
- Viajó hasta Venezuela
- Tomó un barco

1º	
2º	
4º	
5º	
6º	
7º	
8º	

PALABRA POR PALABRA 2

Hay otras palabras y expresiones parecidas a "emigrante" y "exiliado". Completa la columna de la derecha del siguiente cuadro con estas palabras: *emigrante, inmigrante, exiliado, refugiado, residente extranjero*.

Los que se van a otro país, especialmente por razones económicas	ECONOMÍA x ⟶	
Los que vienen de otro país, especialmente por razones económicas	ECONOMÍA x ⟵	
Los que se han ido a otro país por razones políticas	POLÍTICA x ⟶	
Los que han venido de otro país por razones políticas o huyen de una guerra	POLÍTICA-GUERRA x ⟵	
Término formal para nombrar a los extranjeros que viven permanentemente en otro país	⟶ x ⟵ LENGUA FORMAL	

MATERIA PRIMA 1

1 ■ Hubo muchos emigrantes españoles que tuvieron una historia similar a la del señor Silva: por razones económicas viajaron a países de Latinoamérica, donde hoy muchos de ellos siguen viviendo. Lee esta entrevista a uno de ellos, Juan Oliveras, y contesta las preguntas que aparecen a izquierda y derecha con *Sí, No* o *No se sabe*:

Se casó con ella?

¿Se quedó en España?

P- ¿Y si se hubiera quedado en España, cómo cree que hubiera sido su vida?

R- Pues seguramente me habría casado con mi novia de toda la vida, hubiera tenido varios hijos y ahora seguiría viviendo en mi pueblo.

¿Tuvo hijos con ella?

¿Vive ahora en su pueblo?

¿Tiene una pensión en España?

P- Y eso le gustaría, ¿vivir en su pueblo?

R- Pues sí, la verdad es que sí. Ya estaría viviendo allí si tuviera una pensión en España. Desde luego, si fuera rico, ya habría vuelto.

¿Es rico?

¿Está viviendo allí?

¿Ha vuelto ya?

¿Perderá su pensión?

¿Se va a marchar?

P- ¿Ve posibilidades de volver algún día?

R- Lo veo muy difícil, porque si me marcho de aquí, perderé mi pensión, y allí me encontraría sin nada. Eso sí, si volviera, antes de nada iría a ver a mi antigua novia. Me acuerdo mucho de ella, ¿sabe? Y también de mi familia, que no sé nada de nadie desde hace más de treinta años. Seguramente no vive ya ninguno, pero si vuelvo y todavía viviera alguno, seguro que lo reconoceré. Nos parecemos todos mucho, ¿sabe?

¿Se encontrará sin dinero en España?

¿Va a volver?

¿Irá a ver a su antigua novia?

¿Vivirá algún familiar cuando vuelva?

¿Reconocerá a sus familiares?

2 ■ En el ejercicio anterior hemos usado tres colores. ¿Con qué color hemos marcado lo que habla del pasado, con cuál lo que habla del presente y con cuál lo que habla del futuro?

3 ◾ Relaciona las frases de la columna izquierda, de la *a)* a la *c)*, con las de la derecha, de la 1) a la 5); busca todas las posibilidades:

CONDICIÓN QUE NO SE CUMPLIÓ/HA CUMPLIDO

a) Si me hubiera quedado en España

CONDICIÓN QUE NO SE CUMPLE

b) Si tuviera una pensión en España

c) Si fuera rico

CONSECUENCIA QUE NO SE CUMPLIÓ/HA CUMPLIDO

1) me habría casado con mi antigua novia

2) hubiera tenido varios hijos con ella

3) habría vuelto a España

CONSECUENCIA QUE NO SE CUMPLE

4) Seguiría viviendo en mi pueblo

5) Estaría viviendo en España

4 ◾ En la última parte de la entrevista, Juan nos habla de sus perspectivas de futuro. El futuro es algo incierto, y lo que pueda pasar en él es más o menos probable sólo desde nuestro punto de vista; con frecuencia, nuestros propios deseos de que algo ocurra predominan sobre las posibilidades reales o se mezclan con ellas. Por eso, no hay reglas fijas sobre cuándo usamos un tiempo u otro. Lo que sí sabemos es qué expresa cada tiempo del verbo en cada parte de las oraciones condicionales; recuérdalo.

CONDICIÓN QUE ES POSIBLE QUE OCURRA	CONSECUENCIA QUE ES MUY POSIBLE QUE OCURRA
Si se marcha	*Perderá la pensión*

CONDICIÓN QUE ES DIFÍCIL QUE OCURRA	CONSECUENCIA QUE ES DIFÍCIL QUE OCURRA
Si volviera	*Iría a ver a su antigua novia*

Juan no siempre usa estos esquemas cuando habla; fíjate en los tiempos que usa cuando habla del futuro: ¿todas sus frases responden al esquema "*si* + presente, futuro" y "*si* + imperfecto de subjuntivo, condicional"?

5 ◾ ¿Cuáles de los siguientes textos crees que dicen lo mismo que quiere expresar Juan cuando habla de su futuro? Elige uno de cada pareja.

a.1) Lo veo muy difícil, porque si me marcho, que podría hacerlo, es seguro que perderé mi pensión, y entonces me encontraría en España sin dinero (lo que creo que no pasará porque no me podré ir a pesar de mis deseos de que eso ocurra).

a. 2) Lo veo muy difícil, porque si me marcho (lo que es casi imposible), es posible que pierda mi pensión, y entonces estaré sin dinero en España.

b. 1) Pero, si vuelvo, y tengo muchas esperanzas de hacerlo, iría a ver a mi novia (lo cual es muy difícil que pase, porque es poco probable que vuelva), porque me acuerdo mucho de ella.

b. 2) Pero, en el caso hipotético de que fuera a España, iría enseguida a ver a mi novia (lo que veo muy difícil, porque es muy difícil que vuelva), porque me acuerdo mucho de ella.

c. 1) Y también me acuerdo de mi familia, de la que no sé nada desde hace más de treinta años. Es muy probable que ya no viva ningún familiar mío, pero si algún día vuelvo (de esperanza también se vive), quizá tenga la suerte, poco probable, de que todavía viva alguien, y, si es así, estoy completamente seguro de que lo reconoceré inmediatamente, porque nos parecemos todos mucho.

c. 2) Y también me acuerdo de mi familia, de la que no sé nada desde hace más de treinta años. Es muy probable que ya no viva ninguno de mis familiares, pero si por casualidad algún día tuviera la suerte de volver, casi seguro que todavía vivirá alguno, y en ese caso lo reconoceré inmediatamente, porque nos parecemos todos mucho.

6 ■ Sobre la historia completa de este emigrante, imagina cosas que podría decir sobre su pasado, su presente y su futuro con frases condicionales como las anteriores. Si quieres repasar las formas de los tiempos verbales que necesitas, haz las actividades 7 y 8 antes que ésta:

Ejemplo: "Si no se hubiera ido a Argentina, a lo mejor hubiera muerto en la Guerra Civil."

Juan Oliveras emigró a América en 1936, poco antes de empezar la Guerra Civil en España. En su tierra no encontraba trabajo. Él quería marcharse desde hacía tiempo, pero su novia se lo impedía. Al final tomó la decisión, y se marchó de su pequeño pueblo a Argentina, ya que allí no tendría problemas con el idioma, y además, ese país estaba lleno de españoles que habían emigrado antes. Al llegar a Buenos Aires, empezó a buscar trabajo; al cabo de varias semanas, casi agotados sus pocos ahorros y sin trabajo, pensó en regresar a España. Pero un día se encontró con un viejo amigo de su pueblo, y éste le consiguió un trabajo. Después se casó con una argentina, tuvo que criar a varios hijos, y fue postergando su regreso a España, porque su sueldo no era alto y apenas podía ahorrar. Ahora está jubilado y cobra una pequeña pensión que él querría poder disfrutar en España. Pero los trámites son complicados, y la vuelta es difícil. Sin embargo, él sigue soñando con el regreso, aunque sea solamente para ver su pueblo antes de morir.

7 ■ El condicional:

Completa el siguiente cuadro sobre las formas condicionales irregulares con los elementos que aparecen en la última fila, como en el ejemplo. Recuerda que los condicionales irregulares se forman igual que los futuros irregulares.

RECUERDA
■ Formas del condicional: infinitivo + ía, ías, ía, íamos, íais, ían
Comer → comería ■

VERBO	PERSONA			
SABER	yo	SA-	BR	ÍA
HABER	él	HA-		
CABER	nosotros	CA-		
PONER	ellos	PON-		
PODER	vosotros	PO-		
VENIR	ella	VEN-		
SALIR	ellas	SAL-		

VALER	vosotras	VAL-
TENER	nosotras	TEN-
QUERER	tú	QUER-
DECIR	yo	DI-
HACER	él	HA-

-BR-	-R-	-DR-	-ÍA	-ÍAS
			-ÍAMOS	-ÍAIS
			-ÍAN	

8 ■ El imperfecto de subjuntivo:

Busca en el siguiente cuadro formas irregulares del imperfecto de subjuntivo de los verbos: *andar, decir, hacer, estar, venir, poder, poner, ver, leer, dar* y *saber*.

Recuerda que los imperfectos de subjuntivo irregulares tienen las mismas irregularidades que las terceras personas del pretérito indefinido de indicativo (*pidió - pidiera, cayó - cayera*, etcétera.)

Las formas pueden estar escritas en vertical, en horizontal o en diagonal, como en los ejemplos señalados, que son formas de los verbos *conducir, querer* y *haber*.

L	PAS	AT	D	PE	H	I	MOS	LO	ÑO	POR	ÑAS
T	CON	V	I	ERA	Z	P	XA	ZI	IERA	EST	MA
U	DU	RU	ERA	COL	ERA	P	P	B	AND	UV	IERA
DI	JE	RA	H	NI	UI	S	U	P	IERA	IERA	RI
U	RA	QU	I	S	IERA	H	S	D	TO	CAS	LE
PI	CHI	V	C	Z	V	T	IERA	CA	IERA	JA	YE
A	ZAS	RA	IERA	IO	HA	C	BI	ÑA	MI	OR	RA

MATERIA PRIMA 2

1 ■ Mucha gente importante ha cambiado de país de residencia por diferentes razones. Por ejemplo, la madre Teresa de Calcuta, ¿la recuerdas? Lee este resumen de su vida y fíjate sobre todo en lo que está marcado para contestar las preguntas que tienes debajo.

Teresa de Calcuta nació en Albania en 1910. Muy joven se fue a la India. Desde 1928 hasta 1948 se dedicó a enseñar; después abrió una escuela y más tarde un asilo para moribundos y una clínica móvil para leprosos. Se le unió un grupo de mujeres indias. Este grupo, tiempo después, fue reconocido como congregación religiosa católica, pero es muy respetuoso con las creencias de las personas a las que asisten. En 1979 Teresa de Calcuta recibió el Premio Nobel de la Paz, pero **seguro que ella lo hubiera cambiado por una paz verdadera en el mundo**. El grupo que fundó ha llegado a tener más de 1.000 monjas, y ha llegado a atender a cientos de miles de personas. Sin embargo, la madre Teresa murió en 1997 sin haber logrado su sueño, pues **le habría gustado hacer desaparecer la pobreza en la India**, la tierra que tanto amó.

a) ¿Tuvo posibilidad la madre Teresa de cambiar el premio Nobel por la paz en el mundo?

b) ¿Pudo hacer desaparecer la pobreza en la India?

c) ¿Querría ella haber hecho las dos cosas?

d) Entonces, ¿qué expresan las formas "hubiera cambiado" y "le habría gustado"? Elige una respuesta:

– Acciones que no se cumplieron o deseos que no se pudieron cumplir en el pasado.

– Acciones o deseos que eran poco probables en el pasado.

2 A continuación tienes información sobre otras personas famosas que se fueron a vivir a otro país. Completa la frase que hay debajo de cada personaje usando estos verbos y expresiones: *deber, preferir, dar, desear*.

a) **Rafael Alberti** (poeta y pintor, España, 1902-1999). Participó en política, fue miembro del Partido Comunista y diputado. Se exilió al final de la Guerra Civil española, viviendo muchos años en París, Buenos Aires y Roma.

Rafael Alberti ⬚ que la Guerra Civil española hubiese terminado de otra forma.

b) **Marie Curie** (física, Polonia, 1867-1934). Trabajó en su país como profesora y luego se fue a París, donde, con su marido, empezó a investigar, descubriendo el radio, que durante mucho tiempo fue el único tratamiento para el cáncer. Murió de leucemia, provocada por su contacto con sustancias radiactivas.

Por su propio bien, ⬚ tomar más precauciones al manipular esas sustancias.

c) **Severo Ochoa** (bioquímico, España, 1905-1993). Se inició como investigador en Madrid, pero en 1936, poco después de empezar la Guerra Civil, salió de España. En 1941 se trasladó a EE.UU., donde vivió hasta 1985, año en el que volvió definitivamente a España. Fue Premio Nobel.

Seguramente, ⬚ haber desarrollado su investigación en España.

d) Robert Capa (fotógrafo, Hungría, 1913-1954). Ya muy joven emigró, porque comenzó su carrera en Berlín. En 1933, huyendo de los nazis, se fue a París, donde conoció a Gerda Tarö, con la que mantuvo una apasionada relación. Ambos fueron reporteros de guerra durante la Guerra Civil española, durante la cual Tarö murió, aplastada por un carro de combate. Tras su muerte, Robert se fue a Estados Unidos, donde documentó la II Guerra Mundial. Se nacionalizó estadounidense el mismo año en que le sorprendió la muerte al pisar una mina en Vietnam.

Robert amaba intensamente a Gerda y [   ] su vida por salvar la de ella.

3 ■ ¿Recuerdas algo que desearías haber hecho en el pasado pero no hiciste? Puedes expresarlo así:

Cuando .... , hubiera / hubiese / habría .... , pero no pude hacerlo porque…

Cuéntaselo a tus compañeros.

CON TEXTOS 2

1 ■ Antes de leer el texto, tu profesor te va a proponer una actividad.

2 ■ Ordena las siguientes acciones y hechos según el orden cronológico en que crees que van a pasar en la historia que se cuenta en el texto:

Estudiar en la Universidad Complutense.

Llegar a Madrid.

Decidir quedarse en España.

Estudiar para ser maestro.

Hacerse amigo de un español.

Trabajar ilegalmente.

Conseguir una beca para venir a España.

Tener permiso de trabajo.

3 ■ Lee el texto para comprobar si has acertado en la actividad 2. ¿Qué grupo se ha acercado más en la primera actividad a la historia que realmente cuenta el texto?

Mucho antes de que Aladji Ndiaye se subiera por vez primera al avión que lo traería a España para ampliar estudios, en noviembre de 1996, él tenía clara una cosa: que no usaría el billete de retorno. De los seis estudiantes becados por la Agencia Internacional de Cooperación y la Universidad Complutense de Madrid durante nueve meses, sólo tres, la mitad de ellos, volvió a su país para trabajar como maestros, que era a lo que se habían dedicado durante sus años de estudio. Los otros tres, entre ellos Aladji, se quedaron.

"No me arrepiento de aquella decisión. Me quedé para enviar dinero a casa porque ésa era mi obligación". Para este senegalés, llegar a Madrid en noviembre, cuando más calor hace en su país, resultó toda una sorpresa. Aunque Aladji conocía muy bien el lugar donde había decidido vivir. "En la Universidad, en Senegal, teníamos acceso a periódicos y libros que permiten ver dónde vas. Por eso a mí, además del clima sólo me llamó la atención el metro. Eso sí que me asombró".

Los planes de Aladji para quedarse en España no habrían cuajado tan bien sin la ayuda de un almeriense amigo, y a la vez jefe, que le ofreció el puesto de trabajo que todavía hoy mantiene en su comercio de suministros y piezas de automoción. "Nos conocimos en Senegal, en un viaje que hizo a mi país un año antes de obtener la beca, y desde ese momento mantuvimos contacto. Cuando le dije que venía, me habló de su empresa y me contrató sin tener papeles ni nada. Estuve de ilegal un año y pico", confiesa.

Su tiempo de ocio, repartido entre el club de fútbol donde juega – es el único inmigrante– y la Asociación de Emigrantes Senegaleses de la capital almeriense, le hace sentirse "a gusto" tan lejos de los suyos. Sobre los roces con personas intolerantes, Aladji se muestra rotundo: "La inmigración es un hecho universal y de siempre. La gente se desplaza para buscarse la vida y no es ninguna vergüenza. Los españoles lo llevan haciendo desde el descubrimiento de América".

M. J. López Díaz

4 ■ Busca en el texto palabras o expresiones que signifiquen lo mismo que:

párrafo 1: a) hacer más grande.
            b) vuelta.

párrafo 2: c) posibilidad de llegar a algún lugar o de obtener algo.
            d) sorprender mucho.

párrafo 3: e) tener un resultado.
            f) cosas (piezas, comida, etc.) que se almacenan en gran cantidad para darlas o venderlas cuando se necesitan.

párrafo 4: g) descanso y diversión.
            h) cómodo y feliz,
            i) cambiar de lugar.

5 ■ Sustituye los grupos de palabras destacados en las siguientes frases por el grupo más adecuado:

A. Aladji **tenía clara una cosa**: que no usaría el billete de retorno:

     1. estaba seguro de algo.

     2. entendía bien algo.

B. Su amigo español le contrató **sin tener papeles ni nada**:

     1. sin dar importancia a que no tenía permiso de trabajo o de residencia.

     2. aunque no tenía documentos de identidad.

C. Estuvo de ilegal **un año y pico**:

    1. un año y algún tiempo más.

    2. varios años.

D. Aladji **se muestra rotundo** en sus opiniones sobre los **roces** con las personas intolerantes:

    1. parece muy seguro y firme.   1. discusiones o enfrentamientos violentos.

    2. parece poco seguro y firme.   2. discusiones o enfrentamientos no violentos.

E. La gente se desplaza para **buscarse la vida**:

    1. encontrar un medio de vida.

    2. encontrar alojamiento.

MATERIA PRIMA 3

1 ▪ Como has leído en el texto anterior, Aladji Ndiaye **es** maestro, pero ahora **está de** vendedor de piezas mecánicas en España. Fíjate en lo que acabas de leer y contesta:

a) ¿Cuál es su verdadera profesión, para la que estudió?

b) ¿Cuál es su ocupación actual?

c) ¿Significa lo mismo "estar de + ocupación" que "trabajar como / de + ocupación"?

d) Si sigue mucho tiempo con esta ocupación, ¿podrá decir en el futuro "Soy vendedor de piezas mecánicas"?

2 ▪ Mucha gente que emigra trabaja temporalmente en ocupaciones que no son su verdadera profesión, como estas personas, de las que se habla en los reportajes "Los otros españoles" y "Adivine su historia" (*El País Semanal*). Habla tú sobre su profesión y su ocupación actual en España usando *ser, estar de, trabajar como, trabajar de.*

a) Gordon Mackinnon, escocés. Director de producción en cine y televisión. Ocupación en España: profesor de inglés.

b) Sandra Pérez, dominicana. Técnico de laboratorio de análisis médicos. Ocupación en España: empleada del hogar.

c) Karima Hakami, afgana. Licenciada en Pedagogía y profesora. Ocupación en España: agente de seguros.

d) Josh Alpern, estadounidense. Actor. Ocupaciones en España: anteriormente, camarero, payaso, azafato y profesor de inglés; actualmente, vendedor de publicidad de una revista.

3 ▪ ¿Estás tú en una situación parecida a la de estas personas? ¿Conoces a alguien que lo esté? Cuéntaselo a tus compañeros.

MATERIA PRIMA 4

1 ▪ De la emigración nace el mestizaje, tanto físico como cultural. Vamos a trabajar ahora con historias de amor de parejas formadas por españoles y extranjeros de diferentes razas, tomadas del reportaje "La España mestiza", publicado en *El País Semanal*. Son sus hijos, fruto del mestizaje, los que nos las van a contar. La primera historia es la de los padres de Johanna Acquah Poblador, de padre ghanés y madre española. Ésta es la historia como ella la cuenta; léela y completa el cuadro que tienes debajo, donde aparecen los hechos en orden cronológico:

JOHANNA ACQUAH POBLADOR
Padre ghanés y madre española

"Mi madre estudiaba magisterio, y una noche conoció a mi padre en una discoteca. Él había venido a trabajar como marinero a Barcelona porque tenía un hermano aquí. Pero la relación no duró mucho. Se separaron. Cuando yo tenía ocho o nueve años, él murió."

LA HISTORIA DE LOS PADRES DE JOHANNA

Hechos que Joanna quiere contarnos	Detalles descriptivos que nos dan información complementaria sobre la situación
Su padre vino a Barcelona a trabajar	¿Por qué a Barcelona?
Su madre conoció a su padre en una discoteca	¿Ocupación de su madre en aquel momento?
La relación duró poco y se separaron	
Su padre murió	¿Edad de Johanna en aquel momento?

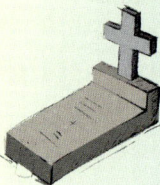

2 ▪ a) ¿En qué tiempo verbal expresa Johanna todo lo que aparece a la derecha, es decir, los detalles que nos dan información complementaria?

b) Cuando contamos historias, ¿lo contamos todo en orden cronológico? ¿Hay alguna diferencia entre el orden cronológico del esquema y el orden en el que

Johanna cuenta la historia? ¿Se marca esa vuelta al pasado (como si fuera una vuelta atrás en el tiempo en una película) con alguna forma especial del verbo?

3 a) Imaginemos que, para escribir el reportaje, el periodista y Johanna tuvieron estas conversaciones. Completa cada diálogo con uno de estos finales:

– Muy bien, gracias. Yo creo que es suficiente.

– Bueno, y entonces, ¿tu madre fue a esa discoteca?

1

P- Johanna, cuéntame cómo eran tus padres cuando se conocieron.

J- Pues mira, por lo que me han contado y lo que he visto en las fotos, mi padre era alto, fuerte, guapo… en fin, era un hombre muy atractivo. Le encantaba hacer deporte y todos los días salía a correr un rato por el paseo marítimo. A mi madre, en cambio, no le gustaba nada hacer ejercicio, ni siquiera pasear, pero estaba muy delgada y era también muy guapa. Eso sí, a los dos les encantaba la música, y solían ir a la misma discoteca.

P-

2

P- Johanna, ¿cómo se conocieron tus padres?

J- Pues una noche las amigas de mi madre querían ir al cine, pero ponían una película de terror y mi madre no quería ir. Mi padre estaba en una discoteca y estaba bailando con su novia de entonces. Creo que eran como las once, y la canción que estaban poniendo era de Los Panchos. Mi padre estaba muy cansado aquella noche y además estaba un poco acatarrado. Su novia le estaba diciendo que…

P-

---

b) En las dos respuestas de Johanna el tiempo verbal usado es el pretérito imperfecto (-aba, -ía), que es el tiempo que usamos para la descripción. Pero hay una diferencia:

– ¿En qué conversación el tema y la finalidad principal es la descripción de personas, cosas y acciones habituales en el pasado?

– ¿En qué conversación el imperfecto se usa para la descripción de las circunstancias que rodean una acción, es decir, para dar detalles explicativos y complementarios a ese hecho que queremos contar?

– ¿En qué respuesta el uso del imperfecto no es autónomo, es decir, debería aparecer al menos un pretérito indefinido (canté, comió)?

– ¿En qué respuesta el uso del imperfecto es autónomo porque la finalidad no es contar, sino describir?

4 Busca en las historias de Miquel Coulibaly y de Raquel Obono, que tienes debajo, y en los textos de "Con textos 1" y "Con textos 2" ejemplos en los que la persona que narra la historia…

a) cuenta una acción, un suceso que hace avanzar la historia:

b) cuenta una acción, un suceso que hace volver atrás la historia:

c) describe las circunstancias que acompañaban a esos hechos (la historia no avanza ni vuelve atrás):

d) describe una acción como algo habitual en una época de la que no se marca un principio ni un final definidos:

e) describe a una persona, una cosa, un lugar, una opinión:

MIQUEL COULIBALY
Madre española y padre senegalés.

"Mis padres se conocieron en una discoteca de Barcelona. Mi padre vino a España de turismo en plan bohemio cuando tenía mi edad. Por aquel entonces, mi madre había venido de Jaén para buscar trabajo. Una noche se fueron de marcha la pandilla de mi padre y la de mi madre, y acabaron saliendo."

RAQUEL OBONO MUÑOZ
Madre española y padre guineano.

"Mi madre conoció a mi padre en un guateque. Él había conseguido una beca para venir a estudiar electrónica a Logroño, y de allí se trasladó a Barcelona para acabar la carrera militar que estudiaba de forma paralela. Al principio, su relación fue tempestuosa. Mis abuelos maternos no la aceptaban, y tenían que verse a escondidas. Se casaron, y el trato con mis abuelos mejoró, sobre todo con mi nacimiento y el de mi hermano."

5■ Completa esta otra historia escribiendo en un tiempo del pasado el verbo que tienes entre paréntesis:

KARINA VALENCIA NAGLES

Madre colombiana y padre español.

"Mi padre (ESTUDIAR) _____ teología en un seminario, cuando le (MANDAR) _____ a una misión en Turbo (Colombia). Allí, tres meses antes de hacerse sacerdote, (CONOCER) _____ a mi madre, y cuatro meses después (VOLVER) _____ a España. Ella (ESTAR) _____ embarazada y (DESAPARECER) _____. Dos años después, mi padre me (RECONOCER) _____ como su hija; para entonces (CASARSE) _____ con otra mujer. A los 10 años (TRASLADARSE, yo) _____ a España a vivir con ellos y sus tres hijos. En enero de este año (CONOCER, yo) _____ a mi madre."

6■ ¿Conoces la historia de amor de tus padres? Cuéntasela a tus compañeros. Si estás casado/a, quizá prefieras contar la tuya propia. Si quieres prepararla un poco y pensar en los tiempos verbales, sigue estos pasos:

– Haz una lista de los hechos (cada hecho debe responder a la pregunta ¿qué pasó?)

– Piensa en detalles complementarios que quieras describir: ocupación de tus padres cuando se conocieron, qué hacían en el momento de conocerse, qué edad tenían, dónde estaban, etc. Añádelos a los hechos.

– Recuerda que casi nunca contamos todo en orden cronológico: ¿qué tal si utilizas una "vuelta atrás", cambias algo de orden y empiezas con un "para entonces / por aquel entonces / en aquel momento ya"?

MATERIA PRIMA 5

1 ¿Recuerdas a todas estas personas? Han aparecido ya en distintos lugares de esta unidad. ¿Quién de ellas podría haber dicho cada una de estas frases?

1. Carlos, Nines y José Luis

2. Juan Oliveras

3. Rafael Alberti

4. Aladji Ndiaye

5. Johanna Acquah

6. Severo Ochoa

a) Ahora sólo vamos a Madrid para ir al cine y de tiendas.

b) Mi padre vino a Barcelona porque tenía un hermano aquí.

c) No nos arrepentimos de habernos venido a vivir al campo.

d) Me vine a Argentina, y no me fui a Estados Unidos, por la facilidad del idioma.

e) Cuando vine, me ayudó mucho un amigo de Almería que conocí porque había ido de viaje a Senegal.

f) Querría ir a mi pueblo por lo menos una vez antes de morir.

g) Me fui para poder seguir investigando.

h) Si no me hubiera ido a Argentina, hubiera terminado en la cárcel, o incluso puede que hubiera muerto.

2 ■ En todas sus frases, estas personas han usado el verbo *ir* o el verbo *venir*, pero a veces usan el pronombre reflexivo *(me, nos)* y a veces no. Fíjate en esto y después elige las opciones correctas:

a) Cuando no interesa el lugar de destino, porque lo que importa es hablar de un movimiento de salida de un lugar, usamos: **ir / irse.**

b) Cuando solamente interesa hablar de un movimiento hacia un lugar, pero no de que hemos salido de un lugar, usamos: **ir / irse.**

c) Cuando se quiere expresar que ha habido una salida o abandono de un lugar, pero también se dice hacia dónde, usamos: **ir / irse.**

d) Cuando queremos expresar movimiento desde otro lugar hacia el lugar donde estamos ahora (sin que importe el lugar de procedencia), usamos: **venir / venirse.**

e) Cuando queremos expresar movimiento desde otro lugar hacia el lugar donde estamos ahora, marcando que hemos abandonado otro sitio, usamos: **venir / venirse.**

En algunos casos estas diferencias no son importantes, y podemos usar indistintamente el pronombre o no; por ejemplo, Johanna podría decir "Mi padre se vino a Barcelona", porque permaneció un tiempo allí y abandonó su país y Juan Oliveras podría decir "Vine a Argentina", pues, como ya sabemos su historia, no necesita usar "me" para decirnos que abandonó España y se instaló allí.

En otros casos, en cambio, es una diferencia importante; por ejemplo, si un timbre suena en una casa, y una persona dice "Voy", entendemos que empieza un movimiento hacia la puerta; si dice "Me voy", entendemos que la persona que ha llamado viene a buscarla y va a salir de la casa.

3 ■ Elige la opción correcta; a veces, las dos son válidas:

a) Nines: "Ni siquiera hay carretera para (ir / irse) al pueblo más cercano."

b) Carlos: "Estábamos hartos de la vida de Madrid, así que un buen día decidimos (ir / irnos)."

c) Juan Oliveras: "Desde que (vine / me vine) no he sabido nada de mi novia".

d) Rafael Alberti: "Primero (fui / me fui) a París, luego a Argentina, después a Roma, y luego, por fin, en 1977, (vine / me vine) a España."

e) Aladji Ndiaye: "Cuando se acabó la beca, tres de mis compañeros (fueron / se fueron) a Senegal de nuevo."

4 ■ ¿Y tú? ¿Has cambiado alguna vez de ciudad de residencia, de barrio, de país, de continente? Cuéntaselo a tus compañeros.

HABLA A TU AIRE

1 ▪ Fíjate en los diálogos que aparecen a continuación. ¿De qué se está hablando en las conversaciones? ¿Para qué se han utilizado las expresiones que aparecen marcadas? Relaciona las expresiones con los usos de la lista teniendo en cuenta que las expresiones que tienen la misma función aparecen marcadas con el mismo color.

FUNCIONES

a. Poner un ejemplo basado en la información que se acaba de dar.

b. Indicar que después de pensar o analizar los datos más atentamente el hablante ha modificado su opinión.

c. Expresar acuerdo con ciertas reservas o dudas.

d. Rechazar enérgicamente lo que plantea el interlocutor.

e. Sacar conclusiones sobre lo que ha dicho la otra persona.

f. Aclarar que un argumento propio es distinto de lo que piensa el interlocutor.

+Pues yo sí creo que la mezcla de culturas es buena. Una vez leí que prácticamente todo lo que se considera típico de cualquier país en algún momento ha sido un préstamo de otra cultura.

-**¿Quieres decir que** por ejemplo las comidas típicas de un país en realidad vienen de otros países?

+**Pues mira, ya que hablamos de** comidas, piensa que el tomate, el pimiento y la patata no llegaron a Europa hasta el siglo XVI, y a ver cuántos platos típicos españoles se te ocurren que no lleven patatas ni tomates ni pimientos.

-Vale, pero **lo que yo digo es que** hay que preservar las costumbres típicas de un país, que si no, vamos a ser todos iguales y el mundo va a ser mucho más aburrido.

+No, si, **bien mirado**, **quizá tengas razón**.

+A mí, la verdad, no me importa que los grupos españoles canten en inglés. Así venden más discos en otros países.

-**¿O sea que** vamos a tener aquí a todo el mundo cantando en inglés y cuando ponga la radio no voy a poder escuchar nada en mi idioma?

+**Yo no digo que** → todo el mundo cante en inglés, ← **lo que digo es que** el que quiera que lo haga, que a mí no me parece mal.

-**¡Cómo que** el que quiera! ¡Sólo nos faltaba que se pusieran a cantar en inglés Isabel Pantoja y Rocío Jurado!

+**¿Pues no** se han puesto ya Julio Iglesias y Montserrat Caballé?

-Bueno, vale, de acuerdo, que cada uno haga lo que le dé la gana. Supongo que será cuestión de acostumbrarse, pero a mí me parece colonización cultural.

-**¡Pero, qué va a** ser colonización cultural! ¡Si eso de la colonización cultural no existe! Aquí nos intentan vender de todo y luego hay cosas que la gente acepta y cosas que no.

+Ya, **visto así**, **a lo mejor tienes razón**.

2 ▪ Utiliza ahora palabras de las expresiones del ejercicio 1 para completar este diálogo:

-A mí me parece una locura dejarlo todo e irse a vivir a otro país. Como se vive aquí no se vive en ningún sitio.

+¿ _____ todos los que emigran a otro país están locos?

-¡No, hombre, no! _____ es que a mí me parece que el nuestro es el mejor país del mundo.

+¡Pero qué _____ ser el mejor país del mundo! Dirás que es el que a ti más te gusta... de los pocos que conoces.

-Ya, claro, _____, puede que _____

3 ▪ Las expresiones que acabamos de ver te van a ser muy útiles en las siguientes actividades. Empieza por leer las opiniones sobre la inmigración que tienes a continuación. ¿Con cuáles estás de acuerdo? ¿Y tu compañero? Si no está de acuerdo contigo en algo, intenta convencerlo, pero también déjate convencer si te da buenos argumentos. Al cabo de diez minutos tendrás que haber llegado a un acuerdo sobre cada uno de los puntos para así poder pasar a la fase siguiente.

Siempre es bueno para un país que haya muchos inmigrantes. Cuanta más variedad, mayor cultura.

No debería haber fronteras para las personas.

Los inmigrantes deben olvidarse de sus costumbres y tradiciones para adaptarse rápidamente a su nuevo país.

Los inmigrantes deben adaptarse a las normas sociales del país que los acoge.

El país de acogida debe aprender las costumbres de los inmigrantes que van a vivir allí.

El sistema educativo del país de acogida debe incorporar elementos de la cultura de los inmigrantes que acoge (p.ej., geografía, historia, religión y costumbres de los principales grupos de inmigrantes del país).

Los inmigrantes deben aprender la lengua del país al que emigran lo más rápido posible.

Es una buena idea que los inmigrantes sólo hablen a sus hijos en la lengua de su nuevo país.

Es mejor que los inmigrantes se casen con personas de su país de origen.

4■ Ahora, cada pareja intentará llegar a un acuerdo en cada uno de los puntos con otra pareja de la clase. Si no se puede llegar a un acuerdo, se puede votar o negociar alguna de las decisiones.

5■ Ha llegado el momento de discutir los temas con toda la clase. Seguro que ahora tienes muchos argumentos para convencer a los demás de lo que opinas. Al final de la discusión, el profesor organizará una votación para recoger la opinión de toda la clase.

ESCRIBE A TU AIRE

1■ Lee este anuncio. ¿Qué tipo de texto pide que se escriba?

2■ Marca las opciones correctas.

Una memoria:

☐ es un texto formal

☐ es un texto informal

☐ es fundamentalmente objetiva

☐ es fundamentalmente subjetiva

☐ incluye muchas opiniones

☐ puede incluir opiniones

☐ sólo tiene un párrafo

☐ tiene varios párrafos

☐ debe incluir una introducción y una conclusión

☐ no necesita introducción

AYUDAS PARA EL PERFECCIONAMIENTO DE CONOCIMIENTOS LINGÜÍSTICOS Y CULTURALES DEL ESPAÑOL PARA EXTRANJEROS.

Los aspirantes deberán enviar sus datos personales, incluyendo su situación académica o profesional, y adjuntar una memoria detallando el proyecto que se desee realizar en España, aportando razones que justifiquen la concesión de la ayuda.

Agencia Española de Cooperación Internacional
Subdirección General de Becas, Lectorados e Intercambios
Unidad de Lectorados
Avda. Reyes Católicos, nº 4
28040 - Madrid (España)

(basado en la convocatoria de becas MAE: www.becasmae.com)

3■ Como vimos en la unidad anterior, cada párrafo de un texto desarrolla una sola idea principal. ¿Cuántos párrafos necesitarías incluir en la memoria que se pide en el anuncio? ¿Qué información pondrías en cada párrafo?

4 ■ Lee ahora esta memoria que ha escrito una estudiante para solicitar la ayuda del anuncio. ¿Ha utilizado la misma estructura que tú? ¿Qué encabezamiento le pondrías a cada párrafo?

Como se puede ver en el currículo adjunto, llevo ocho años estudiando español en distintas instituciones de mi país. En todo este tiempo, y por motivos económicos, no he tenido oportunidad de visitar España para poder poner en práctica mis conocimientos. Por otra parte, dado que el próximo mes de mayo terminaré mis estudios universitarios, considero que este año sería óptimo para cursar estudios complementarios en el extranjero.

Estoy interesada en realizar un curso de lengua y cultura españolas en la Universidad del Mediterráneo. Este curso tiene una duración total de diez semanas e incluye cinco horas diarias de clase, con la posibilidad de dedicar una hora diaria al estudio del español de los negocios. El precio total de las clases es de 1.240 €, a lo que habría que añadir el coste del alojamiento y la manutención.

Considero que este curso sería muy adecuado para mis necesidades ya que está orientado a estudiantes intermedios o avanzados de español. Así mismo, el hecho de que el curso tenga lugar en la Universidad del Mediterráneo y a lo largo de todo un trimestre lo hace especialmente atractivo, pues garantiza la oportunidad de conocer a muchos otros estudiantes tanto españoles como extranjeros. Además, siendo economista, el módulo de español para los negocios me resulta particularmente atractivo.

Teniendo en cuenta mi experiencia en el estudio del español, la calidad de mi expediente académico y el alto grado de adecuación del curso a mis necesidades e intereses, estoy segura de poder obtener el máximo aprovechamiento tanto de la ayuda como de la actividad académica.

5 ■ ¿Te has fijado en que la memoria que acabas de leer es un texto formal? Transforma las siguientes frases y expresiones en otras más formales, parecidas a las que se han utilizado en la memoria, completando las palabras que faltan.

a) *como no tengo dinero*

por _____ económicos

b) *no he podido visitar España*

no he tenido _____ de visitar España

c) *Este año sería el mejor para cursar estudios en el extranjero*

Este año sería _____ para cursar estudios en el extranjero

d) *Este curso dura diez semanas en total y se puede dedicar una hora diaria*

Este curso tiene una _____ total de diez semanas

e) *Al precio total habría que añadir el alojamiento y la comida.*

Al precio total habría que añadir el alojamiento y la _____

f) *Como el curso tiene lugar en la Universidad del Mediterráneo garantiza la oportuni-*
dad de conocer a muchos otros estudiantes.

El [_____] de que el curso [_____] lugar en la

Universidad del Mediterráneo garantiza la oportunidad de conocer a muchos

otros estudiantes.

g) *Como llevo estudiando español mucho tiempo y tengo un buen expediente acadé-*
mico, estoy segura de aprovechar al máximo la ayuda y el curso.

[_____] en cuenta mi experiencia en el [_____]

del español y la [_____] de mi expediente académico, estoy

segura de poder obtener el máximo [_____],

[_____] de la ayuda como del curso.

6 ■ Escribe ahora tú una memoria solicitando la ayuda del anuncio. Antes de empezar piensa: ¿Cuántos párrafos vas a escribir? ¿Qué información vas a incluir en
cada párrafo? ¿Qué tipo de curso se adaptaría a tus necesidades? ¿Qué detalles
podrías aportar para justificar que te concedieran a ti la beca? ¿Cómo justifica-
rías su aprovechamiento?

Unidad 3
A Dios rogando...

¿TÚ QUÉ CREES?

¿Buscas trabajo? Aquí tienes algunos empleos originales. ¿Cuál elegirías? ¿Cuáles no te gustaría hacer? ¿Cómo sería tu trabajo ideal?

De catador de helados trabaja John Harrison para la Dreyers Grand Ice Cream, uno de los mayores fabricantes de helados de EE.UU. Su tarea es inventar nuevos sabores y supervisar el control de calidad. Saborea y escupe unos 300 galones de helado al año. La Dreyer's tiene asegurado su paladar por un valor de US$1.000.000.

Se buscan astronautas para participar en tres o cuatro viajes de 100 horas al espacio en los próximos 10 años. Su trabajo consiste en darse un paseo de cinco horas en el espacio y conducir una nave espacial a 18.000 km por hora. Han de estar dispuestos a hacer sus necesidades en un ambiente sin gravedad. Sueldo entre US$55.000 y US$70.000 al año. Enviar currículos a la NASA Astronaut Selection Office, Johnson Space Center, Houston, EE.UU.

A los espectadores profesionales de encuentros deportivos la News Satellite Co. de Nueva Jersey, EE.UU, les paga por ver encuentros deportivos grabados en directo. Toman notas sobre lo que ven y recomiendan las jugadas interesantes que después pasan en los noticiarios deportivos y en los *spots*. Trabajan los fines de semana. Ropa informal y cómoda. Ganan US$8,50 por hora o US$18.000 al año.

¿Te pareces a alguien famoso? Puedes ganar US$300 por hora trabajando como doble de un famoso y asistiendo a recepciones en su lugar. Steve Taft de Atlanta, EE.UU, trabaja para Celebrities Look-Alikes International, y se parece tanto a Jack Nicholson que a veces ha ganado más de US$10.000 en un solo día apareciendo en público en su lugar.

Los probadores de videojuegos analizan y aprenden las últimas novedades que el fabricante de videojuegos Nintendo saca al mercado, y aconsejan por teléfono a otros jugadores que se han quedado bloqueados. Para las demostraciones itinerantes usan una camioneta nuevecita repleta de juegos por un valor de US$20.000. A veces viajan al extranjero para lanzar nuevos productos. "Nunca pensé que me iban a pagar por jugar a esto" dice Megan Farris, que trabaja para Nintendo. Además del sueldo, les pagan la cuota de socio de uno de los gimnasios más exclusivos de Seattle, EE.UU.

Los periodistas especializados en turismo son gente como Joe Cummings, que pasa seis meses al año en sus países preferidos (Tailandia, Birmania, Indonesia y México) preparando artículos para las guías Lonely Planet. Le dan un adelanto de US$10.000.

Nota:
Todos los trabajos descritos en los anuncios ya están ocupados: no se buscan candidatos para ocuparlos.

(Revista *Colors*)

CON TEXTOS 1

1 ■ Fíjate en el título del texto. ¿Qué relación puede tener con el trabajo?

2 ■ ¿Qué le pasa a la gente que es adicta al trabajo? ¿En qué se nota su adicción? ¿A qué tipo de cosas tienen que renunciar? Haz una lista y compárala con la de otras personas de la clase.

3 ■ Ahora lee el texto y comprueba si se menciona lo que has puesto en la lista.

"Mi único límite para parar era el agotamiento físico"

NOMBRE: Carlos Peiró.

EDAD: 50 años.

OCUPACIÓN: informático.

Durante casi 25 años, nunca se tomó vacaciones. Viajó por toda España y media Europa sin conocer más que hoteles y los aeropuertos. "Durante dos años y medio me desplacé semanalmente a Sevilla y nunca vi la Giralda, siempre
5 estaba leyendo informes en el taxi". En su caso se unieron un carácter perfeccionista y los exigentes métodos de trabajo de una multinacional. "Cada vez trabajaba y subía más para poder tener más libertad para mi trabajo. Y, sin embargo, según asciendes, te das cuenta de que las presiones son
10 mayores". Carlos reconoce que su trabajo llegó a convertirse en un reto continuo. "Mi único límite para parar era el propio cansancio físico". Durante muchos años trabajó 14 horas diarias, con una media de seis vuelos semanales. Conserva una anotación que hizo cuando cumplió su quinto
15 aniversario de boda. En esos cinco años, contando fines de semana, festivos y vacaciones, sólo había visto a su mujer ocho meses.

Sus amigos comenzaron a prescindir de él. Dejó de esquiar y de montar a caballo, y para sorpresa de su entorno, vendió su
20 preciada moto. "Ya no tenía tiempo y además, no podía permitirme el lujo de caer y tener que dejar mis obligaciones".

Nunca interpretó todas aquellas renuncias como algo doloroso. "Es como cuando estás leyendo una novela apasionante y no paras hasta acabarla…, tu razón te dice que deberías
25 dormir porque te caes de sueño, pero no puedes evitarlo".

El encargo de montar en España la sede de otra multinacional le provocó un estrés añadido que acabó pasando la factura en su salud. "Comencé con dolores musculares y acabé perdiendo 20 kilos".

30 Un buen día, y sin motivo especial, decidió poner punto y final a esa vida e iniciar una nueva etapa. Ahora trabaja por su cuenta en casa. Ya no está sujeto a un horario y, aunque sigue siendo perfeccionista, ha comenzado a valorar la vida. Está conociendo las ciudades a las que viajó tanto sin ver
35 más que el hotel y el aeropuerto, y está descubriendo el placer de la lectura, el cine o una conversación ajena al trabajo. Aunque asegura no verlo con amargura, sí reconoce que hay algo que no tiene marcha atrás. Hace años decidió no tener hijos porque su trabajo le absorbía demasiado.

(Mar Ruiz, *Horario continuo*, extracto)

4 ■ Busca en el texto la información necesaria para contestar las siguientes preguntas:

a) ¿Conseguía Carlos mayor libertad cuando subía puestos en su empresa?

b) ¿Qué riesgo le suponía utilizar su moto?

c) ¿Le resultaba difícil renunciar a tantas cosas?

d) ¿Hay algo de lo que verdaderamente se arrepienta ahora?

5 ■ Explica el significado de estas expresiones en el texto:

a) Para sorpresa de (línea 19) . . . .

b) Pasar factura (l. 27-30) . . . .

c) Poner punto y final (l. 30-31) . . . .

d) Trabajar por su cuenta (l. 31-32) . . . .

e) Estar sujeto a un horario (l. 32) . . . .

f) No tener marcha atrás (l. 38) . . . .

6 ■ Junta elementos de cada columna. Las combinaciones aparecen en el texto.

caerse	vacaciones
convertirse	en un reto
cumplir	el quinto aniversario
permitirse	un lujo
prescindir	de alguien
tomarse	de sueño

7 ■ Ahora utiliza los verbos del ejercicio 6 para completar estas frases.

a) Este año vamos a _____ unos días de vacaciones en invierno.

b) Tener un trabajo que a uno le guste se ha _____ en un lujo.

c) Ya he _____ un año trabajando en esta empresa.

d) Este año estamos ahorrando para comprarnos una casa y no podemos _____ irnos de vacaciones.

e) A pesar de que llevaba veinte años trabajando en el puesto, su jefe ha decidido _____ de él.

f) La pobre Silvia lleva dos noches sin dormir y se _____ de sueño.

8 ■ ¿Conoces tú a alguien que trabaje como la persona del texto? Cuéntaselo al resto de la clase.

MATERIA PRIMA 1

1 ▪ Cuando Mar Ruiz entrevistó a Carlos Peiró para escribir el texto del apartado anterior, seguro que, mientras Carlos hablaba, ella reflexionaba sobre lo que él decía. Vamos a imaginar qué podría estar pensando ella. A la izquierda tienes palabras que podría haber dicho Carlos, y a la derecha, lo que podría estar pensando la periodista; relaciona las palabras de la izquierda con los pensamientos de la derecha:

c) Mi trabajo *llegó a convertirse* en un reto continuo.

d) Decidí no tener hijos porque mi trabajo me absorbía demasiado.

e) *Debería haberme dado* cuenta antes de que mi adicción al trabajo no *me iba a llevar* a nada bueno en la vida.

b) Vendí mi moto porque no *podía permitirme* el lujo de *caerme*.

f) Ahora, aunque haya cambiado mi vida, sigo siendo perfeccionista.

a) Trabajaba cada vez más para poder tener más libertad.

g) Ahora he comenzado a valorar la vida.

4) Es que, cuando lo eres, *sigues siéndolo* siempre. Y cuando eres un desastre, como yo, también *lo sigues siendo* siempre.

3) Pues sí, *se debería haber dado* cuenta antes. ¿Cómo no pensó antes que esa adicción no *iba a llevarle* a nada bueno?

5) ¡Pues qué vida tan triste si ni siquiera *se podía permitir* el lujo de *caerse*! No sé cómo, *habiéndose dado* cuenta de esto, no dejó su trabajo en ese momento.

2) No creo que ya *decida tenerlos*. Los hijos *hay que tenerlos* cuando se es más joven. Pero seguro que ahora *le gustaría haberlos tenido*.

6) ¡Ahora *ha empezado a valorarla*! Pues yo creo que *la empecé a valorar* nada más nacer

1) Yo, si mi trabajo *se llega a convertir* algún día en un reto, lo dejaré.

7) Pero, para *tenerla*, lo lógico es que *se hubiera puesto a hacer* el vago en vez de a trabajar

2 ▪ Fíjate ahora en los verbos marcados y en los pronombres no acentuados que los acompañan (*me, lo, se,* etc.). ¿Cuándo se colocan delante del verbo y cuándo detrás? Escribe las frases del ejercicio anterior en el lugar correspondiente de este esquema, añadiéndolos a los ejemplos que te damos:

a) Siempre detrás del infinitivo (-r) o gerundio (-ndo):

Cuando el infinitivo o gerundio no está unido a un verbo conjugado.

- Viajé por muchas ciudades *sin verlas.*
- Lo sabía, pero aun *sabiéndolo,* no quiso ir.

Con la perífrasis *hay que* + infinitivo.

- *Hay que hacerlo.*

b) Delante del primer verbo o detrás del infinitivo o gerundio, indistintamente:

Cuando el verbo conjugado es *poder, seguir, intentar, querer, conseguir, soler o deber,* y cuando el grupo de verbos forma una perífrasis verbal (*tener que, ir a, empezar a,* etc.).

- Suelo acostarme pronto / se suele acostar tarde.
- Quiero irme / ¿Te quieres ir?
- Tienes que irte / Nos tenemos que ir.
- Está comiéndoselo / Se lo está comiendo.

c) Delante del primer verbo o detrás del infinitivo o gerundio (según el pronombre sea complemento del primer verbo o del segundo):

Con las perífrasis *echarse a, ponerse a,* y con grupos de verbos que no forman perífrasis verbal (cada verbo es independiente).

- Se echó a volar.
- Prefiero verlo.
- Le encanta verme.
- La vio salir.

3 ▪ El siguiente texto da consejos sobre cómo superar la adicción al trabajo. Léelo y piensa si alguno de los pronombres que están marcados podría cambiarse de lugar:

• Para curar tu adicción al trabajo, primero **tienes que admitirla** *(a)*. Comenta el problema con tus compañeros y familiares.

• **Ponte a trabajar** *(b)* ahora mismo. **Intenta controlarte** *(c)* desde este momento, pero recuerda que ésta es ahora tu conducta habitual y no **conseguirás modificarla** *(d)* de un día para otro.

• En cuanto a las habilidades sociales (autocontrol, autoestima, saber escuchar y saber decir "no"), **te interesa mejorarlas** *(e)* al máximo.

• Piensa que el único que **puede ayudarte** *(f)* a cambiar eres tú y sólo tú.

• No **te dejes dominar** *(g)* por el reloj. Decide qué es realmente urgente, y reserva tiempo para **hacerlo** *(h)*.

• Las cosas que no son tan importantes **deben delegarse** *(i)*. Lo que **se pueda dejar** *(j)* en manos de otras personas, **hay que dejarlo** *(k)*.

• No te olvides de tu cuerpo. **Te conviene cuidarlo** *(l)*.

• No te descuides cuando creas que **estás controlándote** *(m)*. Puedes volver a caer.

RECUERDA

▪ En todos los casos, si usamos el verbo en imperativo afirmativo, el pronombre no se pone delante del verbo conjugado: *Venga, ponte a trabajar / ¡Empieza a hacerlo ya! / ¡Deja de hacerlo ahora mismo!* ▪

4 ▪ Como sabes, Carlos Peiró cometió muchos errores en su vida. ¿Qué debería o podría haber hecho en vez de lo que hizo? Exprésalo como en el ejemplo.

Ejemplo:

No se tomó vacaciones en 25 años. (tener que)

Respuesta: Tendría que habérselas tomado / Se las tendría que haber tomado, y así no se habría puesto enfermo.

a) Cada semana iba a Sevilla, pero nunca vio la Giralda. (Deber)

....

.

b) Dejó de esquiar y de montar a caballo. (Convenir)

....

c) Cogía el avión unas seis veces a la semana. (Tener que)

....

d) En cinco años, sólo vio a su mujer ocho meses. (Deber)

....

MATERIA PRIMA **2**

1 ▪ Seguimos hablando de Carlos Peiró cuando era adicto al trabajo. Fíjate en estas frases, tomadas del texto:

Durante casi 25 años, nunca se tomó vacaciones.

Durante dos años y medio me desplacé semanalmente a Sevilla.

Durante muchos años trabajó 14 horas diarias.

Compáralas con estas otras:

Antes nunca se tomaba vacaciones.

En aquella época se desplazaba semanalmente a Sevilla.

Cuando era jefe, trabajaba 14 horas diarias.

¿Qué tienen en común las frases del primer grupo que no tienen las segundas? ¿Tiene eso alguna relación con el tiempo verbal del pasado que se usa en ellas?

2 ▪ Cuenta tus experiencias en trabajos anteriores al actual comenzando o terminando con alguna de estas formas:

...desde (fecha) hasta (fecha)...   ...durante (cantidad de tiempo)...

...todo el año/mes pasado...   ...durante / en (año/mes)...

(Si nunca has trabajado, habla de tu vida de estudiante y tus estudios anteriores)

Ejemplo:

– Yo trabajé en un banco el año pasado, desde octubre hasta diciembre, y durante todos esos meses trabajé diez horas diarias.

+ Pues yo el año pasado también trabajé, pero de guía turístico/a, así que viajé gratis durante casi doce meses.

DIMES Y DIRETES

1 ▪ Elige la opción que te parezca correcta para terminar las expresiones informales que están *en cursiva*. Intenta hacerlo sin diccionario; la frase te da la clave del significado de la expresión.

a) Llega todos los días cansadísimo a casa. Es que *trabaja como un* _____.

   1) burro   2) perro   3) pato

b) Nunca hace todo lo que tiene que hacer: *es más vago que la chaqueta de un* _____.

   1) albañil   2) guardia   3) oficinista

c) Él dice que trabaja mucho, pero la verdad es que *no da* _____.

   1) palo   2) trabajo   3) golpe

d) Él dice que trabaja mucho, pero la verdad es que *no da* _____ al agua.

   1) palo   2) trabajo   3) golpe

e) *Se quema las* _____ leyendo hasta las cuatro de la mañana todas las noches.

   1) manos   2) cejas   3) pestañas

f) No hace nada; siempre está *rascándose la* _____.

   1) barriga   2) nariz   3) mejilla

g) Es muy cumplidor; cuando tiene que *dar el* _____, lo da.

   1) pie   2) callo   3) ojo

h) Tiene una paciencia infinita; eso que hace es *un trabajo de* _____.

   1) japoneses   2) indios   3) chinos

i) Mientras toda la familia trabaja, el muy sinvergüenza *se toca las* _____.

   1) narices   2) orejas   3) plantas de los pies

j) Mañana mi hermano hace la mudanza; habrá que *arrimar el* _____.

   1) brazo   2) pie   3) hombro

2 ■ Fíjate en las frases del ejercicio anterior. ¿Qué expresiones se utilizan específicamente en los siguientes contextos?:

a) Cuando se habla de hacer un esfuerzo especial para cumplir con el trabajo que le corresponde a uno.

b) Cuando una persona le dedica mucho tiempo al estudio.

c) Cuando hay que colaborar y aportar el trabajo de uno al de los demás.

3 ■ De la siguiente lista de adjetivos, ¿cuál o cuáles aplicarías a las personas de las frases del ejercicio 1?

meticuloso   holgazán   parásito   concienzudo   trabajador

¡LO QUE HAY QUE OÍR! 1

Vas a escuchar en dos partes un fragmento de un programa de noticias español. En la grabación aparecen las siguientes expresiones. ¿Sobre qué tema crees que trata la grabación?

segunda jornada laboral

reparto de tareas

sustento

complemento

en la cocina y con la pata quebrada (variante del refrán "La mujer, con la pata quebrada y en casa")

Primera parte: noticia

1 ■ Escucha por primera vez esta parte del informativo y completa la siguiente información:

a) Número de mujeres españolas casadas que trabajan fuera de casa:

b) Horas que emplea la mujer trabajadora en las tareas del hogar:

c) Horas que emplea el hombre:

d) Tiempo diario empleado por la mujer en cocinar:

e) Tiempo empleado por el hombre:

f) Tiempo invertido por la mujer en limpiar la casa:

g) Tiempo invertido por el hombre:

h) Tiempo que dedica al día la mujer a la ropa:

i) Tiempo que dedica el hombre:

j) Porcentaje de hombres casados cuyas mujeres trabajan fuera del hogar que no hacen nada en la casa:

2■ Escucha de nuevo el primer fragmento y presta atención a las palabras que usan las personas encuestadas. De las cuatro personas, ¿cuántas dicen más o menos lo mismo que los resultados de la encuesta?

Segunda parte: Comentario de la noticia

3■ Escucha la segunda parte de la grabación y elige la respuesta correcta en cada caso.

Según el periodista:

1. La gran diferencia entre España y Europa es:

   a) La economía.

   b) El machismo.

   c) El machismo y la siesta.

   d) La situación laboral de la mujer.

> **Nota:**
> El periodista habla de Maastricht, que es una ciudad holandesa donde se firmó un importante tratado de la Unión Europea. En él se fijaron los aspectos económicos y sociales que debían ser comunes a todos los países de la Unión.

2. Los hombres españoles piensan que sus mujeres...

   a) Deben estar sólo en la cocina.

   b) No pueden ganar más que ellos.

   c) Sólo pueden trabajar cuando sus maridos estén en paro.

   d) No pueden trabajar y ocuparse de la casa.

3. La mujer que trabaja fuera de casa...

   a) Es más feliz.

   b) A veces es más feliz.

   c) Es más feliz que las que trabajan en casa.

   d) Se convierte en una esclava.

4. El principal problema es...

   a) Liberarse económicamente.

   b) Tener demasiadas actividades.

   c) Creer lo que dice la publicidad.

   d) Hacer generalizaciones.

4■ ¿Con cuáles de estas afirmaciones estaría de acuerdo el periodista de la grabación? ¿Y tú, qué opinas? ¿Cuál es la situación en tu país?

a) La siesta ya no es tan importante como antes.

b) Los hombres no soportan que sus mujeres trabajen.

c) Los hombres están dispuestos a colaborar en la casa para que la mujer trabaje.

d) Las mujeres que trabajan no son más felices que cualquier otro trabajador.

e) No es importante conseguir una liberación económica.

f) Todas las amas de casa son esclavas del hogar.

MATERIA PRIMA 3

1 ▪ Las siguientes palabras son nombres de profesiones y cargos en masculino y femenino. Coloca cada ejemplo en el lugar del cuadro que le corresponda:

- ☐ un/una conserje
- ☐ un/una policía*
- ☐ un actor/una actriz
- ☐ un pintor/una pintora
- ☐ un maestro/una maestra
- ☐ un/una fiscal
- ☐ un/una recepcionista
- ☐ un alcalde/una alcaldesa
- ☐ un médico/una médica - una médico
- ☐ un bailarín/una bailarina
- ☐ un/una soldado
- ☐ un diputado/una diputada

- ☐ un/una estudiante
- ☐ un artista/una artista
- ☐ un juez/una jueza - una juez
- ☐ un rey/una reina
- ☐ un/una cantante
- ☐ un/una guardia*
- ☐ un agricultor/una agricultora
- ☐ un/una socorrista
- ☐ un/una guía*
- ☐ un dependiente/una dependienta
- ☐ un político/una política*
- ☐ un modisto/una modista

¿...Y A USTED LE HARÍA GRACIA QUE LO LLAMARAN SEÑORA JUEZA?. ¿Y A USTED, SEÑORITA GERENTE...?

...¿Y A USTED, DON OLEGARIO, JEFA DE NEGOCIADO DEL GOBIERNO CIVIL?

PUES...

CR

* Estas palabras, en femenino, tienen también otro significado. ¿Cuál es?

Cambia -o por -a
- un informático / una informática

_____

Se añade una -a
- un vendedor / una vendedora

_____

Cambia -e por -a
- un presidente / una presidenta

_____

Se usa una forma un poco diferente
- un emperador / una emperatriz

Se usa la misma forma, y sólo se nota la diferencia en las palabras que lo acompañan (por ejemplo el artículo)

- Terminadas en -e   un comerciante / una comerciante

_____

- Terminadas en -a   un periodista / una periodista

_____

- Profesiones o cargos que antes sólo tenían los hombres   un piloto / una piloto

_____

Se usa la misma palabra, o se cambia la última vocal por -a, o se añade una -a (normalmente son profesiones o cargos que antes sólo tenían los hombres, pero que ahora tienen muchas mujeres; aunque se usan las dos formas, el cambio al femenino suele sentirse como más informal).

- un abogado / una abogada - una abogado
- un jefe / una jefa - una jefe

2 ▪ Debajo de cada fotografía tienes la profesión o cargo de estas mujeres. Pon la terminación que corresponda:

RECUERDA

▪ El uso de estos masculinos y femeninos cambia cuando cambia la sociedad. Por eso algunos nombres de profesiones y cargos están en proceso de cambio, y se usan tanto las formas tradicionales como otras formas nuevas. ▪

a) Eleanor Roosevelt (Estados Unidos)

Polític ....

b) Isabel la Católica (España)

Re ....
de Castilla

c) Agatha Christie (Reino Unido)

Escritor ....

d) Catalina la Grande (Rusia)

Empera ....

e) Marie Curie (Polonia)

Científic ....

f) Coco Chanel (Francia)

Empresari ....

g) Concepción Arenal (España)

Sociólog ....

h) Juana de Arco (Francia)

Soldad ....

PALABRA POR PALABRA 1

Busca un compañero con el que trabajar. Uno de los dos utilizará la página 261 y el otro, la página 267. Para hacer esta actividad debes seguir tres normas: no utilizar el diccionario, no mirar la página de tu compañero y no usar gestos para las explicaciones.

CON TEXTOS 2

1 ▪ A continuación vas a leer un texto sobre una señora que trabaja limpiando el aeropuerto de Madrid. ¿Qué tipo de cosas crees que agradece al público que usa las instalaciones? ¿Qué cosas crees que la molestan o le hacen sentirse ofendida? Completa la tabla.

ACTITUDES DEL PÚBLICO OFENSIVAS O MOLESTAS	ASPECTOS AGRADABLES DE SU TRABAJO

2 ■ Compara ahora tus ideas con la información del texto.

"Te tratan como si fueras una basura"

NOMBRE: Pilar Romero.

EDAD: 39 años.

PROFESIÓN: limpiadora en el aeropuerto de Barajas.

Su tarea consiste en pasar la mopa por el inabarcable pavimento del aeropuerto de Barajas. Lo único que tendría que arrastrar su herramienta de trabajo es polvo, tierrilla y algún que otro papel despistado. Sin embargo, a su paso
5 por la terminal va tropezando con latas de refresco, restos de comida y cualquier cosa que los viajeros no hayan tenido la delicadeza de depositar en las papeleras.

A pesar de la costumbre, Pilar aún contempla con estupor cómo alguien tira el periódico recién leído ante la mopa.
10 "La primera vez que me pasó me quedé de piedra. ¿Es que se creen que soy una máquina que va recogiendo las cosas del suelo? ¿No se dan cuenta de que soy una persona?". Porque a ella le toca, después, doblar el espinazo para llevar los desechos hasta su carro. "Con esa actitud te hacen
15 sentir, a ti también, como si fueras basura".

Claro que no todos se comportan igual: "Siempre hay gente amable que se aparta para que pases tú o levanta los pies si tienes que limpiar bajo los asientos". Pero son más los que no tienen este lógico respeto. "La mayoría pisotea lo que
20 acabas de fregar aunque tengan mucho espacio por donde pasar, y todo el día estoy a punto de que me atropellen con los carros de las maletas. Muchos me preguntan por la hora de salida de un vuelo como si yo estuviera allí para darles información, no se dan cuenta".

25 "Con la mopa me encuentro a gusto, porque ando mucho". Y, afortunadamente, pasear entre la multitud permite entablar alguna conversación, por breve que sea, con los viajeros de paso. "Me gusta mucho saludar y por supuesto, que me saluden. Si todos fueran bordes conmigo andaría muy
30 triste, pero siempre hay alguien que me sonríe, y eso es que les caigo bien". "Creo que algunos nos miran por encima del hombro sólo por nuestra profesión, y eso no es justo. Nuestro trabajo vale lo mismo que el de los demás".

A la inevitable pregunta de si son más considerados los
35 españoles que los extranjeros, la respuesta es no. Si tropiezan con un baño cerrado porque lo están aseando se quejan, mientras que los foráneos esperan, pacientemente, sin más aspavientos. "La gente tendría que ser más considerada".

(El País Semanal)

3 ■ Fíjate en estas palabras del texto y contesta las preguntas. Intenta deducir el significado de las palabras por su contexto.

Palabras formales:

a) *Pavimento* (línea 1): ¿por dónde se pasa la mopa?

b) *Inabarcable* (línea 1): ¿se refiere a algo grande o pequeño?

c) *Aseando* (línea 36): ¿para qué crees que cierra el baño Pilar?

d) *Foráneos* (línea 37): ¿se refiere esta palabra a los españoles o a los extranjeros?

e) *Aspavientos* (línea 38): ¿Qué tipo de gestos y qué manera de expresarse utilizará la gente que no espera pacientemente?

Palabras informales:

f) *Doblar el espinazo* (línea 13): ¿Qué tiene que hacer Pilar para recoger el periódico del suelo?

g) *A gusto* (línea 25): ¿Te parece que Pilar se encuentra bien o mal con la mopa?

h) *Bordes* (línea 29): ¿Se refiere a alguien simpático o antipático?

i) *Les caigo bien* (línea 31): ¿Les parece simpática o antipática?

4 ▪ Busca en el texto palabras o expresiones que signifiquen lo siguiente:

Párrafo 1:

a) Poca cantidad de.

b) Hacer algo que deberían hacer si fueran educados.

Párrafo 2:

c) Mirar asombrado.

d) Sorprenderse mucho.

Párrafo 3:

e) Estar muy próximo a que pase algo.

Párrafo 4:

f) Despreciar, creerse superior.

5 ▪ Completa estas frases utilizando el vocabulario de los dos ejercicios anteriores:

a) La primera vez que alguien le preguntó por un vuelo [   ] de piedra.

b) Pilar no se encuentra a [   ] con ningún elemento de su trabajo.

c) Algunos compañeros la [   ] porque se dedica a la limpieza.

d) Muchas veces está [   ] que la atropellen con los carros de las maletas.

e) Ningún pasajero es [   ] con ella. Todos son muy simpáticos.

f) Ella no nota si a los pasajeros les [   ] bien o no.

g) A veces tiene que ayudar a [   ] otro turista.

h) A Pilar le gustaría que los pasajeros tuvieran [   ] de dejarle el periódico tirado delante de la mopa.

6 ▪ Todas las frases del ejercicio 5 son falsas. Conviértelas en verdaderas.

7 ▪ ¿Te fijas tú en el personal de limpieza de los sitios públicos? ¿Te parece que tiene razón Pilar Romero en lo que dice?

PALABRA POR PALABRA 2

1 ▪ En la columna de la izquierda tienes los nombres de algunos objetos que son necesarios en los lugares de trabajo que aparecen a la derecha. Relaciona las palabras de las dos columnas y escribe frases como la del ejemplo.

Ejemplo: Los sacacorchos se usan en los restaurantes y en los bares.

Un sacacorchos	
Un sacapuntas	
Un posavasos	En una oficina
Un abrecartas	En un hospital
Un montacargas	En un restaurante
Un lavavajillas	En un bar
Un cuentagotas	
Un marcapasos	

2 ▪ En estas dos columnas tienes los nombres de cuatro profesiones divididos por la mitad. Relaciona las dos partes de cada palabra y explica qué hace la gente que tiene esa profesión.

Un / una limpia	espaldas
Un / una aparca	botas
Un / una guarda	bosques
Un / una guarda	coches

3 ▪ Fíjate en la forma de los nombres de objetos y profesiones de los ejercicios anteriores y responde las preguntas:

a) ¿Hay diferencia entre el singular y el plural?

b) ¿Son palabras masculinas o femeninas?

CON TEXTOS 3

1 ▪ Fíjate en los anuncios de la página siguiente. ¿Qué tendrán que hacer las personas que consigan estos trabajos? Completa la tabla:

PUESTO	LUGAR	OBLIGACIONES
representante		visitar tiendas, ofrecerles los productos
gerente		
	empresa multinacional	
		atender a los clientes por teléfono

2 ▪ ¿En qué anuncio(s) buscan personas que...

a) sepan usar un ordenador?

b) tengan relación con tiendas?

c) estén dispuestas a cambiar de domicilio?

3 ▪ ¿En qué anuncio(s) ofrecen...

a) participar en los beneficios de las ventas?

b) hacer un contrato de trabajo?

c) empezar a trabajar inmediatamente?

d) pagar más a quien tenga mejor cualificación o experiencia?

4 ▪ ¿Qué significan las siguientes expresiones?

Anuncio 1:

1. producto compatible con otras representaciones.

2. zona en exclusiva.

Anuncio 2:

3. dependiendo laboralmente de la empresa matriz española.

Anuncio 3:

4. en el ramo de las telecomunicaciones.

Anuncio 4:

5. se valorará experiencia en telemárketing.

Anuncio 1

FABRICANTE DE BOLSAS DE PAPEL
necesita
REPRESENTANTES
PARA ZONA CENTRO

Introducidos en joyerías, perfumerías, boutiques, etc.
Producto compatible con otras representaciones.
Excelentes comisiones. Zona en exclusiva.

**Interesados: enviar currículum vitae al apartado 349,
28803 Alcalá de Henares (Madrid).**

Empresa dedicada a la reparación y montaje de grúas industriales ubicada en Cuba, precisa cubrir el puesto de:

GERENTE
(Ref. 861)

**Dependiendo laboralmente de la empresa matriz española, radicada en Guipúzcoa,
se encargará de la gestión de la planta tanto a nivel técnico como de personal**

Se requiere:
• Formación a nivel de ingeniero superior, técnico o similar.
• Imprescindible experiencia mínima de 3 a 5 años en puesto de dirección o similar, y pre-feriblemente en el sector.
• Edad: 40-50 años.
• Imprescindible posibilidad de residencia en la isla.

Se ofrece:
• Remuneración en función del currículum aportado.
• Contrato por parte de la empresa española.

Sólo se contestará a las candidaturas preseleccionadas (en un plazo orientativo de 15 días).

Los interesados deberán escribir al Aptdo. 686, 20080 Donostia – San Sebastián, adjuntando currí-culum completo e indicando en el sobre la referencia arriba señalada.

Anuncio 2

Anuncio 3

AVENIR TELECOM
Importante empresa multinacional en el ramo de las telecomunicaciones, por ampliación en su departa-mento de activaciones de San Sebastián de los Reyes (Madrid), necesita cubrir varios
PUESTOS ADMINISTRATIVOS

Se necesitan:
• Preferentemente mujeres, a ser posible menores de 30 años, con nivel de estudios medio, conocimientos infor-máticos a nivel de usuario, valorándose aquellas que aporten experiencia en tareas de atención al cliente, pre-ferentemente en el sector de telefonía y/o consumibles.

Se ofrece:
• Contrato laboral en régimen general en una empresa en continuo crecimiento.

INTERESADAS DIRIGIRSE A AVENIR TELECOM, S.A. DTO. DE RR.HH. CTRO. EMPRESARIAL EL ROBLE, AVDA. PINOA S/N. 48170 ZAMUDIO (VIZCAYA). INDICAR EN EL SOBRE REF: DEPARTAMENTO DE ACTIVACIONES.

Anuncio 4

POWER LINE
marketing telefónico

TELEOPERADORES

Por ampliación de diferentes servicios de la empresa líder del sector de las telecomunicaciones, buscamos personal para trabajar DE LUNES A DOMINGO CON HORARIO FIJO DE MAÑANA, TARDE O NOCHE. Se requieren conocimientos de informática a nivel de usuario y se valorará experiencia en telemarketing.

TELEVENDEDORES

Para incorporación a servicio de televenta de espacios publicitarios, necesitamos personal para trabajar de LUNES A VIERNES, con horario de mañana y tarde. Se requieren conocimientos de informática a nivel de usuario y experiencia en televenta.

Te ofrecemos:

• Incorporación inmediata.   • Amplia formación a cargo de la empresa.   • Contrato laboral con alta en la Seguridad Social.

Si estás interesado, ponte en contacto con nosotros en el teléfono de contacto 91/ 484-40-40 o envíanos tu C.V. con telé-fono de contacto a: POWER LINE, S. L. Parque empresarial de "La Marina" C/ Teide, 5, 28700 San Sebastián de los Reyes (Madrid) o al e-mail: rrhh@powerline.es

PALABRA POR PALABRA 3

¿Qué tipo de actividades realizan las personas que tienen las profesiones que apa-recen en la página siguiente? ¿Cuál es su lugar habitual de trabajo? Completa la tabla.

	PROFESIÓN	LUGAR DE TRABAJO	TAREAS
Agente inmobiliario			
Agente de viajes			
Albañil			
Conserje			
Notario			
Vigilante			

Vocabulario útil:

obra, poner ladrillos, levantar muros, notaría, agencia, hacer reservas, aconsejar, conserjería, comprobar, pedir documentación, gestionar, asesorar, escrituras.

MATERIA PRIMA 4

1 ▪ Imaginemos que vamos a realizar una encuesta a personas que tuvieran algunas de las profesiones del ejercicio anterior. Las preguntas para todos son:

¿Qué es lo más aburrido y lo más divertido de tu trabajo?

¿Qué es lo mejor y lo peor?

Por ejemplo, éstas podrían ser las respuestas del notario:

Pues lo más aburrido es cuando tengo que leerles en alto los documentos a los clientes, y lo más divertido son las preguntas que a veces me hacen, porque como los notarios usamos un lenguaje tan raro para mucha gente, algunos se confunden.

Yo creo que lo mejor de esta profesión es que nunca te va a faltar trabajo, ¿no? Y lo peor, pues que el trabajo es bastante monótono, todos los días hago más o menos lo mismo: escrituras, testamentos...

¿Por qué tanto en las preguntas de la encuesta como en las respuestas del notario se usa el artículo *lo*? Elige la opción correcta:

☐ a) Porque se refiere a un conjunto de objetos, aspectos, acciones, ideas, etc.

☐ b) Porque se refiere a un objeto masculino.

☐ c) Porque el que está hablando es un hombre.

2 ■ Imagina tú ahora las respuestas a las mismas preguntas que podrían dar estas dos personas:

3 ■ ¿Y tú? ¿Trabajas ya?, y, si no es así, ¿has pensado a qué te quieres dedicar en el futuro? ¿Qué es lo mejor y lo peor de esa profesión? ¿Qué es lo más divertido y lo más aburrido?

¡LO QUE HAY QUE OÍR! 2

1 ■ En un programa de radio nos van a hablar sobre los resultados de un estudio realizado en España en el que se pregunta a 1.600 profesionales sobre lo que esperan de sus jefes. De la siguiente lista, ¿cuáles son las cinco cosas que, en tu opinión, pide la mayoría de los encuestados?

☐ a) Que sean coherentes.

☐ b) Que suban los sueldos con regularidad.

☐ c) Que escuchen a sus empleados y cuenten con sus opiniones.

☐ d) Que les permitan algún día libre de vez en cuando.

☐ e) Que comuniquen sus decisiones con claridad.

☐ f) Que reconozcan lo que los empleados hacen bien.

☐ g) Que sean justos.

☐ h) Que no les echen broncas constantemente.

☐ i) Que no les obliguen a trabajar en días de fiesta.

☐ j) Que no se pasen el día espiando lo que hacen los empleados.

Comenta lo que has señalado con tus compañeros. ¿Coinciden las respuestas?

2 ■ Escucha el programa y marca los puntos de arriba que se mencionan. ¿Coinciden con las respuestas que has dado en el ejercicio anterior?

3 ■ Escuchamos ahora a un hombre que ha llamado al programa para dar su opinión. Toma nota y contesta las preguntas:

a) ¿A qué se dedica Manolo?

b) ¿Está contento con su jefe?

c) ¿Por qué este jefe entiende el trabajo de sus empleados?

4 ■ Escuchamos a otro oyente que llama al programa. Toma nota y contesta las preguntas:

a) En la actualidad, ¿Vicente es empleado o jefe?

b) ¿Qué le pide él a un jefe?

c) Según Vicente, ¿es más fácil ser jefe o empleado? ¿Por qué?

5 ■ Y tú, ¿qué opinas sobre lo que dicen estos trabajadores? ¿Hay que ser un buen trabajador para ser un buen jefe después? ¿Qué es más fácil: ser jefe o ser empleado?

HABLA A TU AIRE

1 ▪ Lee esta conversación. Ya la has escuchado antes en la sección "Lo que hay que oír 2", pero un poco diferente. ¿Crees que falta algo en ella? ¿Tiene sentido completo?

I: Y ahora, por teléfono, a Valencia. Vicente, buenos días.

V: Buenos días.

I: Dígame.

V: Primero saludar a todos, y a "Hoy por hoy", que me encanta el programa, y tú, Iñaki.

I: Muchas gracias.

V: Yo resulta que es que he tenido las dos condiciones: yo he sido durante once años empleado, y luego, cuatro años más, jefe.

I: Entonces lo sabe todo muy bien.

V: Lo que sé bien es que ahora estoy como autónomo y es como mejor estoy.

I: Como empleado, con la experiencia que tenía como empleado, ¿qué le pide al jefe?

V: Yo buscaba comprensión, que valoraran lo que hacía, que no me echaran broncas de estas que a veces te suelen echar… Luego, como jefe, me he dado cuenta de que es muy difícil, es muy difícil porque no sabes nunca hasta dónde puedes echar la bronca, no sabes si te pasas. Luego, a lo mejor, te parece que te has pasado y la siguiente vez no le dices nada y estás todo el día comiéndote la cabeza de que…

I: ¿Es más difícil ser jefe?

V: Yo pienso que en muchas ocasiones sí, porque lo más cómodo es protestar, sin ponerse en su piel, sin saber lo que piensa, sin… Sobre todo si la empresa es de uno, si no es otro asalariado de rango superior, que eso sería otra historia. Pero si la empresa es de uno…, el empleado no tiene nada más que protestar, trabajar y protestar.

I: Vale.

---

2 ▪ Escucha la grabación de nuevo y compárala con el texto que acabas de leer. Toma nota de algunas diferencias y añádelas a la conversación que tienes escrita.

3 ▪ ¿Para qué se utilizan estos recursos en la conversación de la radio? Une cada recurso con el uso que tiene. Escucha otra vez la conversación si es necesario.

a) Decir varias veces el nombre del interlocutor:	1) Para darse tiempo a pensar en la respuesta.
b) Responder una pregunta empezando con Bueno…, Pues… o Bueno, pues…*:	2) Para asegurarse de que se mantiene la comunicación.
c) Decir de vez en cuando ¿no? o ¿eh?:	3) Para caer bien al interlocutor.

*Las palabras *bueno* y *pues* se usan también con otras muchas funciones. Por ejemplo, al principio también Vicente dice *bueno, pues*… cuando quiere marcar que pasa de una etapa (los saludos previos) a otra (contar la historia por la que ha llamado). Fíjate: *Bueno, pues yo resulta que es que he tenido las dos condiciones…*

4 ▪ La novela *Amado monstruo*, del escritor español Javier Tomeo, cuenta una entrevista de trabajo, desde el principio hasta el final. Es una entrevista un poco especial entre un hombre que solicita un empleo de guarda en un banco y Krugger, el jefe de personal. En el texto hemos marcado con un color distinto lo que dice cada uno de los interlocutores. Reconstruye cómo podría haber sido la entrevista original siguiendo estos pasos:

a) Busca en el texto palabras y construcciones que nunca usarías cuando hablas.

b) Convierte lo que dicen los personajes en un diálogo, teniendo en cuenta que tendrás que cambiar todo lo que has señalado en el apartado anterior.

c) Decide qué recursos utilizarías tú en el diálogo que has escrito para darte tiempo a pensar en la respuesta, tomar la palabra, caer bien al interlocutor, etc. Piensa en qué momentos de la entrevista sería necesario emplear esos recursos y márcalo.

d) Representa el diálogo con tu compañero.

e) Cambia de pareja y de personaje y vuelve a hacer el diálogo con tu nuevo compañero.

Le digo que me llamo Juan D., que he cumplido ya los treinta años, que perdí a mi padre cuando yo era todavía un niño y que vivo con una madre que me idolatra, pero que me hace la vida imposible.

Krugger consulta brevemente el expediente y pregunta cómo es posible que ni siquiera terminase mis estudios primarios. Le digo que mi madre me sacó de la escuela antes de que cumpliese los ocho años, para librarme de los otros niños, que se complacían rompiéndome los cuadernos y pinchándome con los compases. A partir de entonces, fue ella la que cuidó personalmente de mi educación, siguiendo los mismos libros de texto que hubiese utilizado en la escuela, pero dándoles tal vez una interpretación bastante personal.

Se interesa por mi último empleo. Le confieso que no he trabajado nunca y se maravilla de que, en estos tiempos que corren, pueda existir un hombre que haya sobrevivido treinta años sin necesidad de trabajar. Replico diciéndole que no se sorprendería tanto si conociese la obsesión de mi madre por tenerme constantemente pegado a sus faldas. En cierto modo (le digo) ella es la culpable de que no haya trabajado antes.

Quiere conocer las razones que me impulsaron a escribirles. Las páginas de los diarios están llenas de ofertas de empleo. ¿Por qué les elegí precisamente a ellos?

Le digo que la primera razón (y la más importante) fue la imperiosa necesidad de empezar a trabajar, para no continuar viviendo de la sopa boba. Otra razón (que explica por qué les escribí precisamente a ellos) fue el profundo respeto que he sentido siempre por los bancos. Prosigo diciéndole que les escribí la carta a escondidas de mi madre, mientras ella estaba en la cocina, pero que finalmente descubrió lo que me traía entre manos y que entonces se puso como un basilisco.

(Javier Torees, *Amado monstruo*, extracto)

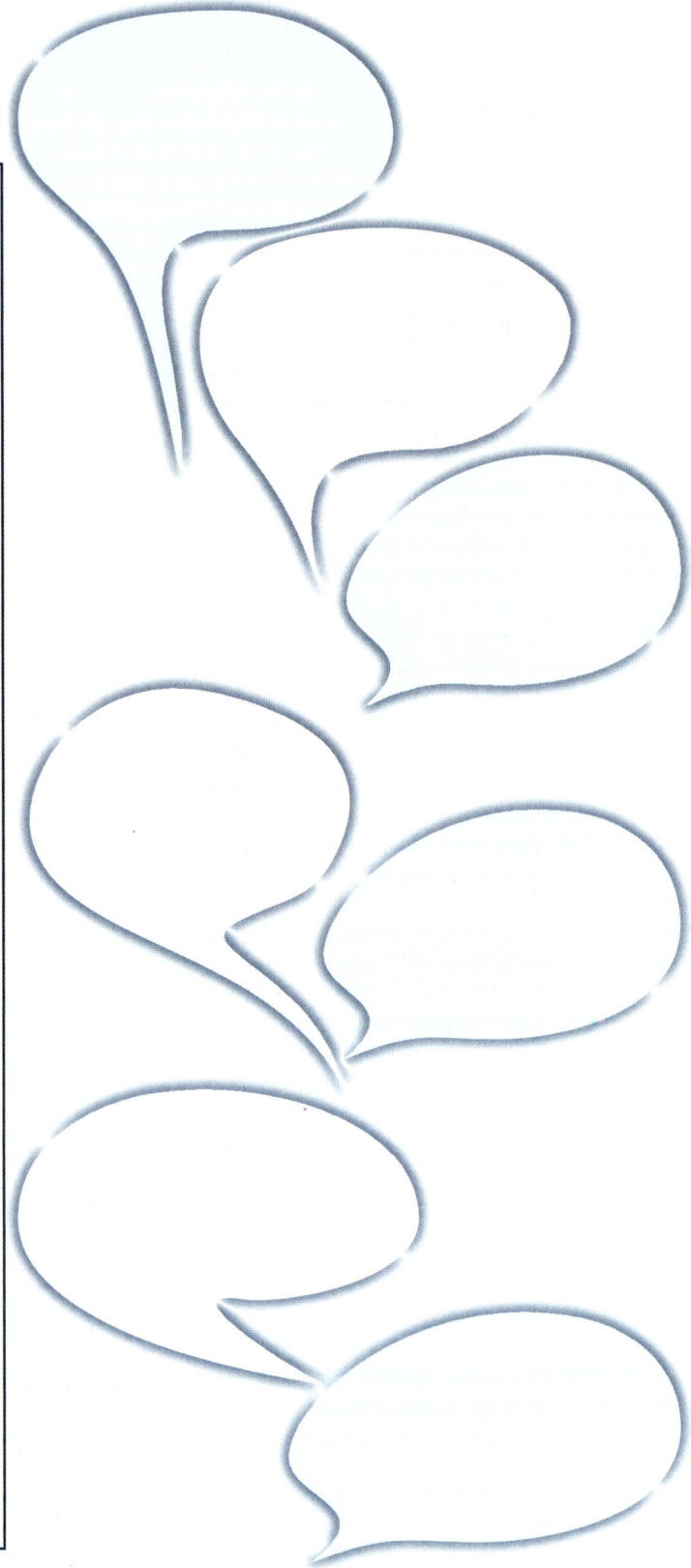

ESCRIBE A TU AIRE 1

1■ Los siguientes elementos forman parte de un solo texto. Léelos rápidamente y contesta: ¿de qué tipo de texto se trata?, ¿quién escribe?, ¿por qué?

a) Jerez, 30 de febrero de 2002.

b) Muy Sr./Sra. mío/a:

c) Quedo a la espera de su respuesta.

d) Atentamente,

e) Considero que mi candidatura les puede resultar interesante, ya que cumplo los requisitos exigidos. Como pueden comprobar, he realizado prácticas en diversos talleres y poseo una sólida experiencia en el campo del motor diésel y como mecánico de vehículos pesados.

f) Si su empresa necesita un profesional joven, formado, con mucha motivación y ganas de trabajar, creo que mi candidatura puede serles de interés. Espero consideren mi currículum vitae y concierten una entrevista próximamente.

g) José Bocanegra Clemente
C/ Sol 5 - 11401 Jerez
Tel. (956) 123456

h) Talleres El Rápido
C/ Ferrocarril - 11401 Jerez

i) Le adjunto mi currículum vitae con motivo del anuncio aparecido en *Diario de Jerez* de 5 de septiembre, en el que se solicitaba un mecánico de motores diésel.

j) José Bocanegra Clemente.

(Basado en textos de: www.yahoraquehago.org, Instituto de Promoción y Desarrollo de la Ciudad del Ayuntamiento de Jerez)

2■ ¿Cómo colocarías los elementos del ejercicio 1 para crear una carta? Completa el esquema poniendo en cada recuadro la letra del ejercicio 1 que corresponda.

1 ☐

2 ☐

3 ☐

4 ☐

5 ☐

6 ☐

7 ☐

8 ☐

9 ☐

10 ☐

3 ■ ¿En qué lugar del esquema anterior podría insertarse cada una de estas otras frases y expresiones?

a) Atendiendo a su oferta de un puesto de (.........) aparecido en (citar fuente) (.........).

b) Con referencia al puesto de (.........) que anuncia su empresa en (citar fuente) (.........).

c) Soy (Titulación, nivel profesional, profesión, etc.), he trabajado en (.........) durante (.........) tiempo, tal y como consta en el currículum adjunto.

d) Desearía poder tener la oportunidad de mantener una entrevista con Uds. para (.........).

e) En relación al anuncio (o a su anuncio) publicado en (citar fuente) (.........).

f) En consecuencia, agradecería considerasen mi candidatura al proceso de selección de ese puesto de trabajo.

g) Estoy a su disposición para realizar una entrevista en el momento en que deseen.

h) Me considero capacitado para realizar este trabajo por haber terminado los estudios de (.........) y tener experiencia en (.........) como se puede ver en mi currículum.

i) Por lo ya expuesto, desearía tuvieran en cuenta mi solicitud para participar en el proceso de selección del puesto solicitado.

ESCRIBE A TU AIRE 2

1 ■ Completa ahora el currículum que sigue insertando los encabezados donde corresponda:

a) DATOS PERSONALES

b) OTROS DATOS DE INTERÉS

c) EXPERIENCIA LABORAL

d) IDIOMAS

e) FORMACIÓN ACADÉMICA

f) FORMACIÓN COMPLEMENTARIA

g) INFORMÁTICA

RECUERDA

■ *Currículum* es una palabra procedente del latín y tiene tres posibles plurales: los *currículum*, los *currículos* y los *currícula*. El más usado es el primero, es decir, la misma forma del singular.

Lo mismo pasa con otras palabras latinas, como *memorándum* y *referéndum*. ■

CURRÍCULUM VITAE

1) ....

Jesús Martínez Troya

C/ Mayor 33, 1º. 11401 Jerez

Nacido el 12 de marzo de 1974

Teléfono: (956) 00 00 00

E-mail: Jesús@mail.com

2) ....

Licenciado en Psicología por la Universidad de Sevilla en Junio de 1998.

3) ....

• Título de Monitor de tiempo libre (1995).

• Curso de ofimática por la Junta de Andalucía en el Centro de Formación "El Zagal de Jerez" (septiembre 95-enero 96). 300 horas.

• Curso de atención a la tercera edad. Madrid (junio 96-septiembre 97). 600 horas.

• XX Congreso Internacional de Psicología para la tercera edad.

4) ....

• 1994-2001 Monitor en el club de tiempo libre de personas con síndrome de down, Txolarte. Acciones: salidas al monte, campamentos, excursiones y juegos.

• 1997 Prácticas en el geriátrico Virgen de la Cruz de Deusto. Funciones: Organizar actividades de tiempo libre, acompañar en los paseos.

• Verano de 2002. Animador sociocultural en el Hotel Blanca de Chiclana.

5) ....

• Tratamiento de textos: Word Perfect.   • Hoja de cálculo: Excel.   • Base de datos: Access.

6) ....

• Inglés: nivel avanzado, hablado y escrito.

7) ....

• Voluntario de la Cruz Roja.   • Socio de la ONG Psicólogos Sin Fronteras.

• Carné de conducir y coche propio.   • Disponible para incorporación inmediata.

(Basado en textos de: www.yahoraquehago.org, Instituto de Promoción y Desarrollo de la Ciudad del Ayuntamiento de Jerez)

2 El profesor te va a dar el nombre de un compañero de clase. Tomando como modelo los anuncios de trabajo de la sección "Con textos 3", redacta un anuncio ideal para ese compañero (no olvides poner tu nombre en la referencia para poder recibir respuesta, pero no escribas el del compañero al que va dirigido el anuncio).

Cuando esté listo el anuncio, ponlo en la pared. Busca luego tu anuncio ideal y contesta entregando una carta de presentación junto con tu currículum vitae al compañero que haya redactado el anuncio. Utiliza los modelos que te hemos dado como guía.

Cuando recibas el currículum de algún compañero (quizá de más de uno), léelo y decide si lo contratarías o no. Explícale por qué en una breve entrevista de trabajo.

Lee a tu aire

1 ■ En este diálogo hablan dos personajes que tienen conceptos distintos del trabajo y de la vida en general. ¿A qué se dedica cada uno? ¿De qué clase social son? ¿Cómo piensan mejorar en la vida?

Fernando: ¿Qué hay por tu fábrica?

Urbano: ¡Muchas cosas! Desde la última huelga de metalúrgicos la gente se sindica a toda prisa. A ver cuándo nos imitáis los dependientes.

Fernando: No me interesan esas cosas.

Urbano: Porque eres tonto. No sé de qué te sirve tanta lectura.

Fernando: ¿Me quieres decir lo que sacáis en limpio de esos líos?

Urbano: Fernando, eres un desgraciado. Y lo peor es que no lo sabes. Los pobres diablos como nosotros nunca lograremos mejorar de vida sin la ayuda mutua. Y eso es el sindicato. ¡Solidaridad! Ésa es nuestra palabra. Y sería la tuya si te dieses cuenta de que no eres más que un triste hortera. ¡Pero como te crees un marqués!

Fernando: No me creo nada. Sólo quiero subir. ¿Comprendes? ¡Subir! Y dejar toda esta sordidez en que vivimos.

Urbano: Y a los demás que los parta un rayo.

Fernando: ¿Qué tengo yo que ver con los demás? Nadie hace nada por nadie. Y vosotros os metéis en el sindicato porque no tenéis arranque para subir solos. Pero ese no es camino para mí. Yo sé que puedo subir y subiré solo.

(A. Buero Vallejo, *Historia de una escalera*, extracto)

Antonio Buero Vallejo, (España)

2 ■ ¿Cuál de las dos maneras de ascender socialmente es la que predomina en la sociedad en la que vives: la de Urbano o la de Fernando?

3 ■ ¿Quién de los dos crees que llegará más arriba?

Si quieres seguir disfrutando de esta historia, puedes leer la obra de teatro completa…
¡Lee a tu aire!

Repaso
Unidades 1-3

En las preguntas que ofrecen varias opciones, a veces hay varias respuestas correctas.

1 ■ No existen pueblos mejor _____ para aprender lenguas.

a) desarrollados   b) capaces
c) dotados   d) donados

2 ■ En muchos países todavía sufren regímenes políticos _____

a) dictatoriales   b) dictadores
c) dictaduras   d) dictados

3 ■ Si vienes a Frilandia, podrás disfrutar de la simpatía de los frilandeses, _____ te sonreirán cuando vayas por la calle.

a) los cuales   b) los que
c) que   d) quienes

4 ■ Todas estas frases se refieren a personas. Complétalas con "es" o "está":

a) _____ satisfecho
b) _____ trabajador
c) _____ apegado a su tierra
d) _____ amante de su tierra
e) _____ deprimido

5 ■ Elige la opción correcta:

a) Iba andando por el parque y me golpeé con (*una rama/un ramo*) de un árbol.
b) No pude recoger el agua del suelo porque no tenía (*cuba/cubo*) en casa.
c) El jardín está rodeado por (*una seta/un seto*) enorme.

6 ■ Los habitantes de Baleares son los que gastan más en juego, _____ los gallegos son los que menos.

a) mientras que
b) por el contrario
c) en cambio

7 ■ Los españoles más altos son los del Pirineo. Los más bajitos, _____, son los extremeños.

a) mientras que
b) por el contrario
c) en cambio

8 ■ Cuando uno está _____ de la vida, lo mejor es dar un cambio total.

a) desencantado   b) insatisfecho
c) rebelado   d) improvisado

9 ■ Las personas que representan la máxima autoridad en una ciudad son los _____.

a) concejales   b) ayuntamientos
c) alcaldes   d) barrios

10 ■ Los cerdos estaban en su _____.

a) redil   b) establo
c) cuadra   d) pocilga

11 ■ Aquí hay mucho trabajo, así que todos tendréis que _____.

a) rascaros la barriga
b) quemaros las pestañas
c) arrimar el hombro
d) tocaros las narices

12 ■ Le gusta dejar bien hecho hasta el último detalle; es muy _____.

a) parásito   b) concienzudo
c) chino   d) holgazán

13 ■ En España, muchos hombres viejos que viven en el campo llevan _____ sobre la cabeza.

a) panderetas   b) puñales
c) boinas   d) crucifijos

14 ▪ ¿Os queréis callar? Esto

          .

  a) está hecho una cuadra
  b) está hecho una pocilga
  c) parece un gallinero
  d) parece un borrego

15 ▪ No le convencerás. Es más terco que una mula.

  a) testarudo   b) chulo
  c) prepotente   d) austero

16 ▪ Se cree muy   , pero a mí no me hace gracia.

  a) juerguista
  b) chistoso
  c) derrochador

17 ▪ Están a partir un piñón.

  a) están hechos un roble
  b) tienen buen saque
  c) son uña y carne

18 ▪ Es un derrochador. A la primera ocasión,

        .

  a) tira la casa por la ventana
  b) se va por las ramas
  c) se rasca el bolsillo

19 ▪ Llegaron unos señores   insistieron en verte.

  a) los que   b) que
  c) los cuales d) quienes

20 ▪ Elige la opción correcta:

  a) De todos los trabajos que he tenido, (el/lo) más aburrido fue el de conserje.
  b) En mi trabajo, (el/lo) más aburrido es tener que escuchar a tanta gente.
  c) (El/Lo) mejor que he hecho en mi vida ha sido casarme.
  d) De los libros que he leído últimamente, (el/lo) mejor es "Plenilunio".

21 ▪ ¿En cuál de estos lugares de trabajo nunca hay conserje?

  a) una redacción de un periódico
  b) un hospital
  c) un ministerio
  d) un restaurante

22 ▪ ¿Cómo termina el refrán "La mujer, ..."?

  a) en casa y con la pierna rota
  b) con la pierna quebrada y en la cocina
  c) en la cocina y con la pata rota
  d) con la pata quebrada y en casa

23 ▪ Completa el cuadro con los nombres de profesiones que se refieren a hombre o a mujer. A veces es la misma, y a veces para las mujeres hay dos formas:

	Hombre	Mujer
a) Dependient-		
b) Diputad-		
c) Soldad-		
d) Pilot-		
e) Azafat-		
f) Socorrist-		
g) Guí-		
h) Médic-		
i) Policí-		
j) Modist-		

24 ▪ "Me quedé de piedra" quiere decir:

  a) Alguien me miró por encima del hombro
  b) Doblé el espinazo
  c) Permanecí sin moverme
  d) Me asombré enormemente

25▪ En lo que más dinero gastan los agricultores es en:

a) surcos y abonos

b) prados y labores

c) piensos y semilla

d) semillas y abonos

26▪ Si no hubiera estudiado español, no _____ ahora estudiando en nivel avanzado.

a) estaré   b) estaría

c) habría estado   d) hubiera estado

27▪ Si mi padre o mi madre fueran hispanohablantes, seguramente no _____ tanto español como lo he hecho.

a) estudiaría

b) estudiase

c) habría estudiado

d) hubiera estudiado

28▪ Si ahora mismo _____ español perfectamente, _____ conseguir un buen trabajo como intérprete.

a) hablo – puedo

b) hablaría - pudiera

c) hablara – podría

d) hablo - podré

29▪ Si algún día _____ hablar español a la perfección, _____ como intérprete.

a) consigo – trabajo

b) consigo - trabajaré

c) consiguiera – trabajaría

d) consiguiera - trabajaré

30▪ Cuando _____ a mi novio, _____ en un bar.

a) conocí – trabajó

b) conocí - trabajaba

c) conocía – trabajó

d) conocía - trabajaba

31▪ Cuando nos _____. todavía no _____ la carrera.

a) conocimos - había terminado

b) habíamos conocido - terminé

c) conocimos - terminé

d) habíamos conocido - había terminado

32▪ Elige la opción adecuada (pueden ser las dos):

a) Mi marido (*trabajó/trabajaba*) en un bar durante 15 años.

b) Cuando lo vi por primera vez, (*trabajó/ trabajaba*) en un bar.

c) (*Viví/Vivía*) en Londres toda mi infancia.

d) Lo conocí en la época en que (*viví/vivía*) en Londres.

e) Antes (*viviste/vivías*) en un piso más grande, ¿no?

f) Cuando llegué a Madrid, (*alquilé/alquilaba*) un piso muy pequeño.

g) Durante el mes de marzo (*estuve/estaba*) trabajando en un colegio.

h) No me divertí mucho porque (*estuve/ estaba*) demasiado cansado.

i) En 1987 (*vine/había venido*) a España, y luego, en 1997, (*vine/venía*) otra vez.

j) Llegué aquí en 1997, pero diez años antes ya (*vine/había venido*) otra vez.

33▪ Este año, por fin, voy a poder _____ el lujo de irme dos meses de viaje.

a) prescindir de   b) permitirme

c) tomarme   d) cumplir

34. Elige la opción correcta (pueden ser las dos):

a) Ahora los chilenos (*van/se van*) al cine mucho más que antes.

b) Todas las tardes me deja solo: (*va/se va*) al cine con sus amigas, y luego a bailar.

c) Todos los años miles de europeos (*vienen/ se vienen*) de vacaciones a España.

35. Elige la opción correcta:

a) (*Tendría que habérselas/Se las tendría que haber*) prestado.

b) *Te interesa verlas/Te las interesa ver.*

c) Las patatas salen más ricas (*friéndolas/las friendo*) primero a fuego lento.

d) (*Debería haberme/Me debería haber*) dado cuenta.

e) No (te *dejes convencer/dejes convencerte/ dejes te convencer*).

36. No dependen de nadie. Son

a) austeros   b) orgullosos

c) autosuficientes   d) desconfiados

37. Los que limpian las calles toman el agua de

a) las alcantarillas   b) las manzanas

c) las calzadas   d) las bocas de riego

38. Los alimentos   se conservan mejor durante más tiempo.

a) envasados al vacío

b) rurales

c) artesanales

d) biológicos

¿TÚ QUÉ CREES?

1■ En tu país, ¿qué prefiere hacer la gente durante su tiempo libre? ¿Se parece a lo que les gusta hacer a los españoles?

ACTIVIDADES PREFERIDAS PARA EL TIEMPO LIBRE

- Estar con la familia y amigos — 41%
- Ir de excursión — 36%
- Hacer deporte — 34%
- Ir al cine — 29%
- Ver la televisión — 25%

(Revista *Quo*)

2■ Y en cuanto al ocio cultural (música, cine, teatro, etc.), ¿cuáles son las formas de entretenimiento más populares en tu país? Compáralas con los datos sobre los españoles.

EQUIPAMIENTO
HOGARES QUE DISPONEN DE:

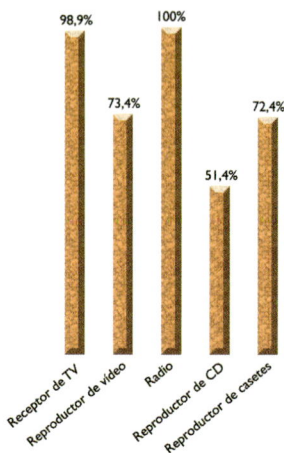

- Receptor de TV — 98,9%
- Reproductor de vídeo — 73,4%
- Radio — 100%
- Reproductor de CD — 51,4%
- Reproductor de casetes — 72,4%

TEATRO
FRECUENCIA DE ASISTENCIA AL TEATRO (AL AÑO)

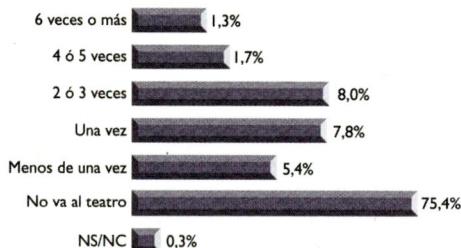

- 6 veces o más — 1,3%
- 4 ó 5 veces — 1,7%
- 2 ó 3 veces — 8,0%
- Una vez — 7,8%
- Menos de una vez — 5,4%
- No va al teatro — 75,4%
- NS/NC — 0,3%

LUGARES DE OCIO • HA VISITADO ALGUNA VEZ:

- Monumento histórico — 93,5%
- Parque natural — 80,5%
- Exposición de arte — 71,6%
- Feria del libro — 69,3%
- Feria de artesanía — 57,8%

TELEVISIÓN • CONSUMO DE TELEVISIÓN
MINUTOS AL DÍA FRENTE A LA PANTALLA

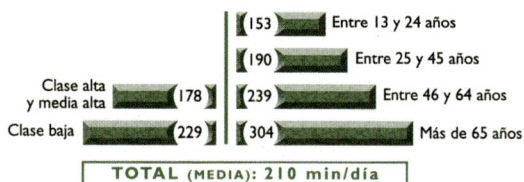

- Entre 13 y 24 años — 153
- Entre 25 y 45 años — 190
- Clase alta y media alta — 178
- Entre 46 y 64 años — 239
- Clase baja — 229
- Más de 65 años — 304

TOTAL (MEDIA): 210 min/día

CINE • FRECUENCIA DE ASISTENCIA
ASISTENCIA MÁS DE TRES VECES AL MES

- Clase alta y media alta — 29,5% | Entre 14 y 19 años — 26,7%
- Clase media alta — 19,1% | Entre 21 y 24 años — 33,7%
- Estudios superiores — 32,3% | Entre 25 y 34 años — 25,1%

TOTAL: 14%

LECTURA
FRECUENCIA DE LECTURA DE LIBROS

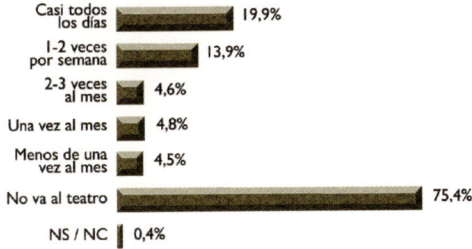

- Casi todos los días: 19,9%
- 1-2 veces por semana: 13,9%
- 2-3 veces al mes: 4,6%
- Una vez al mes: 4,8%
- Menos de una vez al mes: 4,5%
- No va al teatro: 75,4%
- NS / NC: 0,4%

HORAS DE LECTURA DE MEDIA A LA SEMANA: 5,0

MÚSICA · PREFERENCIAS EN ESTILO MODERNO

- Cantautores: 42,5%
- Canción española: 42,4%
- Baladas: 35,7%
- Pop, rock convencional: 32,8%
- Latinoamericana: 28,5%
- Flamenco: 25,8%
- Música de discoteca: 18,8%
- Otra folclórica española: 16,6%
- Jazz / Soul: 10,5%
- Otra folclórica extranjera: 8,2%
- Rock duro / Heavy: 8,0%
- New age: 6,7%

LECTURA · LECTURA DE PERIÓDICOS

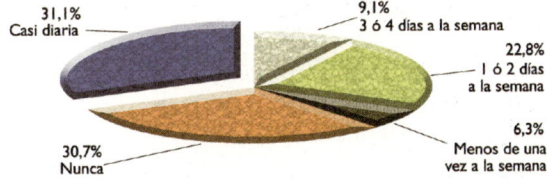

- 31,1% Casi diaria
- 9,1% 3 ó 4 días a la semana
- 22,8% 1 ó 2 días a la semana
- 6,3% Menos de una vez a la semana
- 30,7% Nunca

LECTURA · TEMAS QUE MÁS INTERESAN
ENTRE LAS PERSONAS QUE DEDICAN TIEMPO A LEER

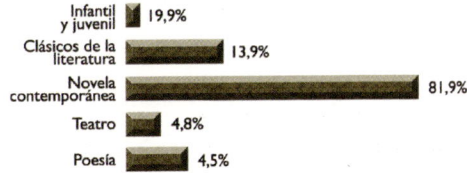

- Infantil y juvenil: 19,9%
- Clásicos de la literatura: 13,9%
- Novela contemporánea: 81,9%
- Teatro: 4,8%
- Poesía: 4,5%

MÚSICA · PREFERENCIAS EN EL IDIOMA

- 30,2% Le da igual el idioma
- 26,7% Le interesa la música en otros idiomas
- 40,3% Es fundamental que esté cantada en español
- 1,4% Prefiere otros idiomas
- 1,4% NS / NC

(Fuente: Sociedad General de Autores y Editores)

3 ■ Ordena estas actividades según su importancia para la mayoría de los españoles:

- [ ] ir al cine
- [ ] ir al teatro
- [ ] escuchar música
- [ ] ir de excursión
- [ ] ver la televisión
- [ ] visitar monumentos históricos
- [ ] hacer deporte
- [ ] estar con la familia y los amigos.

MATERIA PRIMA 1

1 ■ Un locutor de radio y su invitado, un sociólogo, están comentando las estadísticas que tienes en la actividad anterior. Lee su conversación:

- A mí me parece muy curioso que la encuesta *diga* que para los españoles es tan importante que las canciones *estén* cantadas en español. Es un poco raro, ¿no?, ahora que a todo el mundo le gustan las canciones en inglés.

+ Sí, y además está clarísimo que la mayoría lo *prefiere* así. Son un cuarenta por ciento los que dicen que es fundamental.

- Bueno, en cierto modo está bien que la gente *defienda* su propia lengua. Y si eso pasa con la música, me imagino que *pasará* mucho más con la lectura, con el cine... ¿Dice algo de eso la encuesta?

+ No, no habla de eso. Pero sería lógico que la mayoría *prefiriera* leer y ver películas en español.

- Oye, ¿y no te parece raro que se *vaya* tan poco al teatro? Porque tenemos una tradición teatral muy antigua...

+ Sí, es cierto que en el pasado el teatro *tuvo* mucha importancia, pero supongo que con el cine, la tele…, la gente *dejó* de ir. De todos modos, es increíble que más del setenta y cinco por ciento de la población no *vaya* nunca, nunca.

- Bueno, si te fijas en que la mayoría se pasa más de tres horas al día viendo la tele, me parece normal que no *vayan* al teatro. ¡No tienen tiempo!

+ No creas, no está claro que una cosa *tenga* relación con la otra. Porque, por ejemplo, van mucho más al cine que al teatro.

- Ya, pero yo no estaría tan seguro de que no *haya* ninguna relación. Fíjate, el porcentaje de los que van más al teatro casi casi se corresponde con el de las casas que no tienen televisor. ¿No es evidente que son las mismas personas?

2 ■ En esta conversación aparecen marcadas las formas:

ORACIÓN 1ª (que expresa una opinión)

+ QUE

+ ORACIÓN 2ª (que expresa la cosa sobre la que se opina)

Fíjate en sus significados y en el tipo de opinión, y completa este cuadro:

	TIPO DE OPINIÓN			EL VERBO DE LA ORACIÓN 2ª ESTÁ EN …	
	Opinamos sobre la lógica, belleza, bondad, conveniencia, etc., de algo que se supone ya conocido por el interlocutor	Informamos de algo diciendo que lo creemos o suponemos verdadero	Presentamos como falsa o dudosa una información que se supone ya conocida por el interlocutor	Indicativo	subjuntivo
Me parece curioso que… / ¿No te parece raro que…?	✓				✓
Es importante que…	✓			✓	
Está bien que…	✓				✓
Sería lógico que…	✓				✓
Es increíble que…			✓		✓
Me parece normal que…	✓			✓	✓
Está claro que…		✓		✓	
Es cierto que…		✓		✓	
Me imagino que…		✓		✓	
¿No es evidente que…?			✓	✓	
Supongo que…		✓		✓	
No está claro que…			✓		✓
No estoy seguro de que…			✓		✓

3 ■ ¿Puedes sacar alguna conclusión sobre el uso de indicativo o subjuntivo, teniendo en cuenta lo que has escrito en el cuadro?

4 ■ Debajo tienes una lista de elementos que se pueden usar con la misma función que los anteriores. ¿Podrías ordenarlos agrupándolos en los tres bloques que tienes después?

a Creo que…
a Es lógico que…
c Está muy mal que…
a Me parece que…
a Estoy convencido/a de que…
b No creo que…
c Me parece una tontería que…
c No es normal que…
c No me parece justo que…

c Me parece estupendo que…
b Es falso que…
a Pienso que…
b Es absurdo que…
c No me parece mal que…
b Es mentira que…
c Es una lástima que…
a Tengo la impresión de que…

a) *Sirven para introducir información diciendo que la creemos o suponemos verdadera:*
....
....
....

b) *Sirven para presentar como falsa o dudosa una información que se supone ya conocida por el interlocutor:* ....
....
....
....

c) *Sirven para opinar sobre la lógica, bondad, belleza, conveniencia, etc., de algo que se supone conocido por el interlocutor:* ....
....
....
....

5 ■ A continuación tienes algunos datos de un estudio titulado "Los argentinos y el tiempo libre". ¿Tienen algo en común con el uso que hacen del tiempo libre los españoles?

Arreglar la casa	54,7%
Visitar amigos	53.1%
Ver la televisión	46,8%
Leer el diario	39,4%
Salir a caminar	38,4%
Practicar deporte	23,6%
Ir al cine	21,4%
Ir a bailar	14,2%
Ir al teatro	4,9%

Fuente: AC Nielsen (ENHA)

6 ▪ Ahora tienes algunos comentarios de diferentes personas sobre los datos de arriba. Complétalos usando un verbo, adjetivo o nombre en los espacios en blanco, o conjugando el verbo cuando te damos un infinitivo entre paréntesis:

a) Está _____ que los argentinos no (pasar) _____ su tiempo libre bailando el tango, como algunos piensan.

b) A mí me parece _____ que (ir) _____ tan poco al cine. Yo pensaba que (ser) _____ muy aficionados a los espectáculos.

c) Es _____ que les (gustar) _____ tan poco como a los españoles ir al teatro.

d) Es _____ que los argentinos (ser) _____ en general muy sociables, porque se pasan la vida visitando a sus amigos.

e) Yo no _____ que (limpiar) _____ tanto la casa como dice la encuesta. Seguro que es mentira.

f) A mí lo que me parece una _____ es que se (hacer) _____ tan poco deporte. Claro que eso es general en todos los países.

7 ▪ ¿Necesitas repasar el presente de subjuntivo? Te proponemos dos pasatiempos. Si conjugas correctamente el verbo en la persona que te damos, tendrás el nombre de los actores españoles de las fotos en la columna central marcada.

A) Los verbos de este pasatiempo son regulares, pero tienen algún cambio en sus letras si los comparamos con el infinitivo (por ejemplo, *recoja* del verbo *recoger* cambia g por j):

Verbo	1	2	3	★4	5	6	7	8	9	10
ABRAZAR, tú	a	b	r	a	c	e	s			
VENCER, ellas		v	e	n	z	a	n			
DESTROZAR, yo	d	e	s	t	r	o	z	e		
COGER, vosotros			c	o	j	a	i	s		
CONVENCER, él		c	o	n	v	e	n	z	a	
RIZAR, nosotras			r	i	c	e	m	o	s	
ENCOGER, ellos	e	n	c	o	g	a	n			
OBLIGAR, usted			o	b	l	i	g	u	e	
APAGAR, ustedes		a	p	a	g	u	e	n		
RONCAR, tú		r	o	n	q	u	e	s		
EDUCAR, ellas			e	d	u	q	u	e	n	
ACERCAR, ella		a	c	e	r	q	u	e		
APARCAR, vosotras	a	p	a	r	g	u	e	i	s	
PAGAR, nosotros		p	a	g	u	e	m	o	s	
DISTINGUIR, tú		d	i	s	t	i	n	g	a	s

B) En este pasatiempo solamente aparecen verbos irregulares:

SABER, yo											
QUERER, tú											
SENTIR, vosotros											
SENTAR, vosotras											
INCLUIR, tú											
OÍR, usted											
CABER, nosotros											
REPETIR, ustedes											
DECAER, ellos											
MORIR, ellas											
DORMIR, vosotros											
CONDUCIR, nosotras											

8 ■ Las aficiones pueden convertirse en algo terrible si se convierten en adicciones. Lee estos párrafos, tomados del artículo *Adicciones. Las nuevas y peligrosas obsesiones*, de Victoria Toro. ¿Qué opinas sobre lo que nos dice? ¿Puedes añadir más información o más opiniones? Cuéntaselo a tus compañeros.

Ejemplo: Yo tengo la impresión de que se exagera un poco en estos temas. Por ejemplo, a mí me parece normal que una persona esté 40 horas en Internet. No creo que eso sea una adicción.

- Cualquier actividad agradable que ofrezca una satisfacción puede llegar a ser adictiva.

- Comer, ir de compras o conectarse a Internet pueden convertirse en un infierno. Hay quienes padecen trastornos del comportamiento que les llevan a "engancharse" a esas actividades.

- En la medida en que el ejercicio físico es una actividad agradable, puede haber personas que lleguen a tener dependencia de él, de tal manera que si no realizan esa actividad se encuentran mal y ese malestar puede interferir en su trabajo, su vida social o familiar.

- Los "enganchados" al deporte, trabajo o comida entran en un círculo de horror. No pueden parar. Y dejan familia y amigos.

- La adicción a Internet es la más moderna de todas. En el mundo, ocho millones de personas están "enganchadas" a Internet (emplean más de 40 horas semanales). Se ha comprobado que prefieren tener relaciones sentimentales y de amistad vía Internet que con sus compañeros y parejas, y sufren ataques de pánico y ansiedad si no tienen a mano su "e-mail".

- La compra compulsiva es probablemente la adicción psicológica más extendida. En la mayoría de los casos se trata de personas solas, sin aliciente en su vida, que se aburren.

9 ◼ Fíjate en estas situaciones. En las dos aparecen personas que, en su tiempo de ocio, tienen una obsesión.

a) ¿Para qué usamos las formas *¿No crees que...?* (y también *¿No piensas...?* *¿No cree usted...?* *¿No creéis...?*, etc.)? Elige la opción correcta:

☐ Para decir que una información ya conocida es falsa.

☐ Para dar una información nueva.

☐ Para informar sobre nuestra opinión buscando el acuerdo del interlocutor.

Con frecuencia usamos estas construcciones para aconsejar y sugerir.

b) ¿Para qué usamos las formas *No creas que...* (y también *No pienses... No penséis... No piensen...*, etc.)? Elige la opción correcta:

☐ Para expresar nuestra opinión sobre algo ya mencionado.

☐ Para exponer nuestra opinión buscando el acuerdo del interlocutor.

☐ Para informar al interlocutor de nuestra oposición o desacuerdo con algo que suponemos que está pensando.

Con frecuencia usamos estas construcciones para hacer advertencias.

c) En los dos casos anteriores, después del verbo *creer*, ¿usamos el modo indicativo o el subjuntivo?

10 ◼ Imagina que las siguientes personas son tus amigos. Dales algún consejo, hazles alguna sugerencia o advertencia.

a) Juana es adicta al deporte. Llevas dos horas en su casa, y ella no ha dejado de pedalear en la bicicleta estática.

b) Daniel es demasiado aficionado al cine. Los diez últimos días que has quedado con él habéis ido al cine por la tarde y por la noche. Acabas de llegar a su casa y te ha dicho: "Bueno, ¿salimos?"

c) Adela últimamente come de forma exagerada. Cada vez que vais a un restaurante la cuenta sube demasiado. Quieres decírselo, pero de una forma muy amable.

d) Iñaki y Carmen tienen un niño que se pasa los fines de semana con los videojuegos. A ti te parece que no debería jugar tanto; díselo a sus padres.

MATERIA PRIMA 2

1 ■ Un profesor les ha dado a sus alumnos un cuestionario sobre las actividades de ocio (cine, deporte, música, etc.) en los países hispanohablantes para que lo contesten preguntando a sus amigos y conocidos. Lee la conversación de uno de los alumnos con dos de sus amigos:

- Oye, ¿vosotros sabéis si hay alguna película española de terror?

+ Pues… **Que yo sepa, no**.

• Pero hombre, si se han hecho últimamente muchas: *El espinazo del diablo*, *Los otros*, *El día de la bestia*… Un montón.

+ Bueno, por eso he dicho "que yo sepa".

- Vale, vale, no discutáis, vamos con otra pregunta: ¿En algún país hispanoamericano el béisbol es el deporte nacional?

+ **No tengo ni idea,** la verdad.

- Y tú, ¿qué dices?

• Pues que **creo que** sí hay alguno, aunque no sé exactamente cuál.

- Bueno, otra cosa: ¿Se celebran corridas de toros en todos los países hispanoamericanos?

• **No creo. No creo que** hagan corridas en Argentina, o en Costa Rica, o en Cuba, por ejemplo.

+ **Que yo recuerde, sólo** se celebran **en algunos** países: en México y en Colombia, por ejemplo.

- Venga, ya la última: ¿Hay alguna canción popular hispanoamericana que no esté cantada en español?

+ **Sí, claro**, hay miles. ¿No sabes que en muchos países hispanoamericanos se hablan otras lenguas además del español?

Fíjate en cómo contestan los amigos, especialmente en lo que está marcado, y escribe a continuación qué palabras utilizan para decir que:

a) Según sus conocimientos o recuerdos, algo no existe o no sucede:

b) Según sus conocimientos o recuerdos, algo existe o sucede únicamente en determinada cantidad:

c) Afirman estar casi seguros de que algo no existe o no sucede:

d) Afirman estar seguros de que algo existe o sucede:

e) Afirman estar casi seguros de que algo existe o sucede:

f) Desconocen por completo la respuesta:

2 ■ Vamos a hablar ahora de las formas como *que yo recuerde* o *que yo sepa*. Ya sabes qué significan. ¿Cuál es la forma de estas expresiones? Completa el cuadro.

QUE + [ ] + [ ] de los verbos *recordar* y *saber*, |no…
|sólo…
|solamente…

(El orden de las dos oraciones puede ser justo el contrario: "No hay ninguno, que yo sepa")

Estas dos son las formas más comunes, que se pueden usar en todo tipo de situaciones, pero también a veces usamos formas como *que yo haya oído, que yo haya leído, que yo haya visto, que yo conozca* o *que yo haya probado,* es decir, con otros verbos que se refieren a los sentidos y al conocimiento. Tampoco el sujeto es siempre "yo": *Que me hayan dicho, Que hayamos comentado,* etcétera.

Cuando reproducimos las palabras de alguien que dijo esto en un pasado acabado, cambiarán el pronombre personal y el tiempo del verbo. Por ejemplo, el alumno de la actividad anterior podría decirle unos días después a su profesor: "Me dijo un amigo que, que él supiera, solamente se celebraban corridas en México y Colombia".

3 ▪ Contesta tú ahora el resto del cuestionario que dio el profesor; recuerda que no siempre tienes que usar "que yo sepa", todo depende de lo que quieras expresar:

a) ¿Hay algún cantante español que sea famoso en China?

b) ¿Hay algún actor hispano que haya conseguido un Oscar?

c) ¿El director de cine Pedro Almodóvar ha rodado alguna película en Latinoamérica?

d) ¿Algún grupo musical español canta siempre en inglés?

e) ¿Alguna mujer hispanoamericana o española ha ganado una medalla olímpica en atletismo?

Si tienes curiosidad por saber las respuestas correctas, pregúntale a tu profesor.

4 ▪ Haz un cuestionario similar al del ejercicio anterior con preguntas sobre música, cine, aficiones de tu país. A ver cómo responde tu compañero. Si todos los compañeros de la clase son del mismo país, se puede hacer en grupos para que conteste el profesor.

CON TEXTOS 1

1 ▪ Aquí tienes los títulos de varias películas rodadas en español. ¿Has visto alguna de ellas? ¿Te gustó? ¿Sabes si alguna ha ganado un Oscar?

a) Todo sobre mi madre   b) You're the one (una historia de entonces)

c) Lista de espera   d) Golpe de estadio

2 ▪ ¿De qué pueden tratar estas películas? Piensa en el significado de los títulos e imagina un posible escenario, protagonista o argumento. Aquí tienes algunas preguntas que te ayudarán:

a) ¿Qué es una lista de espera? ¿Dónde suele haberlas?

b) Si quitas una letra a la palabra estadio, el resultado sería "golpe de _____". Aquí hay un juego de palabras. ¿Qué relación puede haber entre un estadio y un golpe de _____?

3 ■ Intenta relacionar los títulos con las sinopsis que están después; ponle a cada sinopsis la letra correspondiente al título de la película. De algunas películas hay más de un resumen. Marca las palabras que ayuden a hacer esta tarea.

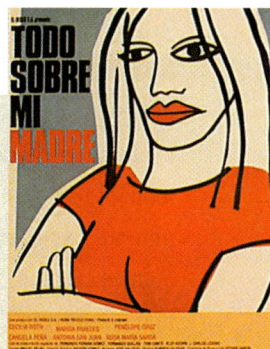

1) A una estación de camiones en un pequeño pueblo de la provincia cubana, todos los vehículos llegan tan llenos, que la cola de pasajeros crece sin cesar. Al parecer, el único medio para llegar a algún lado ese día es un destartalado camión parado en el patio. El jefe de estación logra hacerle algunas reparaciones. Emilio, un joven ingeniero, Jacqueline, una hermosa muchacha comprometida con un español, un ciego, y otros personajes, esperan. Los que van hacia La Habana suben al autobús al filo de la medianoche. Emilio y Jacqueline, que han simpatizado de inmediato, se despiden con cierto pesar. Pero, al ponerse en marcha, el vehículo se avería definitivamente. Entonces el grupo de pasajeros decide darse a la tarea de arreglar tanto el camión como la estación misma, lo cual contribuye a que se forme un vínculo entre todos que les impide abandonar la estación. (www.cultura.df.gob.mx/cineteca, extracto)

2) El joven Esteban desea convertirse en un escritor y también descubrir la identidad de su padre, que había sido cuidadosamente escondida por su madre. (www.umich.edu)

3) Una chica de ciudad decide escapar a un pueblo asturiano de mediados de siglo. Allí volverá a encontrar el amor y el cariño perdidos anteriormente. (www.elmulticine.com)

4) A corta distancia de Buenavista, un pequeño pueblo situado al sudeste de Colombia, la guerrilla y el ejército mantienen continuos enfrentamientos hasta que en una de las refriegas toda la zona queda sin cobertura de televisión. En plena preselección para el Campeonato Mundial de Fútbol, la necesidad de seguir por televisión los partidos de la selección colombiana no sólo provocará una tregua, sino que hermanará a guerrilleros y soldados en un único objetivo común. (www.zinema.com)

5) Un grupo numeroso de personas aguarda en una terminal de ómnibus el autobús que los lleve a destino. Como consecuencia de la insistente demora del transporte, los personajes irán relacionándose de una manera especial unos con otros. Ante la imposibilidad de viajar, se decide reparar el único ómnibus que tiene la terminal para poder concretar el objetivo. Llegado este momento, ya hemos conocido y disfrutado de una variada gama de personajes: un romántico ingeniero, un ciego, una bruja, una bella mujer a punto de casarse e irse del país, un malhumorado administrador, el burócrata de turno, y la lista sigue. Los intentos de reparar el autobús hacen que todos deban pasar la noche en la terminal para, a la mañana siguiente, terminarlo de arreglar. (www.otro-campo.com, extracto)

6) Cuenta la historia de una mujer que tendrá que enfrentarse al pasado y los recuerdos tras la muerte de su hijo. Este suceso marcará su vida y la hará volver a Barcelona en busca del padre del adolescente que desconocía la existencia de éste. En su búsqueda se irá encontrando a personajes que en tiempos anteriores la habían ayudado y que ahora le darán nuevas razones para seguir viviendo. (www.todocine.com)

7) La Habana, Cuba, unos pasajeros esperan a que su autobús esté listo para salir. En el último momento les comunican que a causa de una avería mecánica la salida del autobús se retrasará por un periodo de tiempo indefinido. Nuestros protagonistas tendrán, pues, tiempo para hablar sobre sus ambiciones, ilusiones, sueños, preocupaciones y problemas. Un periodo de tiempo durante el cual conoceremos más sobre ellos; una espera tranquila, unos pasajeros que no tienen prisa..., en definitiva un reflejo de la tranquilidad del pueblo cubano. (www.cineactual.com)

8) La protagonista, que pertenece a una familia de clase alta, se encuentra desesperada porque su amante, un pintor contrario al régimen, acaba de ser encarcelado y no le queda más remedio que salir de la capital para eludir el escándalo. Coge el coche de la familia rumbo al norte con dirección a un viejo caserón. Allí se reencuentra con todos los que vivieron con ella su infancia, que la ayudarán a sobreponerse y afrontar las dificultades de la vida. (www.todocine.com)

9) Narra la historia de una enfermera de la Organización Nacional de Transplantes que está muy unida a su hijo de diecisiete años hasta que éste muere atropellado por un coche después de salir de una representación teatral. Y todo ello sucede sin que el muchacho haya podido cumplir su sueño máximo: conocer a su padre. Por eso Manuela viaja a Barcelona a la búsqueda del padre de su hijo, un travestí llamado Lola. Y será precisamente en esa búsqueda enmarcada en el escenario de la Ciudad Condal donde ella conocerá a una serie de mujeres que se encuentran en una situación similar a la suya.

(www.cinemagazine.com, extracto)

10) España, últimos años 40. Julia se aleja de Madrid, víctima de una profunda depresión al ser encarcelado su novio, José Miguel, un destacado pintor de ideas opuestas al Régimen. Julia, hija única de una acaudalada familia, es una mujer de gran cultura que quiere ser escritora. Cuando la conocemos, conduce su automóvil hacia el pequeño pueblo asturiano de Cerralbos del Sella. Allí está la gran casona familiar –Llendelabarca– donde vivió los veranos felices de su infancia. La relación de Julia con los guardeses, y con el maestro, incluso con el cura, hace que, quizá por primera vez en mucho tiempo, la señorita de la capital no se sienta sola.

(www.nikel-odeon.com, extracto)

4■ Puedes deducir el significado de muchas palabras por la palabra de la que proceden y el contexto. Fíjate en las siguientes; completa los espacios en blanco y contesta las preguntas:

a) (Texto 1) *Emilio y Jacqueline* han simpatizado *de inmediato* significa que cada uno siente que el otro es ⬚.

b) (Texto 4) *La necesidad de ver los partidos de fútbol* hermanará *a los guerrilleros y al ejército*. Como esta palabra viene del nombre ⬚, ¿qué crees que significa: que los une o que los desune?

c) (Texto 5) *Se nos habla de un* malhumorado *administrador*. Eso significa que este hombre está de ⬚.

d) (Texto 7) *La salida del autobús se retrasará por un tiempo* indefinido. Como este adjetivo significa "que no está ⬚", ¿los pasajeros saben cuánto tiempo se retrasará la salida del autobús?

e) (Textos 8 y 10) El novio de la protagonista de la película ha sido *en-carcel-ado*. ¿Dónde han metido a su novio?

5 En los textos anteriores aparecen muchas palabras que tienen el mismo origen, que son de la misma familia. A la izquierda te damos algunas de ellas y el texto donde se encuentran; completa la columna derecha con una palabra de la misma familia que la que tienes a la izquierda (para que sea más fácil encontrarla, te damos el número del texto en el que aparece). Primero tienes dos ejemplos:

(Texto 1) Reparación	(Texto 5) Reparar
(Texto 2) Descubrir	(Texto 4) Cobertura
(Texto 1) Averiarse	(Texto 7)
(Texto 6) Anterior/es	(Texto 3)
(Texto 6) Enfrentarse	(Texto 4)
(Texto 4) Selección	(Texto 4)
(Texto 8) Se encuentra	(Texto 8)

6 En los resúmenes de películas que podemos leer en Internet o en los periódicos es habitual encontrar contradicciones entre unos y otros por errores, inexactitudes, o una diferente interpretación de la película. Si comparas las sinopsis de las películas que están repetidas, puedes encontrar algunas:

a) ¿En qué lugar se desarrolla la película *Lista de espera*?

b) En *Todo sobre mi madre* una mujer se va de su ciudad a otra, y allí se relaciona con varias mujeres. ¿Las conocía ya o las conoce en ese momento?

c) ¿Quién es el protagonista de *Todo sobre mi madre*: la madre o el hijo?

d) Los protagonistas de *Lista de espera*, ¿esperan tranquilamente o hacen algo mientras esperan?

7 A continuación, tienes palabras de algunas de las sinopsis anteriores. Busca en los otros resúmenes de las mismas películas con qué palabras se dice lo mismo:

a) Casona:

b) Estación:

c) Autobús:

d) Arreglar:

e) Familia de clase alta:

f) Contrario al régimen:

g) Ciudad Condal:

h) A la búsqueda de:

¡LO QUE HAY QUE OÍR! 1

Vas a escuchar ahora cinco diálogos de las películas de la sección anterior.

1 Empieza a escuchar cada diálogo. En el momento en que sepas de qué película es, levanta la mano. Tu profesor parará la grabación para que puedas explicar qué palabras o información te ha ayudado.

2 ■ Después, termina de escuchar el fragmento. Piensa quiénes son los personajes que están hablando y cuál es la situación, qué está pasando en ese momento.

a) ....

b) ....

c) ....

d) ....

e) ....

MATERIA PRIMA 3

1 ■ Lee estos diálogos, en los que se habla de películas, y contesta las preguntas que están después de los diálogos:

- Has visto ya la última de Álex de la Iglesia?

+ No, todavía no, ¿y tú?

- Yo sí, la vi ayer.

+ ¿Y **qué tal**?

- Genial, **está genial**. Es un poco larga, pero ni te das cuenta, porque los actores **están fantásticos**, y luego la historia, que es muy divertida…

+ Pues habrá que ir a verla.

- ¿Qué te ha parecido?

+ Pues no ha estado mal, ¿no? **Está bastante entretenida**, yo no me he aburrido nada.

- Sí, yo pensaba que iba a ser más lenta, más aburrida…

+ Bueno, y el que **está estupendo** es el protagonista, ¿no?

a) Cuando preguntamos a alguien *¿Qué tal?* o *¿Qué te ha parecido?* hablando de una película, un libro o una comida, ¿le pedimos una información o una opinión subjetiva?

b) En las dos conversaciones, las personas que usan *está* + adjetivo para valorar, ¿han visto la película? ¿Crees que dirían *está* si no la hubieran visto?

c) Observa los ejemplos y saca conclusiones sobre este uso del verbo *estar*. Tacha lo que no sea correcto dentro de cada paréntesis:

Cuando damos (**opiniones / descripciones**) (1) (**objetivas / subjetivas**) (2) sobre algo que (**hemos experimentado / imaginamos**) (3), con frecuencia, aunque no obligatoriamente, usamos el verbo (**ser / estar**) (4) delante del adjetivo (**descriptivo / valorativo**) (5). Esto se hace solamente con algunos adjetivos, como *genial, fantástico, estupendo* o *entretenido*.

2 ■ Cuéntales a tus compañeros la última película que has visto en el cine. Si no la han visto, te preguntarán "¿Y qué tal está?".

PALABRA POR PALABRA

1 ■ Aunque no seas aficionado a ningún deporte, hay algunas palabras tan comunes que es conveniente que las conozcas. ¿Podrías completar la primera columna vacía con los nombres de los deportistas? En algunos casos hay más de una posibilidad.

DEPORTE	DEPORTISTA	ACCIONES	LUGAR	EQUIPO NECESARIO
Fútbol				
Baloncesto				
Alpinismo / montañismo				
Golf				
Esquí				
Tenis				
Ciclismo				
Natación				

2 ■ Completa la columna "acciones" con verbos que tú conozcas, y usa también estos:

- encestar
- escalar
- hacer canasta
- marcar gol
- hacer hoyo
- pedalear
- sacar
- botar

3 ■ Completa ahora las otras dos columnas usando estas palabras:

- piscina
- campo
- gorra*
- balón
- cancha
- gorro*
- pelota
- casco
- montaña
- cuerdas
- palos
- bastones
- esquíes
- pista
- bicicleta
- estadio
- raqueta
- botas
- gafas
- zapatillas
- bañador o traje de baño

RECUERDA

■ Para nadar puedes usar un **gorro** de baño, pero sería muy incómodo ponerte una **gorra**.

Cuando hace frío podemos protegernos la cabeza con un **gorro** de lana; cuando hace sol, preferimos una **gorra**.

¿Puedes crear frases similares para recordar la diferencia entre estas palabras?

Cuchillo / cuchilla   Castaño / castaña
Anillo / anilla   Barco / barca
Bolso / bolsa ■

CON TEXTOS 2

1 ▪ Actualmente están muy de moda los deportes de aventura, también llamados "de riesgo". ¿Sabes a qué deportes nos referimos? ¿Has practicado o te gustaría practicar alguno de ellos?

2 ▪ Vamos a trabajar con dos textos cortos que nos hablan de dos personas que practican deportes de aventura. Lee estas dos frases y piensa cuáles pueden ser sus deportes:

Texto A: "Arriba me sentía como un ermitaño, pero en condiciones muy duras".

Texto B: "He visto África a dos palmos de altura".

3 ▪ Estas palabras aparecerán en los textos; ¿podrías separarlas en dos grupos: las que se refieren al texto A y las del texto B?

Licencia	cumbre	saco	navegación	aclimatación	hélice
campo base	oxígeno	avioneta.			

4 ▪ La mitad de la clase va a leer el texto A (en la página 263) y la otra mitad el texto B (en la página 268). Después de leer, siéntate con un compañero que haya leído el texto que tú no has leído, cierra el libro y contesta sus preguntas para que pueda completar su cuadro. Después, pregúntale tú sobre lo que ha leído.

SEXO	
EDAD	
NACIONALIDAD	
LUGARES DONDE PRACTICA	
LOGROS	
QUIÉN LE ACOMPAÑA CUANDO PRACTICA	
FORMA DE PLANEAR SU PRÁCTICA	
CÓMO SE SIENTE CUANDO PRACTICA	

5 ▪ Comparad ahora los dos cuadros. ¿Qué tienen en común estas personas y qué las diferencia?

6 ▪ Lee ahora el texto que no leíste antes. Si es el texto A, anota todas las palabras y frases que se refieren a aspectos negativos de la aventura; si es el texto B, anota todas las palabras y frases que se refieren a aspectos positivos.

7 ▪ Revisa con tu compañero el trabajo del punto 6 para ver si estáis de acuerdo.

8 ▪ ¿Cuál de los dos deportes te gustaría más practicar?

DIMES Y DIRETES 1

1 ▪ Si has leído los textos del apartado anterior, sabrás ya que, en su aventura, Mercè Marti lo pasó muy bien, y que, en cambio, Fernando Garrido en algunos momentos lo pasó muy mal. ¿De qué otras formas podríamos decir lo mismo en un estilo informal? Relaciona los comienzos de la izquierda con las expresiones de la derecha.

pipa

fatal

de miedo

en grande

Mercè (se) lo pasó…   bomba

fenomenal

Fernando lo pasó…   de pena

de maravilla

estupendamente

genial

maravillosamente

2 ▪ ¿Qué pronombre aparece con todas las expresiones anteriores?

Nota:

Cuando hablamos en general, y usamos una frase impersonal con **se** no usamos el pronombre **lo**; por ejemplo, debo decir "Cuando estamos en situaciones así, lo pasamos muy mal", o "Cuando se está en situaciones así, lo pasa uno muy mal", pero decimos "Cuando se está en situaciones así, se pasa muy mal".

3 ▪ Con las expresiones positivas, es decir, cuando hablamos de *divertirse*, ¿qué otro pronombre puede aparecer, aunque no sea obligatorio?

4 ▪ Seguro que recuerdas algún momento del curso de español en que lo pasaste bomba y alguno en que lo pasaste fatal. Coméntalo con tu compañero. Seguramente tu profesor está interesado en saberlo: ¿por qué no lo escribes y se lo das? Puedes empezar así:

(Yo) (me) lo pasé bomba cuando…

(Yo) lo pasé fatal el día que…

MATERIA PRIMA 4

1 ▪ Además del que hemos visto en el apartado anterior, el verbo *pasar* tiene otros usos y significados. Vamos a fijarnos ahora en algunos en los que *pasar* aparece también con un pronombre personal. Lee atentamente los siguientes ejemplos y relaciona cada uno con el significado que tiene el verbo *pasar* en ellos:

a) Me *pasé* de listo. Por hacer trampas en la declaración de la renta, ahora tengo que pagar el doble de dinero.

b) ¿Se te han *pasado* ya las molestias?

c) Te has *pasado* con la sal. Esto no se puede comer.

d) ¿Se os ha *pasado* ya el enfado o todavía seguís enfadados?

e) Ya sé que tenía que haberte llamado anoche, pero se me *pasó* completamente.

f) Te has *pasado* con él. Llegar cinco minutos tarde no es para enfadarse tanto y decirle lo que le has dicho.

g) Revisé el trabajo muy despacio, pero se me *pasó* ese error.

h) Todavía no se le ha *pasado* el mareo.

i) Se *pasó* toda la semana pintando una ventana.

SIGNIFICADOS:

1. Excederse, sobrepasar los límites.

2. Olvidar hacer algo, no darse cuenta de algo.

3. Desaparecer algo en una persona.

4. Ocupar el tiempo haciendo una actividad que dura o se repite mucho

2 ■ Fíjate ahora en los pronombres que acompañan al verbo *pasar* según el significado. ¿Podrías escribir los significados y ejemplos del ejercicio I en el apartado correspondiente de los dos siguientes cuadros?

	SIGNIFICADO	EJEMPLOS
PASARSE: *Se usan los pronombres reflexivos (me, te, se, nos, os, se)*		
a) *con* + un nombre de materia: *la pintura, el lápiz de labios, el azúcar, el arroz, el tinte, el tomate.*		
b) *con* + nombre referido a una persona.		
c) *de* + cualidad (adjetivo): *listo* (el más usado), *bueno, blando, simpático, confiado.*		
Uso informal.		
d) cantidad de tiempo + acción en gerundio (forma del verbo en *-ndo*).		

	SIGNIFICADO	EJEMPLOS
PASÁRSELE ALGO A ALGUIEN: El sujeto de la frase es la cosa (la acción o el nombre) y no la persona que lo experimenta. El pronombre *se* aparece invariablemente, y la persona implicada en la acción aparece representada por la serie de pronombres me, te, le, nos, os y les.		
e) una acción (en infinitivo): *preguntar, llamar, leer, decir.*		
f) algunos nombres: *una noticia, un error, un detalle.*		
g) un nombre que exprese sensación física o estado de ánimo: *el dolor, el hambre, la euforia, el catarro, la borrachera, el disgusto, el miedo, el malhumor, la vergüenza, el susto, el desmayo.*		

3 ■ Haz todas las combinaciones posibles con los elementos de las dos columnas:

Se me pasó…

Lo pasé…

Se me pasaron…

Me pasé…

de listo

el dolor de muelas

fenomenal

decírtelo

la tarde llorando

con mi padre

las ganas

el malestar

en grande

4 ▪ El siguiente texto incompleto es una nota de disculpa que una persona envía a un amigo que está enfadado. Imagina que eres tú quien se disculpa y complétalo:

El otro día lo pasé .... cuando ....

....

Al principio .... ,

pero en cuanto ....

se me pasaron ....

Reconozco que me pasé ....

Perdóname, por favor, pero es que ....

Una cosa más: ese mismo día se me pasó decirte que ....

¿Me perdonas esto también?

5 ▪ Uno de los usos del verbo *pasar* es muy frecuente cuando hablamos de aficiones. Por ejemplo, si alguien es muy aficionado a la lectura y lee muchísimo, podemos decir cosas como "Se pasa tres horas al día leyendo", "Se pasa toda la tarde leyendo" o "Se pasa la vida leyendo". ¿Qué podrías decir de estas personas?

a) Margarita está obsesionada con el cine. Va casi todas las tardes, o si no, ve las películas de la tele.

b) Yolanda es muy aficionada a la natación. Practica durante toda la mañana.

c) Rubén está loco por la música. Está todo el tiempo que puede escuchándola.

d) Alberto es un apasionado del teatro. Los sábados y los domingos siempre ve alguna obra.

e) Julia está enganchada a las telenovelas. Todas las tardes ve tres o cuatro.

f) Javier es adicto a los periódicos. No puede vivir sin leer al menos cuatro periódicos al día.

MATERIA PRIMA 5

1 ▪ Fíjate en las frases del ejercicio 5 del apartado anterior y completa el siguiente cuadro:

¿SER O ESTAR?		PREPOSICIÓN QUE USAMOS DETRÁS
	OBSESIONADO*	
	AFICIONADO	
	LOCO**	
	UN APASIONADO	
	ENGANCHADO**	
	ADICTO**	

* Cuando usamos este adjetivo, queremos destacar que la afición de la que hablamos resulta exagerada.

** De uso informal. Todas señalan que es una afición muy, muy fuerte.

2 ¿Conoces los gustos y aficiones de tus compañeros de clase? Si no, pregúntales qué hacen en su tiempo libre. ¡A ver si puedes encontrar a un compañero para cada palabra!

NOMBRES DE TUS COMPAÑEROS

		aficionado/a ....
		obsesionado/a ....
		loco/a ....
	es / está	adicto/a ....
		enganchado/a ....
		un/a apasionado/a ....

¡LO QUE HAY QUE OÍR! 2

1 Vas a escuchar una entrevista con José Mercé. En ella se mencionan estas palabras:

a) **gaditano**: de Cádiz (España)

b) **música de raíz**: música popular y tradicional

c) **palo**: cada uno de los ritmos del flamenco.

¿Qué relación podría establecerse entre estas palabras? ¿Qué relación pueden tener con el entrevistado? ¿A qué crees que se dedica José Mercé?

2 Escucha la grabación completa sin fijarse mucho en los detalles. Intente entender solamente la información más importante sobre José Mercé:

PROFESIÓN: ....

DATOS SOBRE SU ÉPOCA INFANTIL: ....

SU FAMILIA: ....

CARÁCTER Y VALORES PERSONALES: ....

3 ▪ Vamos a volver a escuchar la entrevista fijándonos en algunos detalles:

a) ¿Qué dos partes de su pueblo tienen relación con su apellido artístico?

b) ¿José Mercé cree que hubiera sido un buen cura?

c) Cuando un equipo deportivo juega en su propio campo, se dice que "juega en casa". ¿Qué quiere decir José Mercé cuando dice que en Málaga juega en casa?

d) ¿Qué le critican algunas personas?

e) Cuando habla de la gente que "sólo quiere sota, caballo y rey*", ¿a qué tipo de gente la contrapone?

f) ¿Quiénes pueden ser en este caso los que sólo quieren "sota, caballo y rey"?

     1. La gente mayor y nostálgica del antiguo flamenco

     2. La gente a la que no le gusta nada el flamenco

     3. Los que no quieren innovaciones en el flamenco

g) Según José Mercé, ¿qué característica tiene que tener un "cantaor"?

* Las cartas de la baraja española van del 1 al 7, y después, sota, caballo y rey.

4 ▪ ¿A ti te gusta escuchar música tradicional, de raíz, en tu tiempo libre, o prefieres otro tipo de música?

DIMES Y DIRETES 2

Vamos a estudiar algunas expresiones relacionadas con canciones, cantos y cantantes:

1 ▪ Fíjate en estos dibujos y relaciónalos con las expresiones; las imágenes te ayudarán a recordarlas:

- Llevar la voz cantante.
- (Algo) es otro cantar.
- Canto/cantos de sirena/sirenas.
- Irse/marcharse con la música a otra parte.
- (Siempre/todos los días con) la misma canción.

- Otro gallo (me/te/le…) cantara/cantaría.
- El canto de/del cisne.
- (Ser algo) coser y cantar.

La-la-la-la-la-la-la-la-La-la-la-la-

a

La-la-
la-la-la-la-La-la
La-la-
la-la-la-la-La-
la

b

La-la-
la-la-la-la-La-la
La-la-
la-la-la-
La-la-
la-la-La-la
LA-LA-
LA-LA-LA-LA-
LA-LA
-La-la

c

La-la-la-la-
la-la-la-la-La-la-la-la-

d

La-la-li-la-li-la-li
L
La-la-li-la-li-la-li
M
La-la-li-la-li-la-li
X

e

Kikirikiiiiiiiiiiiiii!
Kokoroko

g

La-la-
la-la-la-la-La-

f

La-la-
la-la-la-la ...

h

2■ Para entender algunas expresiones quizá necesites un poco más de información. Lee los dos textos siguientes y relaciónalos con las expresiones y dibujos anteriores:

Todos sabemos que el cisne es un ave que no canta, es más, su voz es un graznido desagradable. Sin embargo, cuenta la tradición que existe un país en la Tierra donde los cisnes cantan tan bien que su voz es una melodía, y que cantan mejor el año que van a morir. (Ros García-Lluis, *Dichos y refranes populares*)

Las sirenas personificaban simultáneamente los encantos y los peligros del mar. Situadas en el acceso al estrecho de Sicilia (Italia), impulsaban a los navegantes, mediante el encanto de su voz, a chocar contra los escollos. (*Nueva enciclopedia Larousse*, adaptado)

Fíjate ahora cómo se usan esas expresiones en su sentido figurado, metafórico. Lee los siguientes textos y contesta las preguntas:

La-la-la-la-la-la-la-la-La-la-la-la-

Cuando la televisión se había convertido ya en el medio de comunicación social dominante, todavía había 16 radionovelas en el aire. Dicha relativa prosperidad constituye una especie de canto de cisne, es decir, el principio del fin. (T. López-Pumarejo, *Aproximación a la telenovela*)

La-la-la-la-la-la-La-la

La-la-la-la-la-La-la-la

a) Cuando decimos que algo *constituye/es el canto de/del cisne de algo*, queremos expresar:

1) Que ese algo es tan bello como el canto de un cisne.

2) Que ese algo está a punto de desaparecer.

3) Que está en su último momento de esplendor, prestigio, belleza, etcétera.

b) El señor Cidón Madrigal:

1) Nos avisa de que no es tan fácil perder la celulitis como nos dice la publicidad.

2) Nos informa de que es imposible perder la celulitis.

La celulitis puede prevenirse, pero curarla, suprimirla y recuperar el aspecto normal de la piel es algo posible, pero lento. No te dejes sorprender por los cantos de sirena de la publicidad, pues, además de gastar inútilmente tu dinero, puedes caer en la desilusión. (J. L. Cidón Madrigal, *Stop a la celulitis*)

La-la-la-la-la-la ...

3■ Vamos a hacer lo mismo ahora con las demás expresiones. Lee los textos y contesta las preguntas:

—¿Por qué hablamos tanto de prudencia, lealtad, tolerancia, solidaridad y luego no las practicamos?

+Gran pregunta que nos hacemos todos. A todos nos gustan las teorías. La práctica, sobre todo si es exigente, **es otro cantar**. (Fragmento de una entrevista aparecida en la revista *Telva*)

a) El entrevistado piensa que:

1) Opinar algo y llevarlo a la práctica son cosas muy diferentes.

2) Práctica y teoría son incompatibles.

3) La gente no pone en práctica sus creencias porque en realidad no cree en ellas.

Kikirikiiiiiiiiiiiii!

Kokoroko

b) Villena y Pérez-Reverte son escritores españoles con fama y prestigio en España. Teniendo en cuenta esto, ¿qué piensa Casimiro Porras?

1) Que todo le iría mejor si tuviera un nombre que sonara más elegante.

2) Que los escritores nombrados son los causantes de su frustración.

3) Que no consigue terminar ninguna novela porque la envidia se lo impide.

El personaje de ese cuento es un escritor frustrado. Para empezar, ni siquiera ha logrado acabar una novela. Además se llama Casimiro Porras sólo. Está convencido de que es su problema, su maldición. Si él se llamase Luis Antonio de Villena, o Arturo Pérez-Reverte, **otro gallo le cantaría**. ("¡Qué guay es escribir!", *ABC Cultural*)

Muy próximo a éste se encuentra el mito de que el hombre está más preparado para el sexo y, por lo tanto, debe saber más y tener más experiencia que la mujer. Esta falsa creencia hace que muchas veces el hombre se sienta obligado a **llevar la voz cantante**, sin permitirse reconocer su desconocimiento o falta de experiencia. (Elena F. L. Ochoa, *200 preguntas sobre sexo*)

c) Según la doctora Ochoa, con frecuencia los hombres:

1) Cantan mientras hacen el amor porque eso es lo que se espera de ellos.

2) Por su falta de experiencia, dejan que la mujer domine en las relaciones sexuales.

3) Se sienten en la obligación de comenzar y decidir en las relaciones sexuales.

La-la-la-la-la-La-la
La-la-la-la-la-!
LA-LA-LA-LA-LA-LA-LA-LA
La-la-la-la-La-la
.-La-la

d) Este funcionario, y sus compañeros y jefes:

1) Pensaban que él se iba a poner muy contento con el ordenador.

2) Creían que el trabajo con el ordenador le iba a hacer la vida muy cómoda.

3) Imaginaban que aprender a usar el ordenador iba a ser muy fácil para él.

La-la-la-la-la-la-La-

Mi trabajo era rutinario y tedioso: completar informes, estimar y calcular datos, presentar memorias… Todo iba bien hasta que un día me plantaron una maquinita delante: un ordenador personal. Como ocupo un puesto con cierta responsabilidad, se suponía que para mí esto de los ordenadores era **coser y cantar**. Pero cuál fue mi frustración al encontrarme que una simple maquinita se resistía a mi laboriosa y ordenada mente. (Kosme del Teso, *Introducción a la informática para torpes*)

La-la-la-la-la-la-la-la

e) *Irse/marcharse con la música a otra parte* significa:

1) Irse porque se está haciendo demasiado ruido.

2) Irse a continuar realizando la actividad a otro lugar.

3) Hablando de músicos, desaparecer.

Ahí le tenéis a los cuatro años, haciendo travesuras por todos los rincones de la casa; pero ¡ay de vosotros si os atrevéis a regañarle o decirle que **se vaya con la música a otra parte**! ¡Es el diosecillo de la casa, el reyezuelo de la familia! (R. Sarabia, *¿Cómo se educan los hijos?*, adaptado)

f) Las palabras *Yo jamás podría enamorarme de una cirujana. Es gente muy egoísta:*

1) Son palabras que él le había dicho a ella muchas veces ya

2) Son el estribillo de una canción muy famosa en Panamá

3) Es una frase que él le decía muchas veces a su mujer cantando

Él siguió durmiendo, pero momentos después, la mujer insistió: Ángela es una cirujana muy famosa. Está podrida en dinero.

Él repetía **la misma canción**: "Yo jamás podría enamorarme de una cirujana. Es gente muy egoísta". ("Al margen de los temas", en *El Siglo*, Panamá)

La-la-li-la-li-la-li

(Textos extractados tomados del corpus CREA de la Real Academia Española)

HABLA A TU AIRE

1 ▪ Lee este anuncio de una comunidad de Internet. ¿Qué te parece? ¿Te apuntarías al club?

DYR

| Acerca de... | Exhibiciones | Galería | Calendario |

Horas | Direcciones y mapa | Admisión | Preguntas

DEPORTEYRIESGO

| Acerca de... | Exhibiciones | Galería | Calendario |

- Acuáticos
- Aéreos
- Terrestres

contacta

EL PLACER DEL RIESGO

¿Te gusta arriesgar el pellejo con deportes un poco fuera de lo común? ¿Te aburres viendo los partidos de fútbol sentado en un sillón? ¿Crees que la vida no es más que un frenesí y así hay que vivirla?

Entonces eres la clase de persona que estamos buscando para que se una a nuestro club de amantes del peligro. Sumergirte en una sima con el hielo sobre tu cabeza, meterte en una cueva, lanzarte desde un puente con una goma, hacer surf en aguas salvajes, bajar en canoa por los ríos más pedregosos, subir a un globo para tirarte desde allí en paracaídas, o bien desde un avión, hacer vuelo sin motor, escalar abriendo vía para un grupo de colegas… Cualquier cosa nos vale mientras conlleve su riesgo. Es cierto que un riesgo controlado, pero menos da una piedra.

**Déjate llevar a otras comunidades oficiales de MSN.
O crea tu propia comunidad.**

http://communities.msn.es/Deporteyriesgo/holaatodos.msnw

2 ¿Qué crees que opinarían las siguientes personas sobre los deportes de riesgo si les preguntaran en una encuesta? Piénsalo con un compañero o trabajando en un pequeño grupo y escribe las respuestas; luego díselo al resto de la clase.

– La madre de una chica de 16 años que quiere tirarse desde un puente atada con una goma elástica.

– La propia chica.

– Un profesor de gimnasia.

– Un traumatólogo.

3 La chica del ejercicio anterior le va a proponer a un amigo ir juntos a hacer "puenting". Busca y subraya en el diálogo expresiones que se usen para:

– expresar sorpresa ante lo que ha dicho el otro

– expresar miedo

– tranquilizar o dar ánimos

– expresar impaciencia

– expresar desinterés o aburrimiento

+ Oye, Luis, ¿tú te vendrías conmigo el domingo a hacer *puenting*?

– ¿¡*Puenting*!? ¡Pero tú estás loca! ¡Si eso es tirarse de un puente atado con una cuerda!

+ Pero, hombre, si no pasa nada, si lo hace todo el mundo. Además, no creas que me voy a tirar así por las buenas del primer puente que vea. Vamos con Juan Francisco, que es un experto.

– Pues a mí me da mucho miedo. ¿Y si se rompe la cuerda?

+ ¡Pero cómo se va a romper, si es una goma gordísima? Venga, Luis, no seas pesado… ya verás como no pasa nada.

– Es que me parece increíble que me quieras llevar a tirarme de un puente. ¿Y no podríamos hacer algo más normal? No sé… jugar al tenis… o al fútbol.

+ Sí, al fútbol. ¡Vaya aburrimiento! Además el fútbol sí que es peligroso… ¡Anda que no hay futbolistas lesionados! ¡Venga, hombre, que te digo yo que no pasa nada!

4 Sustituye las expresiones que has subrayado en el ejercicio anterior por otras equivalentes de este cuadro.

Vamos	Me dan sudores de pensarlo
Me tiemblan las piernas de pensarlo	Qué rollo
Anda	Vaya rollo
Qué aburrimiento	No seas tonto / bobo
¿Pero qué dices?	No seas pesado / rollo
A mí me da pavor	Ya verás cómo todo sale bien
Que no va a pasar nada	

5 ■ Usa esta tabla para crear un diálogo con un compañero. Uno trabajará con la columna A y el otro con la B. El que elija la columna A comenzará la conversación en el recuadro 1. Cuando termines, haz otro diálogo cambiándole la columna a tu compañero. Entre paréntesis aparecen expresiones que te serán útiles.

A	B
1. Comienza el diálogo así: *Oye, te vienes a* (elige una de las actividades de riesgo del anuncio "El placer del riesgo") *este fin de semana*?	
	2. Escucha lo que te propone tu compañero. Expresa tu asombro y tu incredulidad.
3. Explica que es una actividad original, pero no peligrosa.	
	4. Expresa tu desacuerdo (*Cómo que...?*). Háblale de los riesgos de la actividad y de las locuras que piensas que va a hacer (*Y si...? Seguro que...*).
5. Tranquiliza a tu compañero. Tú nunca has oído de nadie al que le hayan pasado todas esas cosas (*Que yo sepa...*). Dile que está equivocado en muchas de las cosas que piensa que vas a hacer (*No creas que...*).	
	6. Expresa tu opinión sobre lo que tu compañero se propone hacer (*No es normal... Sería más lógico que... Es increíble que...*). Intenta convencerle para que elija otra actividad (*No crees que...?*).
7. Expresa desinterés por lo que te plantea tu compañero. Anímale de nuevo expresando impaciencia por su actitud.	

ESCRIBE A TU AIRE

1 ▪ Lee este anuncio publicitario, repartido a domicilio y en la calle como propaganda. ¿Existe algo así en tu país? ¿Te parece una idea original? ¿Crees que tendrá éxito?

¡ATENCIÓN PADRES!

Si vuestros hijos tienen entre 14 y 16 años, ha llegado el momento de que puedan disfrutar de nuestra «DISCOTECA LIGHT».

NEW STOP, previa autorización del Gobierno Civil, les ofrece sus instalaciones en horario de tarde a partir del día 12 de octubre

SÁBADOS DE 18:00 a 22:00 HORAS
DOMINGOS Y FESTIVOS DE 18:00 a 21:30 HORAS

Deseamos que los jóvenes de estas edades tengan un lugar de diversión y tengan siempre dónde ir.

Nuestro local de 1.500 m² está habilitado con aire acondicionado, burguer, juegos recreativos y buena música. También estará prohibida la venta de TABACO y únicamente se servirán bebidas SIN ALCOHOL, todo esto a precios asequibles al bolsillo de los chavales.

Todos aquellos que se decidan por su «DISCO LIGHT» serán provistos de la tarjeta de socio, que será distribuida a partir del día 4 de octubre en los siguientes lugares: CASA DE LA JUVENTUD, EMISORA DE RADIO ONDA SIERRA y en la DISCOTECA.

Con esta tarjeta tendrán derecho a participar en nuestros juegos y sorteos.

Nos dirigimos a vosotros, los padres, para que sepáis que estarán atendidos por profesionales y con todas las medidas de seguridad e higiene.

Estamos seguros de poder garantizar su diversión a cargo de nuestro Disk Jokey: ¡hala!, ven a conocer tu DISCO LIGHT, lo vamos a pasar pipa. El primer día disfrutaréis de la monta del TORO MECÁNICO, y sorteo de una BICICLETA DE MONTAÑA. ¡No me falles, que te persigo!

El día de la inauguración, estará la emisora ONDA SIERRA, retransmitiendo en directo todo lo que acontezca durante la tarde.

Atentamente.

**DISCOTECA NEW STOP
Colmenar Viejo.**

2 ▪ Aunque el texto es publicitario, ¿qué formato tiene?

3 ▪ ¿A quién se dirige en principio? ¿Qué forma de tratamiento (*tú, usted, vosotros* o *ustedes*) se usa en el anuncio? ¿Es este uso formal o informal?

4 ▪ ¿El lenguaje del texto en general es formal o informal? ¿Puedes encontrar algunos ejemplos de lenguaje formal?

5 ▪ En el penúltimo párrafo hay un cambio en el lenguaje, ¿cuál? ¿Por qué se produce?

6 ▪ El folleto se podría dividir en varias secciones, ¿qué títulos o encabezamientos les pondrías?

7 ▪ Como sabes, el primer párrafo de un texto se llama introducción. ¿Cuáles de estas cosas se tienen que hacer en una introducción? Señala todas las que sean correctas.

☐ a) Definir el tema del que va a tratar el resto del texto.

☐ b) Hacer un resumen de lo que se va a decir en el resto del texto.

☐ c) Empezar con una frase como: "en este texto vamos a hablar de…"

☐ d) Explicar los motivos por los que se va a escribir el texto.

☐ e) Atraer la atención del lector.

8 ▪ ¿Se hace todo eso en el primer párrafo del folleto que acabas de leer?

9 ▪ En el último párrafo de un texto, el autor no suele limitarse a resumir lo que ha dicho anteriormente, sino que ofrece una conclusión lógica basada en lo que ha expuesto hasta ese momento. Si te fijas, en el texto del folleto que has leído no hay ningún párrafo de conclusión. ¿Cuál de estos te parece que completaría mejor el texto?

☐ a) Así que, ya saben, si quieren que sus hijos se diviertan en un ambiente seguro, anímelos a que vengan a la nueva "Discoteca Light".

☐ b) Como han visto, nuestra nueva discoteca les ofrece lo mejor para sus hijos, que solo tienen que hacerse con la nueva tarjeta de socio.

☐ c) Nuestra discoteca les ofrece diversión para sus hijos en un gran local.

10 ▪ Redacta ahora un folleto de propaganda con varios compañeros. El objetivo es promocionar uno de los siguientes medios de pasar el tiempo libre u otro que puedas imaginar:

– Un canal de televisión para genios.

– Un cine donde pueda ver bien gente de todas las alturas.

– Un gimnasio para fumadores.

– Un restaurante para niños.

Antes de empezar a escribir, completa este guión con detalles sobre el producto:

¿A quién va dirigido?

–

–

¿En qué consiste?

–

–

–

–

¿Qué ventajas tiene?

–

–

–

En conclusión, ¿qué se puede destacar del producto?
¿Qué se puede prometer que logrará?

–

–

–

¿Hay alguna promoción para animar a los clientes a
probar el producto? ¿Cuál?

–

–

11 ■ ¿Qué tipo de lenguaje necesitarás usar en el folleto? ¿Formal o informal? ¿Técnico
o familiar? ¿Sería mejor utilizar formato de carta o hacer un folleto descriptivo?

12 ■ Piensa que la introducción y la conclusión en este tipo de textos son especialmente importantes. ¿Qué quieres lograr con la introducción? ¿Cuál será la conclusión lógica del texto?

¿TÚ QUÉ CREES?

¿Cuál crees que es el producto que se anuncia?

Tiene muchos programas.

Y no es una lavadora.

Tiene 700.000 adictos.

Y no es una droga.

Funciona en cadena.

Y no es una fábrica.

CON TEXTOS 1

1 ▪ Comenta los siguientes temas con tu compañero.

  – ¿La televisión es cultura?

  – ¿Qué opinas de los concursos televisivos?

  – ¿Te identificas con los concursantes?

  – ¿Era distinta la *tele* cuando tú eras pequeño?

  – ¿Ve la gente demasiada televisión? ¿Deberían dedicar su tiempo
    libre a hacer otras cosas?

2 ▪ Lee el siguiente texto. ¿Qué respuestas da el autor a las preguntas
del ejercicio anterior?

Viva la televisión

Puede que la nostalgia actúe como un filtro, pero creo que cuando era niño los concursos no eran tan rematadamente bobos. ¡Aquello sí que era cultura! ¡Cómo envidiaba a aquella ama de casa que sabía todos los afluentes del río Tajo! ¡Cómo quería parecerme a aquel chaval que sabía la altura en metros del Nevado Yerupajá!

En estos concursos de mi infancia había un cierto estímulo, un afán de superación. ¿Qué es lo que tiene que saber ahora el concursante Pepe para llevarse una pasta gansa? Pues tiene que saber qué talla de calzado gasta la concursante Marujita. ¿Y Marujita? Marujita tiene que saber de qué equipo es Pepe, si del Madrid o del Barcelona.

La competencia televisiva se rige por una curiosa regla. No se trata de subir el listón, sino de bajarlo. Quizá por eso preguntan en los concursos la talla que calza el contrincante. Si se ha llegado a este punto, a los pies, es posible que ya no baje más el listón. Aunque un amigo me alerta: siempre pueden preguntarte que cómo se llama tu madre.

– Señor Rivas, ¿cómo se llama la madre de usted?

– Carmen. Creo. Creo que mi señora madre se llama Carmen.

– Efectivamente. Lo hemos comprobado y ése es el nombre de su madre. Respuesta correcta.

La otra cara de estos concursantes es que le liberan a uno de complejos. Cuando los miras, te sientes parte de una verdadera hermandad de iguales, porque, más o menos, todos sabemos el nombre de mamá.

Por eso, y por otras muchas cosas, no podría identificarme con los sectores antitelevisivos. Quiéralo o no, soy un hijo bastardo de la televisión y nunca le prenderé fuego. En el fondo, el churrasco televisivo no dejaría de parecerme un magnífico espectáculo digno de ser televisado.

Uno de los motivos del prejuicio culto hacia la televisión es la suposición de que el tiempo de telespectador es un tiempo perdido para la lectura o para otra cualquier actividad creativa. Vana ilusión. No conozco a nadie que haya dejado la lectura por culpa de la televisión y sí conozco a gente que se ha aficionado a leer después de descubrir en la pantalla *Los gozos y las sombras*. Incluso me han hablado de gente que compró libros por la única razón de llenar los huecos del mueble de la televisión y que ha terminado leyéndolos.

(Manuel Rivas, extracto)

3 ■ Busca palabras y expresiones en el texto que signifiquen lo siguiente:

Párrafo 1

a) Tristeza melancólica provocada por el recuerdo.

b) Material que no deja pasar elementos que no deseamos.

c) Tontos.

d) Niño.

Párrafo 2

e) Mucho dinero.

Párrafo 3

f) Aumentar el nivel de exigencia.

g) Competidor.

Párrafo 5

h) Sentimientos de inferioridad.

Párrafo 6

i) Que ha nacido sin que sus padres estén casados.

j) Asado hecho a la brasa o a la parrilla.

Párrafo 7

k) Rechazo injustificado.

l) Idea o esperanza falsa, no basada en la realidad.

4 ■ Usa las palabras del recuadro para completar las frases siguientes, que están basadas en el texto. Conjuga los verbos cuando sea necesario.

aficionarse	identificarse	llevarse	regirse	ser	actuar

a) Cuando pensamos en nuestra niñez, la nostalgia suele _____ como filtro.

b) Los concursantes de hoy en día a menudo _____ una pasta gansa por no hacer nada.

c) ¿De qué equipo _____ Pepe?

d) La competencia televisiva _____ por una curiosa regla.

e) El autor no _____ con los sectores antitelevisivos.

f) Hay gente que _____ a la lectura después de ver una serie en la televisión.

5 ■ ¿Qué argumentos a favor de la televisión da el autor del texto? ¿Estás de acuerdo con ellos?

PALABRA POR PALABRA 1

1 ▪ A la izquierda tienes el índice de un periódico. ¿En qué sección encontrarías lo siguiente?

Índice

Primera

Cartas al director

Editorial

Viñetas

Internacional

Nacional

Local

Sociedad

Cultura

Espectáculos

Cartelera

Anuncios por palabras

Economía

Deportes

Suplementos:

- moda

-motor

- viajes

- salud

- educación

- magacine

a) La opinión de un lector sobre una nueva autopista.

b) Lo que ponen en el cine de la esquina.

c) Las últimas noticias sobre Oriente Medio.

d) Todo sobre los presupuestos generales del Estado.

e) Información sobre un atraco en una joyería de tu ciudad.

f) Las principales noticias del día con un breve resumen o comentario de algunas de ellas.

g) Un piso en alquiler.

h) La crítica de una obra de teatro que estrenaron ayer.

i) Consejos para tus próximas vacaciones.

j) Una entrevista con un autor de éxito.

k) La opinión del periódico sobre el último escándalo político.

l) Un artículo sobre el desempleo entre los jóvenes.

m) La crónica de un partido de fútbol.

n) Información sobre el futuro de la Bolsa.

ñ) Chistes.

RECUERDA

▪ La portada de un periódico también se llama *primera plana*.

¿Sabes qué es un *primer plano* en cine? ▪

RECUERDA

- editorial ▪ capital ▪ cura ▪ frente ▪ orden ▪ cometa

*El editorial **de un periódico es un artículo de opinión.** Una editorial **es una empresa que se dedica a imprimir y distribuir libros.***

Completa estas noticias con las palabras de arriba. Ten en cuenta que todas cambian de significado según sean masculinas o femeninas:

1. **El** [_____] de un pueblo de la Sierra tuvo que hacer

   una [_____] de urgencia a un montañero herido

   en la [_____].

2. Cada año en octubre, se produce una lluvia de estrellas cuando la Tierra pasa a través de una corriente de residuos procedentes d**el** [_____] Halley.

3. Las tropas leales al presidente electo aún no han recibido

   la [_____] de tomar **la** [_____] del país. Mientras tanto, el ejército

   se esfuerza por mantener **el** [_____] en **el** [_____] norte del país.

4. Varios turistas confunden **una** simple [_____] con un platillo volante. Al parecer, el fuerte viento hizo que el juguete se le escapara de las manos a su dueño.

5. Asustados por los recientes acontecimientos, muchos inversores temen no poder recuperar **el** [_____] invertido en la empresa. ▪

MATERIA PRIMA 1

1 ▪ A la redacción de un periódico han llegado tres noticias. En ellas aparecen los nombres de organizaciones, instituciones, etc. Tomando las letras iniciales de las palabras que forman el nombre completo (generalmente con la excepción de los determinantes y de las preposiciones) se hace una única palabra (por ejemplo, Organización Mundial de la Salud: OMS). ¿Sabes qué significan las siglas que aparecen en estas noticias? Debajo de cada noticia aparecen varios posibles significados. Elige el que creas que es el verdadero:

a) SS.AA.RR., los reyes don Juan Carlos y doña Sofía, acompañados del Presidente del Gobierno, han inaugurado hoy los JJ.OO. de Barcelona, organizados por el COI. Se espera superar el éxito de la última edición de hace cuatro años, ya que ha aumentado el número de deportistas participantes. El acto ha sido retransmitido en directo por radio y televisión en exclusiva por RTVE.

SS.AA.RR
- [ ] a. Señores Altos Representantes.
- [ ] b. Sus Altezas Reales.
- [ ] c. Sus Señores Altezas y Altos Representantes Reales.

JJ.OO.
- [ ] a. Juegos Olímpicos.
- [ ] b. Juegos Orientales.
- [ ] c. Juegos y Jugadas Olímpicos Orientales.

COI
- [ ] a. Comisión Olímpica Interna.
- [ ] b. Comité Olímpico Internacional.
- [ ] c. Comisión Organizadora Internacional.

RTVE
- [ ] a. Radio Televisión Española.
- [ ] b. Real Teatro de Verano Español.
- [ ] c. Reales Transportes Vacacionales Españoles.

b) El Consejo de Seguridad de la ONU ha permitido a la OTAN que envíe más soldados a la zona de guerra. También ha pedido a EE.UU., que pertenecen a su vez a la alianza militar, y a la UE, muchos de cuyos países también son miembros de ella, que preparen un programa de ayuda económica a la zona en coordinación con el FMI.

ONU
- [ ] a. Organización de las Naciones Unidas.
- [ ] b. Organización Nacional Universal.
- [ ] c. Organización de Negocios Unidos.

OTAN
- [ ] a. Organización del Trabajo de Artesanos Nacionales.
- [ ] b. Organización de Teatro para Adultos y Niños.
- [ ] c. Organización del Tratado del Atlántico Norte.

EE.UU.
- [ ] a. Estados Unidos.
- [ ] b. Estados del Extremo de la Unión Urbana.
- [ ] c. Economistas Unidos.

UE
- [ ] a. Unidad de Especialistas.
- [ ] b. Unión de Economistas.
- [ ] c. Unión Europea.

FMI
- [ ] a. Fundación para la Mayor Integración.
- [ ] b. Fondo Monetario Internacional.
- [ ] c. Fundación para una Moneda Internacional.

c) Varias ONGs españolas, que ayudan a miles de inmigrantes y españoles sin trabajo, han firmado un acuerdo con el Gobierno para que se creen centros de ayuda a personas necesitadas en los que no se pida ningún tipo de documentación: ni los DNI para los españoles, ni las tarjetas de residencia para los extranjeros. El acuerdo se publicará en breve de forma oficial en el BOE.

ONG
- ☐ a. Organización No Gubernamental.
- ☐ b. Organismo Nacional de Geriatría.

DNI
- ☐ a. Documento Notarial de Inmigrante.
- ☐ b. Documento Nacional de Identidad.

BOE
- ☐ a. Boletín Oficial del Estado.
- ☐ b. Borrador Oficial de España.

2 ▪ Busca en los textos anteriores las siglas que se refieren a palabras en plural. Hay cinco.

a) ¿De cuántas maneras se hace el plural en ellas?

b) Completa este cuadro:

En español, se crean siglas en plural de varias maneras:

– Escribiendo _____ las letras (casi siempre con siglas que son siempre plurales)
  Ejemplos: ....
  ....

– Unas veces, añadiendo _____
  Ejemplos: ....
  ....

– Otras veces, sin añadir ni cambiar nada, solo con el artículo y los determinantes.
  Ejemplos: ....
  ....

Nota:

Las siglas en plural no se pronuncian, muchas veces, tal y como están escritas. Cuando se escriben así: JJ.OO., se pronuncian desarrollando toda la sigla ('juegos olímpicos'). Cuando se escriben así: ONGs, APAs (Asociaciones de Padres de Alumnos), se pronuncian sólo diciendo las siglas más el plural: 'oenegés', 'apas'.

3■ Busca en periódicos en español cinco siglas distintas y sus significados, y tráelas a clase.

También puedes utilizar para esta actividad periódicos en Internet. En el buscador del Centro Virtual del Instituto Cervantes (que se llama "El Oteador") encontrarás muchas direcciones de periódicos americanos y españoles. La dirección del centro es: cvc.cervantes.es.

DIMES Y DIRETES

Si quieres contarle a otra persona una noticia que has leído en el periódico, seguramente casi nunca usarás las mismas palabras que leíste. Por ejemplo, si lees este titular: "Inminente subida de los impuestos" y se lo comentas a otra persona, dirás algo como:

"¿Sabes / Te has enterado de / que van a subir pronto los impuestos?"

En estas transformaciones muchas cosas cambian: las palabras, el orden de la frase, el número de palabras, etc. A continuación tienes nueve titulares de las noticias de un periódico. Transforma los titulares y rellena con las frases que realmente le dirías a un amigo. Recuerda que tendrás que hacer algunos cambios (por ejemplo, las expresiones que están destacadas raramente se usarían en la lengua hablada).

1. LOS PAÍSES POBRES **CALIFICAN DE** PAPEL MOJADO EL TRATADO DEL CLIMA
   Aquí dice que ....

2. LOS FISCALES **RECHAZAN LA ORDEN DE** ENCARCELAR A LOS MANIFESTANTES
   Por lo visto ....

3. EL PRESIDENTE DEL GOBIERNO ANULA LA RECEPCIÓN OFICIAL **POR EXCESO DE AGENDA**
   He leído que ....

4. CINCO POLICÍAS, DETENIDOS POR **UN PRESUNTO DELITO DE TORTURAS**
   En el periódico pone que ....

5. EL MINISTERIO DE TRANSPORTES **PLANTEA CREAR** UN PEAJE PARA **CIRCULAR POR** LAS NUEVAS AUTOVÍAS
   ....

6. FRANCISCO DOMÍNGUEZ **SE PERFILA COMO** EL PRÓXIMO PRIMER MINISTRO
   ....

7. EL CANTANTE DANIEL HERNÁNDEZ **HA SUFRIDO UNA NUEVA INTERVENCIÓN QUIRÚRGICA**
   ....

8. ESTUPOR ANTE EL ROBO DE MÁS DE VEINTE MILLONES
DE EUROS **POR PARTE DE** UNA EMPRESA DE INVERSIONES

....

9. **EXPECTACIÓN** EN LA BOLSA ANTE LA POSIBLE BAJADA
DE LAS CIFRAS DEL PARO

....

MATERIA PRIMA 2

1 ▪ Con cierta frecuencia en el periódico encontramos noticias insólitas que luego comentamos con otras personas. Aquí tienes algunas de las que nos hemos encontrado últimamente. Relaciona cada noticia con una de las conversaciones:

A
- Seguro que eso no tendría éxito en España. Somos muy vergonzosos aquí todavía.

+ Pues a lo mejor te equivocas. A lo mejor a la gente le encantaría.

B
- Seguramente no volverá a tomarse ninguna porquería de ésas.

+ Sí, pero lo más seguro es que enseguida los chavales saquen otra cosa nueva. Siempre están buscando tonterías peligrosas para divertirse.

- Sí, lo mismo un día de éstos se pone de moda prenderse fuego.

C
- ¿Sabes una cosa? Casi seguro que se le ha escapado a Enrique. Tenía una de ésas la última vez que fui a verle, y además eso está cerca de su casa.

+ ¿Estás seguro? No me suena el nombre de la calle.

- Segurísimo. Está al lado, dos calles más arriba.

+ No sé, igual no es de él, ahora está de moda tener bichos raros en casa.

FOTOGRAFIARSE DESNUDO, MODA CHILENA

Un singular estudio fotográfico funciona desde hace unos meses en Santiago de Chile. Se llama De Cuerpo y Alma y su particularidad es retratar a sus clientes desnudos. "No hay cuerpos feos" es la premisa de los responsables del estudio, en el que para cumplir la "fantasía" de retratarse de esa forma cada cliente debe pagar 150.000 pesos, un precio bastante alto.

(El País)

UN VECINO DE MORATALAZ DESCUBRE UNA TARÁNTULA EN LA TERRAZA DE SU CASA

Un vecino de la calle de la Ciudad de las Águilas, número 16 (Moratalaz), se quedó más que perplejo al ver una tarántula de gran tamaño en la terraza de la cocina de su casa. Sin dudarlo un momento avisó a la Policía Municipal para que le librara de tan venenoso visitante. El vecino explicó a los agentes que desconocía la procedencia de la araña. Los policías, al tratarse de una tarántula protegida oriunda de Chile, la trasladaron con sumo cuidado al Zoo de Madrid, donde permanece ahora.

(El País)

UNA ADOLESCENTE, GRAVE AL INGERIR UNA CÁPSULA DE 'LUZ QUÍMICA'

Una chica de 14 años fue hospitalizada en estado grave el sábado por la noche al resultar intoxicada por la ingestión del líquido de una cápsula de luz química, un producto que se utiliza para pescar y que se ha convertido en artículo de moda entre los jóvenes que acuden a las discotecas. Al metérselo en la boca, la sustancia que contiene este pequeño tubo provoca un efecto fosforescente. El Instituto Nacional de Toxicología advierte de su peligrosidad.

(El País)

2 Fíjate en lo que está marcado en los diálogos y di qué palabras o expresiones se pueden usar para:

a) Pedir a nuestro interlocutor confirmación, seguridad, sobre algo que nos ha dicho, pero de lo que todavía dudamos:

b) Responder a nuestro interlocutor dándole seguridad:

c) Dar una explicación, lanzar una idea que consideramos bastante o muy probable porque tenemos razones para ello, pero de la que no estamos totalmente seguros:

d) Dar una explicación, lanzar una idea como algo que se nos acaba de ocurrir, pero sin expresar si la consideramos probable o improbable:

> Por lo tanto, la palabra *seguro* a veces da seguridad, y otras veces no.

3 Ahora fíjate en las palabras de los apartados c) y d), y en el verbo de la frase en la que se usan; ¿está en indicativo o en subjuntivo?

4 Comenta con tus compañeros estas noticias; ¿puedes dar alguna explicación o dar alguna idea sobre ellas?

TRES DÍAS SIN PARAR DE HABLAR

José Luis Pereira Passos, de 62 años, profesor de latín, brasileño y jubilado, estuvo el pasado fin de semana hablando sin parar durante 72 horas y dos minutos en lo que parecía un interminable discurso, que dedicó a la paz y que, según sus cálculos, fue el mayor del mundo.

(El País)

UN CENTRO SANITARIO CON 17 CIRUJANOS SÓLO EFECTÚA UNA OPERACIÓN AL DÍA

En pleno Vallecas, el Ayuntamiento cuenta con un centro sanitario equipado con dos quirófanos y una UVI. En él trabajan 17 cirujanos y 5 anestesistas. Pero no tienen trabajo: sólo hace una operación al día.

(El País)

Nota:
Vallecas: uno de los barrios más populares de Madrid (España).
UVI: Unidad de Vigilancia Intensiva, donde suelen estar los enfermos muy graves.

UN 'SPRAY' DE DEFENSA OBLIGA A DESALOJAR UNA ESTACIÓN DE METRO

La estación de Avenida de América de la línea 6 del Metro de Madrid tuvo que ser desalojada a las 18.00 de ayer por efectivos policiales y de seguridad de Metro, después de que los usuarios se vieran afectados por toses y fuertes picores y escozor en ojos y garganta. Algunos ya pensaban en un atentado. Fuentes de Metro confirmaron que "alguien pudo utilizar un spray de defensa personal".

(El País)

PALABRA POR PALABRA 2

1 ■ En muchos periódicos y cadenas de radio tienen un teléfono con contestador automático donde la gente hace sugerencias y comentarios, presenta quejas, etc. Éstos son algunos de los mensajes recibidos en un periódico. Léelos y subraya los verbos que el periodista ha introducido en los mensajes para señalar que son palabras de otra persona. El primero ya está subrayado.

• **Ojo, carteristas.** "Les telefoneo", <u>dice</u> una usuaria de la Empresa Municipal de Transportes, "para alertar a los viajeros y usuarios de la línea 27 de la EMT a propósito del elevado número de carteristas que operan a lo largo de su trayecto", advierte.

• **Barracones de latón para niños.** "Llamo desde Alpedrete para denunciar que en el colegio Santa Quiteria se han habilitado cuatro barracones de latón para dar clase a los niños, por falta de espacio", cuenta un lector de nombre Pedro. "Estos barracones", agrega, "se añaden a otro que ya fue levantado el pasado curso. Lo chocante de todo esto", indica, "es que, luego, las autoridades sanitarias nos niegan la posibilidad de disponer de un pediatra porque alegan que hay pocos niños en la localidad".

• **Máquinas de gran tonelaje en el Retiro.** "Me parece verdaderamente propio de gentes salvajes permitir que el parque del Retiro sea ocupado por máquinas de gran tonelaje", comenta Mario. "Es una vergüenza que un jardín histórico deba soportar esa enorme presión".

• **Que se presente el alcalde por mí a examen.** "Las máquinas de barrer y de fregar del Ayuntamiento siguen dando una lata tremenda durante horas, todas las noches", se queja un estudiante. "Aunque se alejen cien metros, se sigue oyendo. Cuando lleguen mis exámenes", añade, "voy a decir a mis examinadores que apenas he podido concentrarme y, en consecuencia, le diré al alcalde que se presente por mí ante el tribunal examinador".

• **Atención positiva a los vigilantes de seguridad.** "Soy vigilante de seguridad y quisiera saber por qué razón sólo se informa de los aspectos negativos de nuestro trabajo", pregunta un profesional del sector.

(Textos adaptados)

---

2 ■ Algunos de los verbos que has marcado significan algo más que 'decir'. ¿Qué verbos de los anteriores significan esto? (En un caso hay dos verbos que significan lo mismo, y al final te va a sobrar un verbo)

a) *decir* + haber dicho algo antes:

b) *decir* + informar de una historia o suceso:

c) *decir* + dar una opinión:

d) *decir* + pedir una respuesta:

e) *decir* + expresar disgusto y protestar:

f) *decir* + avisar de un peligro:

¿Cuál es el verbo que te ha sobrado? Este verbo, cuando lo usamos como en el mensaje que has leído, es sólo una variante más formal de *decir*.

3 ■ De los verbos que están en este cuadro, ¿cuáles nos sirven también para transmitir las palabras de otras personas? Usa el diccionario si no conoces alguno de ellos.

Reconocer	Sugerir	Asegurar	Corresponder	Insistir en	Compartir	Pedir
Insinuar	Contestar	Explicar	Formular	Manifestar	Responder	Afirmar
Confesar	Aclarar	Negar	Repetir	Proponer	Aconsejar	

4 ■ ¿Qué verbos de los anteriores ejercicios podrías utilizar en cada espacio en blanco? ¡No uses el verbo *decir*!

• **Niños en peligro en Barajas.** "En la prolongación de la calle Alcañiz, de Barajas, han echado tierra dos camiones y han roto una alcantarilla que tiene más de tres metros de profundidad", ▭ (a) un jubilado de Barajas. "La han tapado con una tabla y es un peligro muy grande porque en el momento menos pensado va a pisarla un niño y va a caerse a gran profundidad", ▭ (b).

• **Urbanidad.** "Estaría bien que la Empresa Municipal de Transportes diera clases de educación a un conductor de la línea 75, que pierde los nervios con los taxistas", ▭ (c) un usuario.

• **'La Peineta', sin espacio para bicicletas.** "En el estadio de La Peineta no hay estacionamiento para bicicletas. Es una vergüenza", ▭ (d) Jorge.

• **Nadie me cedió el sitio.** "Estoy embarazada de ocho meses", ▭ (e) una señora, "y a lo largo de todo mi embarazo, únicamente me ha sido cedido el sitio un par de ocasiones en un transporte público", ▭ (f). "Para esto, ¿realmente desean que haya más nacimientos?", ▭ (g).

¡LO QUE HAY QUE OÍR! 1

1 ■ ¿Te parece que los medios de comunicación deben respetar la vida privada de las personas públicas? ¿Tienen los políticos, actores, cantantes, etc., derecho a la intimidad? ¿Consideras que alguna de las siguientes noticias no se debería publicar?

– Un político importante es infiel a su mujer.

– Una famosa cantante acaba de tener un aborto voluntario.

– Un ministro ha comprado una casa que cuesta mucho más de lo que él puede pagar.

2 ▪ Vas a escuchar parte de un programa de noticias en el que se discute si es necesaria una ley de prensa sobre la publicación de noticias como las del ejercicio 1. Une cada una de las siguientes palabras que aparecen en la grabación con su definición.

a) Autorregulación	1. Determinar las reglas que debe seguir alguien o algo
b) Deontológicamente	2. Buscando o abusando del placer sensual
c) Difamación	3. Disminución, reducción o deterioro
d) Lascivamente	4. Con interés malsano en acontecimientos y personas, sobre todo en los aspectos
e) Menoscabo	5. Publicación de noticias en contra de la buena opinión o buena fama de alguien
f) Morbosamente	6. Acción de ponerse uno sus propias reglas
g) Regular (verbo)	7. Siguiendo las normas exigidas en la profesión

3 ▪ Utiliza las palabras del ejercicio anterior para completar estas frases. Luego escucha la grabación y comprueba tus respuestas.

a) No es nada fácil _____ por ley a la prensa.

b) También es muy difícil llegar a la propia _____.

c) Existe la posibilidad de que se introduzca en el nuevo código penal el delito de _____.

d) Los propios medios informativos deberían venir obligados _____ a respetar las cuestiones privadas.

e) A veces la privacidad es interesante pero no necesariamente _____ o _____ (*).

f) Tipificar algunas conductas como delictivas puede ser un _____ terrible contra la libertad de expresión.

> **Nota:**
> (*) Recuerda que cuando hay dos adverbios que terminan en –mente juntos, normalmente el primero aparece como un adjetivo.
>
> **Ejemplo:** Lo hizo fácil y rápidamente (en lugar de Lo hizo fácilmente y rápidamente).

4 ▪ ¿Cuáles de las noticias del ejercicio 1 se podrían considerar lascivas o morbosas? ¿Cuáles serían interesantes para el bien común? ¿A ti te parece que la difamación debería ser condenada legalmente?

5 ▪ Escucha de nuevo la grabación y contesta estas preguntas:

a) ¿Cuáles son los dos asuntos que hay que debatir?

b) ¿Qué constituye, según Albert Camus, una de las bases de la democracia?

c) ¿Está de acuerdo Juancho Armas Marcelo con que haya una ley de prensa?

d) ¿Cuál es, según él, la mejor opción?

e) ¿Qué problema tiene la autorregulación?

f) ¿Está de acuerdo el periodista con que la difamación sea declarada delito?

MATERIA PRIMA 3

1 ▪ Unos amigos están comentando algunas "noticias" de revistas del corazón. Lee sus conversaciones y contesta las preguntas que tienes después:

– ¿Te has enterado de lo de Luis Avilés?

+ No, ¿qué pasa con él?

– Pues que se ha casado con una cuarenta años más joven que él.

+ Anda, pues yo siempre había pensado que era homosexual.

– ¿Has leído esto de Pepita Llorente?

+ No, ¿qué dice?

– Ya sabes que se casó hace casi un año, ¿no?

+ Sí, más o menos.

– Pues resulta que todavía no ha pagado el banquete de boda y el dueño del restaurante le ha puesto una denuncia.

+ ¡Fíjate! Pues yo creía que estaba forrada de dinero…

– Sí, eso creía yo también.

– ¿Te acuerdas de eso de Mercedes Bolaño que te conté?

+ Sí, lo de la operación, ¿no? Que se iba a operar toda la cara, ¿no?

– Sí, pero hija, la han dejado fatal, tiene la nariz completamente deformada.

+ ¿Sí?

– Mira, en esta revista creo que viene la foto. ¿Ves? Aquí está la pobre…

+ ¡Dios mío! Nunca había visto una nariz tan fea…

---

a) ¿Qué es "lo de Luis Avilés"? ¿Por qué dice "lo" y no "el" o "la"?

b) ¿Qué es "esto de Pepita Llorente"? ¿Por qué dice "esto"?

c) ¿Qué es "eso de Mercedes Bolaño"? ¿Por qué dice "eso"?

d) Todas estas noticias, ¿contrastan con la información, la opinión o la experiencia que tenía la persona que escucha la noticia antes de saberla? ¿Qué frases usan para expresarlo? ¿Qué tiempos verbales utilizan?

Para no nombrar determinadas acciones, hechos, ideas, etc., podemos usar:

Lo de + palabra que identifica el asunto (por ejemplo, "lo de tu primo", "lo de la universidad", "lo de ayer", "lo del Congreso de los Diputados", etc.).

Si queremos señalar su alejamiento o proximidad en el espacio o en el tiempo, podemos también usar:

Esto / eso / aquello + de (pero siempre podemos usar "lo de").

Para contrastar la información que recibimos con nuestros conocimientos u opiniones anteriores, podemos usar:

Yo siempre había creído / pensado

Nunca / jamás / en mi vida había oído / visto

Yo pensaba / creía

2 ▪ Con un compañero, completa estas conversaciones con noticias reales o inventadas.

a) – ¿Te has enterado de lo ....?

+ No, ¿qué ha pasado?

– Pues que ....

+ Anda, pues yo ....

b) – ¿Has visto en la tele lo de ....?

+ Sí, sí, ya lo he visto. ¡Qué horror! Nunca ....

3 ▪ Cambia ahora de compañero y practica los diálogos que él ha preparado con su pareja y los que tú has preparado con la tuya.

CON TEXTOS 2

1 ▪ Piensa en los siguientes medios de comunicación. ¿Cómo se podrían usar para conquistar a alguien o para expresar tu amor? ¿Se te ocurre algún uso realmente original? Coméntalo con un compañero.

- Prensa
- Televisión
- Radio
- Teléfono móvil
- Internet

2 ▪ A continuación vas a leer una historia de amor por Internet. ¿En qué orden crees que sucedieron estos acontecimientos? Comprueba tus respuestas con un compañero.

– Añadir llamadas telefónicas a los mensajes virtuales.

– Conocer en persona.

– Entrar en un chat o una tertulia.

– Acudir a un cibercafé y navegar por la red.

– Salir (como novios) a distancia.

3 ■ Lee ahora el texto y comprueba tus respuestas.

Flor Barcea y David Urbina: Flechazo en el Cibercafé 19 y 25 años, camarera y operario

El cibercafé del pueblo (Xinzo de Limia, en Ourense, 9.000 habitantes) era uno de los rincones preferidos de Flor hace un año. Por allí no pasaba demasiada gente, apenas seis o siete personas que, como ella, deseaban entablar amistad con forasteros.

El madrileño Javier, por su parte, llevaba dos años enganchado* a la red cuando conoció a Flor. Como no tenía Internet en casa, aprovechaba los fines de semana para acudir a un cibercafé, donde, entre copa y copa, un amigo le enseñó a navegar.

Los dos euros por media hora de *chateo* eran suficientes al principio, pero cuando Flor se cruzó en su vida todo el dinero se volvió escaso. "En cuanto entrábamos en el *chat* nos buscábamos, y después podíamos estar horas hablando cada fin de semana, hasta que eso también se nos quedó corto y entonces dedicamos dos o tres horas cada día a saber el uno del otro", confiesan. Pronto añadieron llamadas telefónicas a los mensajes virtuales, y un día Javier tomó un autobús para conocer en persona a su amiga. "Fue a esperarme a la parada, y en cuanto la vi, supe que era Flor porque me la había imaginado así. Me alegré de que no me mintiera con su descripción física, porque yo tampoco lo hice."

"No tardamos en empezar a salir a distancia hasta que ella se vino a Madrid, encontró un trabajo y está dispuesta a quedarse", relata Javier. Este madrileño no tiene más que elogios para Internet, aunque reconoce que se trata de un mundo tan abierto que cualquiera puede meterse a fastidiar. "Hay gente que se engancha sólo para estropear una tertulia."

(Fragmento extractado de *Amor en la red*, de Susana Moreno)

* *engancharse*: aunque informalmente se utiliza como 'conectarse a Internet', en otras ocasiones significa "ser adicto a algo".

4 ■ ¿Te acuerdas de los detalles del artículo? Intenta contestar estas preguntas con un compañero. Si ves que no te acuerdas, vuelve a consultar el texto.

a) ¿Para qué iba Flor al cibercafé de su pueblo?

b) ¿Cómo aprendió Javier a navegar?

c) ¿Gastaba mucho o poco Javier después de conocer a Flor?

d) ¿Se mintieron cuando se describieron físicamente el uno al otro?

e) ¿Qué opinión tiene Javier de Internet, buena o mala?

5 ■ En el lenguaje de Internet a menudo se utilizan indistintamente términos en inglés o sus traducciones al castellano. En el artículo se utilizan palabras de origen inglés para referirse a 'tertulia' o 'conversación', ¿cuáles son?

6 ■ ¿Cuáles son las equivalencias entre las siguientes palabras? Une cada palabra con su pareja.

a) La red — 1. Link

b) Enlace — 2. E-mail

c) Correo (electrónico) — 3. Internet

7 ■ Lee el principio del artículo de la página siguiente sobre el amor a través de Internet.

a) ¿Cuándo comenzó la historia?

Marta Castro y Jorge Prieto: Fotonovela virtual
34 y 38 años, peluqueros

La historia de este español y esta colombiana es de telenovela. Arrancó hace 17 años en Medellín, donde vivía Marta. Una historia de chico encuentra a chica en un concierto y se hacen novios. Al cabo de tres años planearon casarse. Pero todo se fue al traste. Jorge retornó a España y la película se interrumpió durante 12 años, en los que cada uno emprendió caminos sentimentales separados..., hasta que se les apareció Internet. "Mi amiga y yo *chateábamos* con españoles por su simpatía. Un día nos encontramos un nombre, Jorge, que a mí me trajo recuerdos maravillosos, y le elegí para conversar, aunque me presenté con un nombre y una descripción falsos," relata Marta...

b) ¿Qué crees que significa que "todo se fue al traste"?

8 ¿Cómo crees que termina la historia? Escribe un final con ayuda de un compañero.

9 Lee tu versión de la historia al resto de tus compañeros. ¿Ha tenido todo el mundo las mismas ideas?

10 Tu profesor te dará ahora el final de la historia original. ¿Coincide con lo que te habías imaginado?

11 ¿Conoces tú algún caso de una pareja que se haya conocido por Internet? Cuéntaselo al resto de la clase.

PALABRA POR PALABRA **3**

1 Como has visto en los textos anteriores, Internet tiene un lenguaje propio. ¿Sabrías decir qué palabras del recuadro se pueden usar en los huecos siguientes? Sólo hay una posibilidad en cada caso.

Internet	un correo (electrónico)	una página web	un archivo

Enviar / mandar...

Recibir...

Borrar...   1. [   ]

Reenviar...

Mover / cambiar...
(a una carpeta)

Imprimir...

Abrir...

Cerrar...

Modificar...

Cambiar el nombre a...

Guardar / archivar...   2. [   ]

Desinfectar...

Examinar...
(en busca de virus)

Buscar...

Enviar... (adjunto)

Ver...

Bajarse... (de internet)

Conectarse a…

Navegar por…

Entrar en…

Meterse en…   3. [   ]

Tener acceso a…

Estar en…

Tener…
(en casa o en el trabajo)

Visitar…

Crear…

Consultar…   4. [   ]

Diseñar…

Poner… (en Internet)

Acceder a…

2 ▪ ¿Sabes lo que significan todas las expresiones del ejercicio anterior? Compruébalo con otros compañeros en grupos de tres o cuatro. Si tienes dudas, consulta a tu profesor.

3 ▪ Tu profesor te propondrá ahora un juego para practicar el vocabulario que acabas de aprender. Sigue sus instrucciones.

¡LO QUE HAY QUE OÍR! 2

1 ▪ Vas a escuchar un programa de radio especializado en Internet. En él se habla de tres sitios (páginas web) en la Red relacionados con la literatura. ¿Conoces algún sitio en Internet relacionado con este tema? ¿Qué tipo de cosas se pueden hacer en Internet en relación con la literatura? Trabaja con un compañero y anota todas tus ideas.

2 ▪ Antes de escuchar el programa, vamos a trabajar con algunas palabras que aparecen en la grabación. Elige la opción correcta:

a) Si consigues publicar un libro es que has conseguido…

   ☐ 1. Escribir un libro.

   ☐ 2. Que una editorial u otro medio lo haya dado a conocer.

b) Si tienes un libro inédito es que…

   ☐ 1. Aún no lo has acabado.

   ☐ 2. Lo has escrito pero aún no lo han publicado.

c) Una editorial o un concurso te pide un original de tu libro. Les debes enviar…

   ☐ 1. Un libro que trate un tema que nadie ha tratado antes.

   ☐ 2. Una copia completa de tu libro.

d) Si te presentas a un concurso de narrativa breve…

☐ 1. Debes escribir un cuento o una novela corta.

☐ 2. Debes aprenderte un cuento para recitarlo.

e) Si escribes un libro y te dicen ¡Qué libro más chulo!…

☐ 1. Debes enfadarte porque han dicho que tu libro es malo y retorcido.

☐ 2. Debes alegrarte porque te han dicho que es un libro que está muy bien.

f) Si escribes un libro satírico, has escrito un libro…

☐ 1. Que critica algo con humor.

☐ 2. En una lengua antigua.

3 ■ Escucha el programa. ¿En estas direcciones aparece lo que tú pensaste en la actividad 1?

4 ■ Vuelve a escuchar la grabación; di si son verdaderas o falsas las afirmaciones siguientes, y completa las tres últimas frases:

☐ a) La primera dirección es un sitio en el que puedes tener información sobre acontecimientos literarios. (V/F)

☐ b) En la primera dirección hay sobre todo guiones de cine. (V/F)

☐ c) En la segunda dirección puedes tener información sobre acontecimientos y la actualidad de la literatura. (V/F)

☐ d) En la segunda dirección solo hay información sobre literatura de humor y crítica. (V/F)

☐ e) En la tercera dirección puedes leer obras que envía la gente y votar si te gustan o no. (V/F)

☐ f) En la tercera dirección puedes informarte sobre los premios y concursos literarios que existen. (V/F).

g) Si quieres informarte o intercambiar información sobre literatura, debes ir a _____ .

h) Si quieres publicar una obra de teatro, puedes enviarla a _____ .

i) Si quieres saber cuándo y dónde se ha convocado un concurso literario, puedes verlo en _____ .

5 ■ Crea cuatro nombres divertidos de direcciones de Internet sobre un tema en los que no aparezca el nombre de ese tema. Después, la clase debe adivinar qué se puede hacer en esa dirección de Internet. Ejemplo: quebuenoesta.com (en él se pueden encontrar recetas de cocina e información sobre gastronomía).

MATERIA PRIMA 4

1 ▪ Vamos a retomar algunas de las historias y frases que has leído a lo largo de la unidad: la opinión de Manuel Rivas sobre la televisión (en *Con textos 1*), las historias de amor por Internet (en *Con textos 2*), y otras noticias y ejercicios con los que has trabajado. A continuación tienes cuatro grupos de frases; en todas las frases de cada grupo falta la misma palabra: ¿cuál es?

- A Manuel Rivas le gustaría parecerse .... un chico que salía en los concursos y sabía mucho.

- Uno de los beneficios de la tele es que hay gente que se ha aficionado .... leer después de haber visto una adaptación de una obra literaria en televisión.

- Una editorial es una empresa que se dedica .... imprimir y distribuir libros.

- Cuando Flor y Javier empezaron a gustarse, dedicaban dos o tres horas cada día .... comunicarse por Internet.

- Pronto añadieron llamadas telefónicas .... los mensajes virtuales.

- Enseguida Flor se mostró dispuesta .... quedarse en Madrid con Javier.

- Lo bueno de los concursos tontos de la tele es que la ignorancia de los concursantes nos libera .... complejos.

- El vecino que encontró una tarántula en su terraza llamó a la policía para que le librara .... ella.

- El Instituto Nacional de Toxicología advierte .... la peligrosidad de ingerir un producto fosforescente que se ha puesto de moda entre los jóvenes.

- Cuando se conocieron, Javier se alegró .... que Flor fuera tal como le había contado que era.

- En Alpedrete no disponen .... pediatra para los niños de la localidad.

- Manuel Rivas no se identifica .... la gente que está en contra de la tele

- Un producto fosforescente usado por los pescadores se ha convertido .... un artículo de moda entre los jóvenes que van a las discotecas.

- Flor y Javier se conocieron en persona y luego no tardaron .... empezar a salir.

2 ▪ Teniendo en cuenta las frases de la página anterior, escribe las palabras (preposiciones) que faltan en esta lista. No están todos los usos y significados posibles de estas palabras, sólo los que aparecen en esta unidad:

Advertir ▢ un peligro.

Convertirse ▢ una cosa diferente.

Identificarse ▢ una persona, una idea.

Parecerse ▢ alguien (ser similar).

Alegrarse ▢ un hecho.

Aficionarse ▢ una actividad / hacer algo.

Disponer ▢ una cosa o persona (tener y poder utilizar).

Mostrarse o estar dispuesta/o ▢ hacer algo.

Tardar un tiempo ▢ hacer algo.

Liberar a una persona ▢ una tarea, un problema psicológico.

Librar a una persona ▢ otra persona, una amenaza, un peligro.

Añadir una cosa ▢ otra cosa que ya existía.

Dedicar (un tiempo) ▢ otra persona, una actividad, hacer algo.

Dedicarse una persona o empresa ▢ hacer algo (como actividad profesional).

3 ▪ Hay muchos verbos, sustantivos y adjetivos que nos piden una determinada preposición. Las más frecuentes son *a, con, de, en* y *por*. Es una buena idea tener un espacio al final del cuaderno para agrupar estas palabras según la preposición que necesitan cuando las vamos aprendiendo. ¿Por qué no empiezas con las que has aprendido ahora?

A
aficionarse **a** hacer algo

CON
identificarse **con** una persona, una idea

DE
librar a una persona **de** otra persona, una amenaza, un peligro

POR

EN
tardar un tiempo **en** hacer algo

HABLA A TU AIRE

1 ■ En esta actividad, el profesor te irá dando unas descripciones de programas de televisión y tú tendrás que ir diciendo si crees que existen o no, utilizando las expresiones del recuadro. Si has visto un programa igual o parecido, comenta a tus compañeros si te pareció interesante o no. Si nunca has visto un programa así, ¿te interesaría verlo?, ¿se te ocurren maneras de mejorarlo?

Seguro que (no)…	
Casi seguro que (no)…	
Seguramente (no)…	…existe
A lo mejor…	
No sé, igual…	
Lo más seguro es que (no)…	…exista

2 ■ Trabaja con un compañero. El alumno A trabajará con las páginas 262 y 263; el alumno B con la 265 y la 266. En tu página encontrarás artículos con noticias del mundo científico. El profesor te marcará un límite de cinco minutos para que leas las noticias. No importa si no te da tiempo a leerlas todas.

3 ■ Comenta las noticias que has leído con tu compañero. Sigue este esquema:

1. Elige una noticia y pregúntale a tu compañero si la ha leído.	
	2. Si has leído la noticia a la que se refiere tu compañero, dile lo que te haya parecido curioso y pregúntale lo que opina él. Si no la has leído, pídele que te la cuente y reacciona ante lo que te diga.
3. Contesta a lo que te diga tu compañero y explícale lo que a ti te ha parecido curioso de la noticia.	
	4. Contesta a lo que te diga tu compañero y elige otra noticia para comentar.

Expresiones útiles:
¿Has leído lo de…?
¿Tú qué opinas de eso de que…?
Yo creía / pensaba que…
Yo siempre había creído / pensado que…
Nunca / Jamás / En mi vida había visto / oído que…

ESCRIBE A TU AIRE

1 ▪ Seguro que conoces al cantante Ricky Martin. Imagina que eres periodista y puedes entrevistarle. Piensa en dos preguntas que le harías y anótalas.

2 ▪ Lee ahora este artículo para ver si la información que en él aparece contesta tus preguntas.

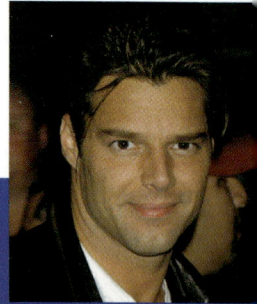

RICKY MARTIN

Fotos

Biografía

Noticias

Protectores
de pantalla

Música

Temas
de escritorio

Vídeos

y más...

Más de mil millones de telespectadores en 187 países alrededor del mundo experimentaron el poder y la energía de l[a] electrizante interpretación que hizo Ricky Martin de la canción "La Copa de la vida" en la ceremonia de entrega de lo[s] Premios Grammy de 1999. Ricky Martin –superestrella internacional que ha vendido más de 15 millones de discos e[n] todo el mundo y que llena estadios desde Buenos Aires a Beijing– emergió súbitamente como nombre y presencia reco[g]nocibles en más de 24 millones de hogares norteamericanos.

Ricky Martin explora una ecléctica gama musical. **"Sí, yo vengo de Puerto Rico"**, señala, **"y crecí oyendo a Boston[,] a Cheap Trick, a Journey, y a David Bowie. Cuando era niño tanto mis hermanos como yo estábamos en e[l] rock, rock, rock"**. Sin embargo, un día Ricky recibió una lección en música latina imposible de ignorar. **"Un día nues[-] tra madre se aburrió del rock"**, recuerda con una sonrisa. **"¡Dijo, 'no lo aguanto más'! y nos agarró por la[s] orejas y nos llevó a un concierto de Celia Cruz. Fue algo que me impresionó realmente"**.

Ricky Martin nace y crece en San Juan, Puerto Rico. A los seis años ya estaba apareciendo en anuncios de televisión, fami[-] liarizándose con la cámara y madurando su arte mediante clases de actuación y canto. Cuando descubrió el grup[o] Menudo, inmediatamente intentó formar parte de él, pero fue rechazado por ser demasiado niño aún. Cuando finalmen[-] te fue seleccionado, Ricky Martin tenía sólo 12 años.

Después de cinco años de incesante trabajo, giras, grabaciones y ensayos con el grupo infantil, Ricky partió primeramen[-] te rumbo a Nueva York, para estudiar y reflexionar, y posteriormente fue a México, donde trabajó como actor y cantante[.] El éxito lo acompañó desde el primer momento. Con su primer álbum en solitario obtuvo ocho discos de oro en Méxic[o] Chile, Argentina, Puerto Rico y Estados Unidos. Después se mudó a Los Ángeles, donde se convirtió en galán de moda po[r] su papel de "Miguel" en la telenovela "Hospital General". Posteriormente apareció en la producción de Broadway de *Lo[s] Miserables* y siguió cosechando éxitos con sus distintos álbumes.

Hasta que llegaron los Grammys… una actuación que sacudió el planeta. **"Me sentí más entusiasmado cuando me enteré de que iba a cantar que cuando resulté nominado"**, confiesa. **"¡Fue la audiencia más difícil frente a la cual he estado! ¡Sting! ¡Madonna! ¡Pavarotti! Contar con la aceptación de los grandes de la música es algo realmente significativo."**

Cuando preguntamos a Ricky qué intenta hacer con su música, nos responde con ideas afines a su filosofía de la vida: **"Quiero que se sientan libres, liberados. Quiero que realmente sean quienes son por medio de mi música"**.

(Extracto de un artículo publicado en www.sonymusic.es)

3 ■ ¿Qué preguntas crees que le hizo el periodista que entrevistó a Ricky Martin para poder escribir este artículo? Fíjate en las frases resaltadas en negrita.

4 ■ ¿Cuál es el tema de cada uno de los párrafos del artículo?

— ....

— ....

— ....

— ....

— ....

— ....

5 ■ ¿Por qué crees que el autor ha elegido empezar el artículo con la descripción de la ceremonia de entrega de los Premios Grammy?

6 ■ Toda la clase, por votación, va a elegir a una persona famosa a la que le gustaría hacer algunas preguntas. Una vez escogida, cada miembro de la clase escribirá dos preguntas que le haría si fuera periodista y pudiera entrevistarle. Tu profesor te dará instrucciones de qué hacer a continuación.

7 ■ Con la información que has recogido y otra (más real) que puedas encontrar, escribe un artículo biográfico sobre el personaje que has entrevistado. Antes de empezar, piensa:

a) ¿Cuál es el momento cumbre de la vida de esa persona? ¿Crees que sería interesante para los lectores que empezaras el artículo describiendo ese momento?

b) ¿Qué otra información querrías incluir sobre el personaje? Haz una lista de los párrafos que tendrá tu artículo y ponlos en el orden en el que los vayas a incluir. Deja espacio entre los párrafos para luego poder hacer un esquema completo.

c) Completa el esquema poniendo la información que vas a incluir en cada párrafo de tu artículo. ¿Qué frases de la entrevista vas a incluir entre comillas (" "), como si fuera un diálogo?

¿TÚ QUÉ CREES?

A continuación tienes diferentes imágenes de personas, animales, objetos y máquinas. ¿Cómo crees que perjudican al medio ambiente? Para contestar a esta pregunta, puedes usar como ayuda las expresiones que aparecen en el cuadro.

- [ ] …daña al medio ambiente porque… *dañino el daño*
- [ ] …perjudica al medio ambiente porque… *perjudicial   el perjuicio.*
- [ ] …es/son dañino/-a/-os/-as para el medio ambiente porque…
- [ ] …es/son perjudicial/-es para el medio ambiente porque…
- [ ] Cuando…, dañamos el medio ambiente porque…
- [ ] Cuando…, perjudicamos al medio ambiente porque…
- [ ] Cuando…, se daña el medio ambiente porque…
- [ ] Cuando…, se perjudica al medio ambiente porque…
- [ ] Cuando…, causamos un gran daño/perjuicio al medio ambiente porque…

PALABRA POR PALABRA 1

Fíjate en el recuadro de la sección anterior y completa el cuadro siguiente:

que ha sufrido algún mal	causar algún mal	que causa algún mal	mal causado
DAÑADO/A			
PERJUDICADO/A			

PALABRA POR PALABRA 2

Los ecologistas aseguran que estamos acabando con la Tierra y la Naturaleza lentamente. Pero esto se puede solucionar. Forma un grupo con otros compañeros y elabora una lista de al menos diez actividades que cualquier persona podría hacer para acabar con la Naturaleza en poco tiempo. Por ejemplo, "Lava tu coche en la calle o en el campo", o "No plantes árboles, arráncalos".

Las palabras de abajo te darán algunas ideas; comprueba que conoces su significado y luego usa tu imaginación. Cuando cada grupo tenga su lista, toda la clase podrá elaborar una lista única con las "mejores" ideas para publicarlas en carteles. Un consejo: no hagáis nunca lo que escribáis en este ejercicio.

a) Ahorrar energía
- Consumo.
- Bombillas de bajo consumo.
- Placas o paneles solares.
- Aislar / aislamiento / aislante.
- Regular (verbo).
- Termostato.

b) El coche
- Puesta a punto.
- Catalizador.
- Baca.
- Presión de los neumáticos.

c) Controlar la basura
- Envase / envoltorio.
- Vertido / residuo.
- Vertedero / incineradora.
- Recogida selectiva.
- Reciclar / reciclaje.
- Contenedores.
- Desagüe.

d) Ahorrar agua
- Grifo.
- Gotear.
- Cisterna.
- Tirar de la cadena.
- Depurar / depuradora.

MATERIA PRIMA 1

1 ■ Todo en la Naturaleza está relacionado y funciona en cadena. Cuando cambiamos algo en ella, otras cosas cambian. Por ejemplo, ¿sabes qué relación hay entre las bandejas de poliestireno blanco en las que se envasa con frecuencia la comida que compramos y el cáncer de piel? Aquí tienes la explicación:

Más envases	→	Menos ozono
Menos ozono	→	Más radiación ultravioleta
Más radiación	→	Más cáncer de piel

Un profesor les está explicando esto a sus alumnos. Fíjate cómo lo expresa:

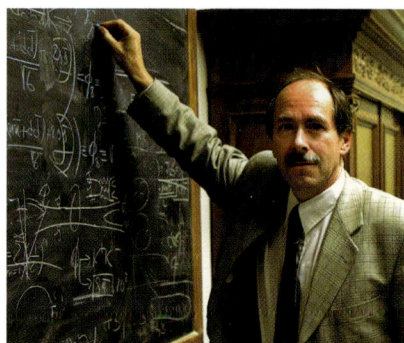

"En la fabricación de envases con poliestireno se producen sustancias dañinas para la capa de ozono. Por eso, **cuantos más** envases se fabrican, **menos** ozono hay. El ozono nos protege de la radiación ultravioleta, así que, **cuanto menos** ozono hay, **más** radiación ultravioleta llega a la Tierra. Este tipo de radiación favorece el aumento del cáncer de piel, de modo que, **cuanta más** radiación ultravioleta llega, **más** aumenta el cáncer de piel. En conclusión, que **cuanto menos** se fabrique esta sustancia, **mejor**, y que, **cuanto más** listos seáis, menos productos con envases de este material compraréis".

El funcionamiento de las formas "cuanto/a/os/as" es parecido al de "muy/mucho/a/os/as" o de "poco/a/os/as". Fíjate en la correspondencia:

Si fabricamos **muchos envases**, habrá poco ozono.	→	**cuantos** más **envases**…
Si hay **poco ozono**, habrá mucha radiación.	→	**cuanto** menos **ozono**…
Si hay **mucha radiación**, habrá mucho cáncer de piel.	→	**cuanta** más **radiación**…
Si se **fabrica poco**, mejor.	→	**cuanto** menos se **fabrique**…
Si sois **muy listos**, compraréis pocos productos con este envase	→	**cuanto** más **listos**…

Teniendo en cuenta los ejemplos anteriores, completa la regla con estas formas; tendrás que repetir algunas:

- cuanto/a/os/as más/menos
- mucho/a/os/as
- poco/a/os/as
- cuanto más/menos
- muy
- mucho
- poco

Estas palabras son variables o invariables dependiendo de a qué tipo de palabra acompañan.

Cuando acompañan a un sustantivo (*envases, cáncer, productos, etc.*), usamos

[____] , [____] y [____] (a).

Cuando se refieren a una acción y acompañan a un verbo (*fabricar*), usamos las formas

[____] , [____] y [____] (b).

Cuando se refieren a una cualidad y acompañan a un adjetivo (*listos*), usamos las formas

[____] , [____] y [____] (c).

2 Relaciona estos hechos y expresa la relación que existe entre ellos utilizando la forma que has visto:

A	Contaminación del mar → crecimiento de algas tóxicas → muerte de peces.
B	Desaparición de bosques → erosión del suelo → menos lluvias → desertización
C	Acumulación de basura → contaminación del suelo → contaminación de los ríos → enfermedades infecciosas.

3 Busca otros hechos relacionados en la naturaleza y exprésalos del mismo modo.

MATERIA PRIMA 2

1 En los últimos años en España, algunas cosas han mejorado para el medio ambiente y otras han empeorado. ¿Cuáles de los siguientes datos son positivos y cuáles negativos? Escribe un signo + o – en cada cuadro (quizá en algún caso no esté muy claro).

Incendios y bosques. Han ardido más de cuatro millones de hectáreas en los últimos 25 años. De esta superficie, se ha recuperado como bosque menos de la mitad.

Reciclaje. Antes no se reciclaba nada. Ahora se recicla un poco menos de la mitad del papel usado. Sin embargo, se recicla mucho menos vidrio de lo que se debería, pues no se recupera más que el 40 %.

Agricultura ecológica. Ahora hay un 5.000 % más que antes. Sin embargo, esto representa aún menos del 1 % del total.

ONG. De menos de un centenar de asociaciones se ha pasado a más de un millar. Muchas de ellas se dedican a la defensa del medio ambiente.

Despilfarro de recursos. El 80 % de lo que compramos no se usa más que una vez.	*Espacios protegidos*. Hay seis veces más que antes.
Desertificación. Más de la mitad del territorio español sufre procesos de erosión graves.	*Depuración de las aguas*. Hay muchísimas más estaciones depuradoras que antes.
Políticas ambientales y aplicación de las leyes. Se ha creado un Ministerio de Medio Ambiente. Sin embargo, el delito ecológico es continuo y, a pesar de las leyes, está menos castigado de lo que podría y debería castigarse.	*Energía eólica*. Aunque en algunas zonas ha habido un espectacular crecimiento en el uso de la energía procedente del viento, en el conjunto del país no supone más que el 2 % de la energía utilizada.

(Datos extraídos del artículo *La salud de nuestro entorno*, de Joaquín Araújo)

2 Teniendo en cuenta lo que has leído antes, escribe frases usando un elemento de cada columna:

a) 1. ....
   2. ....
   3. ....

Ahora hay	– más – menos	– depuradoras – espacios protegidos – agricultura ecológica	que antes.

b) 1. ....
   2. ....
   3. ....

– Del vidrio que usamos – El 80% de lo que compramos – La energía eólica	no	– lo usamos – supone – se recicla	más que	– una vez. – el 40 %. – el 2 %.

Las últimas tres frases podrían también decirse de otra forma: en lugar de *no … más que*, podríamos usar una sola palabra; ¿cuál?

c) 1. ....
   2. ....
   3. ....
   4. ....
   5. ....

– Se han quemado		– el 1 %.
– Hay		– lo que se debería.
– La agricultura ecológica supone	– más de	– cuatro millones de hectáreas de bosque.
– Se deberían castigar los delitos ecológicos	– menos de	– mil ONGs.
– El vidrio se recicla		– lo que se castigan.

3■ Fíjate en estas parejas de frases; se parecen mucho, pero tienen significados diferentes. Relaciona cada una con su significado.

A

–Aquí no hay más de veinte
árboles quemados.

–Aquí no hay más que veinte
árboles quemados.

– El máximo es 20. Pueden ser 15, 18…

– Solamente hay veinte quemados. No hay más
árboles quemados.

B

–No se recicla más del 20 %
de los metales

–No se recicla más que el 20 %
de los metales.

– Se recicla como máximo
el 20%. Puede ser el 16%, el 14 %, el 19 %

– Solamente se recicla el 20 %.
No se recicla más.

4■ Completa con *que* o *de* estas frases:

a) Se ha recuperado menos [   ] la mitad de la superficie quemada
de los bosques.

b) Hay un problema de erosión grave en más [   ] la mitad de España.

c) Del papel que se usa, se recicla un poco menos [   ] el 50%.

d) Los metales que se recuperan no son más [   ] el 20%
de los que se usan.

e) Hay más organizaciones no gubernamentales [   ] hace años.

f) La energía solar se está desarrollando menos [   ] lo que
podría desarrollarse.

g) Hoy se cometen más delitos contra el medio ambiente [   ]
hace 30 años.

h) Hace 30 años en España había menos [   ] un centenar de ONGs.

i) La caza es mucho más artificial [   ] antes, pues se cazan
animales criados en granja.

j) En general, nos preocupamos por el medio ambiente más [   ] antes,
pero al mismo tiempo cada día lo dañamos más [   ] lo que deberíamos.

5 ▪ Ahora que tienes datos sobre la cuestión medioambiental en España, ¿puedes hablar de tu país o de otros países que conozcas comparándolos con España?

Ejemplos:

En mi país se recicla el vidrio mucho más que en España. Se recicla más del ...%.

En mi país hay menos espacios protegidos que en España, porque no tenemos más que un parque nacional.

¡LO QUE HAY QUE OÍR! 1

1 ▪ Vas a oír un fragmento de una entrevista a Benigno Varillas, director de la revista *Quercus*, dedicada al conocimiento y defensa de la naturaleza. En ella se plantea que "las personas que más utilizan el medio natural son las que tienen más posibilidades de beneficiarlo más y de dañarlo más".

Imagina cuál será la respuesta de este experto respecto de los siguientes puntos:

☐ Los cazadores, ¿benefician o perjudican al medio natural?

☐ Los pastores, ¿hacen daño o benefician a la naturaleza?

☐ Los españoles en general, ¿conservamos o destruimos la naturaleza?

☐ ¿Por qué hay que cuidar el medio natural?

Comenta tus respuestas con algunos compañeros.

2 ▪ Escucha la grabación y comprueba si tus respuestas coinciden con el punto de vista del señor Varillas. Si no es así, toma notas para completarlas. Enseña tus notas a algunos compañeros para ver si han entendido lo mismo que tú.

3 ▪ Completa este resumen de las palabras de B. Varillas poniendo una palabra en cada hueco. No es necesario usar las palabras originales.

La influencia de cazadores, pescadores y pastores trashumantes en el medio natural tiene un _____ (a) general positivo.

Los cazadores conservan el terreno sin modificarlo, haciendo un uso de él que no destruye el _____ (b), pero hacen daño al medio ambiente cuando utilizan _____ (c) para impedir la proliferación de algunas especies protegidas, como los _____ (d).

El ganado muerto de los pastores trashumantes ayuda a que no descienda la _____ (e) de especies carroñeras como los buitres, pero matan a animales salvajes, como los _____ (f), cuando atacan a su ganado.

Lo deseable no es _____ (g) la naturaleza; eso es imposible, porque nada en ella puede permanecer inmutable. Tampoco hay que dejarse llevar por el _____ (h). A lo que hay que tender es a un _____ _____ (i) que haga que todos los seres vivos puedan vivir en este planeta el mayor tiempo posible.

4 ▪ Si lo necesitas, vuelve a escuchar la grabación para completar tus respuestas al apartado 3.

MATERIA PRIMA 3

1 ▪ ¿Sabes quién o qué es *Moby Dick*? ¿Conoces la historia? ¿Sabes cómo termina? Lee el siguiente texto y responde a las preguntas que se formulan a continuación:

A medida que pasaba el tiempo, el capitán Acab sentía crecer su odio por *Moby Dick*, la gran ballena blanca. En cuanto pudo reunir una nueva tripulación, sin esperar un momento, fue otra vez en su búsqueda. Después de haber navegado casi tres meses, el barco llegó al lugar en que había sido vista la ballena por última vez. Durante un mes esperaron, pero, según pasaban los días, el capitán perdía las esperanzas de volver a encontrarla. Sin embargo, una mañana, un vigilante gritó: "Ballena a la vista". Nada más oír este grito, el capitán Acab gritó de alegría y ordenó a sus hombres bajar a las barcas. Tan pronto como las barcas tocaron el agua, los hombres empezaron a remar, sin esperar un minuto. Muy poco después se encontraron con la ballena los primeros botes. Conforme iban llegando se colocaban alrededor de ella, uno al lado del otro. En cuanto se colocó en su posición la última embarcación, la ballena atacó. Dio un gran golpe con su cola y tres barcas volcaron. Otras dos barcas se acercaron a recoger a los supervivientes y otras cuatro atacaron a la ballena. Nada más acercarse a ella, ésta saltó sobre los cuatro botes de un modo increíble y los hundió. El capitán ordenó que el barco se dirigiera hacia la zona de lucha. Sin embargo, tan pronto como el barco comenzó a moverse, la ballena se dirigió hacia él. El choque entre ambos era inevitable.

a) ¿El odio del capitán Acab por Moby Dick era siempre igual de fuerte?

b) ¿Cuánto tiempo tardó el capitán Acab en ir en busca de la ballena blanca después de haber reunido la tripulación?

c) ¿Perdió de repente el capitán las esperanzas de encontrar a la ballena?

d) ¿Esperó mucho tiempo el capitán para mandar a sus hombres ir a las barcas después de que la ballena fue vista?

e) ¿Tardaron mucho los marineros en empezar a remar después de que los botes llegaron al agua?

f) Cuando los primeros botes se acercaron a la ballena, ¿esperaron a los demás para rodearla?

g) ¿La ballena atacó antes o después de que se reunieran todos los botes?

h) ¿Cuánto tiempo esperó Moby Dick para atacar las cuatro barcas cuando éstas se acercaron a ella?

i) ¿Dejó la ballena que se acercara mucho el barco a ella antes de dirigirse contra él?

2 ▪ Estas expresiones temporales aparecen en el texto anterior; fíjate en su significado y completa el cuadro con ellas:

- En cuanto
- Según
- A medida que
- Conforme
- Nada más
- Tan pronto como

PARA EXPRESAR ACCIÓN QUE PROGRESA GRADUALMENTE Y QUE ES PARALELA A OTRA.	• ....
	• ....
	• ....
PARA EXPRESAR ACCIÓN INMEDIATAMENTE POSTERIOR A OTRA.	• ....
	• ....
	• .... + INFINITIVO.

3 ▪ ¿Sabes qué pasa con la basura cuando sale de tu casa? A continuación tienes un texto donde se explica cuál es el camino que suele seguir la basura en España.

a) Relaciona cada parte del texto con el dibujo correspondiente y elige la expresión temporal adecuada en cada caso:

1. El primer paso es la recogida de basuras de los contenedores de la calle. *En cuanto/Nada más* (1) el camión de recogida llega al lugar donde están los contenedores, unos brazos mecánicos recogen el contenedor y arrojan la basura al interior del camión, donde una máquina la va triturando *según/nada más* (2) cae.

A

2. Después el camión se dirige a la planta de recogida y reciclaje de basura. *Nada más/Según* (3) llegar lo pesan y después éste se dirige a la gran nave de recogida. Se puede ver que el tráfico de entrada y salida de camiones es continuo. *Conforme/nada más* (4) van entrando unos, van saliendo otros. *Tan pronto como/A medida que* (5) llega a la gran nave, el camión descarga la basura en una especie de grandes piscinas. *Tan pronto como/Nada más* (6) cae la basura, una pinza mecánica la deposita en una cinta clasificadora.

B

3. En esta cinta continua, *a medida que/tan pronto como* (7) va pasando la basura, un imán detecta y separa los metales. Después, *según/en cuanto* (8) va pasando la basura restante delante de ellos, unos empleados la seleccionan y clasifican, separando los plásticos por un lado y los restos orgánicos por otro.

C

4. Los restos de plástico se prensan y se preparan para ser usados de nuevo. Los restos orgánicos se preparan para transformarlos en abono para la agricultura. El resto de la basura se quema en una gran incineradora. Las cenizas se guardan en sacos y se van depositando en grandes montones. *A medida que/Nada más* (9) se van llenando esos montones, se echa tierra encima y se plantan flores.

D

Información tomada del artículo
La catedral de la basura, de Virginia Galvín.

b) El texto anterior nos describe un proceso que se repite habitualmente en la actualidad. Detrás de las expresiones temporales que has elegido, ¿se usa indicativo o subjuntivo?

4 ■ ¿Cómo crees que será la recogida y eliminación de basuras en el futuro? A continuación te contamos cómo podría ser:

Por toda la casa habrá agujeros, grandes y pequeños, donde podremos echar la basura. Habrá uno más grande en la cocina. Tan pronto como hayamos metido en el agujero el resto de comida o el envase, la basura bajará rápidamente y con fuerza por un tubo hasta un depósito debajo de la casa. Conforme vaya cayendo la basura, un aparato en el depósito aplastará la basura y la convertirá en pequeños ladrillos. En cuanto el depósito alcance un determinado nivel, automáticamente se vaciará y, a través de un gran tubo, se enviará la basura a un gran depósito fuera de la ciudad…

a) ¿Qué se utiliza detrás de *tan pronto como, conforme* y *en cuanto*: indicativo o subjuntivo?

b) Termina el texto, con la ayuda de los dibujos, usando *en cuanto, según, a medida que, tan pronto como, conforme* y *nada más*.

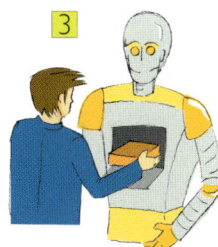

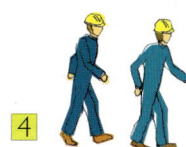

ON TEXTOS 1

Unidad 6
Quien mal anda...

1 Antes de leer el texto:

a) Escucha estos ruidos. ¿Qué los produce?

b) ¿Cuáles te molestan más? ¿Qué otros ruidos te molestan?

2 Lee el texto en un minuto. ¿Podrías completar el cuadro que hay después?

La guerra contra el ruido

El mismo ser humano que unas veces crea música celestial se somete otras, como subproducto del progreso, a la servidumbre de un ruido infernal.

Durante mucho tiempo, se ha mantenido el criterio de que ruido era el sonido no deseado, intrínsecamente molesto, inarticulado o confuso, y peligroso para la salud. [Sin embargo] Las carcajadas de un grupo de amigos pueden molestar al vecino de al lado, pero ellos lo están pasando bomba. Un bebé emite sonidos confusos, pero está claro que pide su biberón, o que le cambien el pañal. Las fronteras están borrosas.

Incluso ruidos exactamente iguales perturban más o menos, según sea de día o de noche, o según esté de humor el receptor. Por la mañana, un sonido extraño en una casa puede inquietar a una persona que viva sola; de madrugada, provocará pavor. Y un ruido habitual, como el del tráfico, se tolera mejor que otro inesperado, como un portazo en una corriente de aire. También molesta menos el ruido abstracto –el murmullo en un restaurante, por ejemplo– que el identificable –dos personas hablando mientras uno está al teléfono–. Desde ese punto de vista, algo de ruido puede ayudar al aislamiento y la concentración.

Las recomendaciones de la Organización Mundial de la Salud establecen topes máximos ideales de 55 dB* (día) y 45 dB (noche) para lugares tranquilos, y 75 y 65 dB para las calles más ajetreadas de una ciudad ruidosa. Con demasiada frecuencia se rebasan esos topes. Los otorrinolaringólogos y psicólogos europeos alertan: las motos, las discotecas frenéticas y los auriculares aumentan alarmantemente la hipoacusia, o pérdida parcial de audición, entre la juventud.

En ambientes laborales, se pierden millones de jornadas- hombre todos los años por problemas auditivos. Aunque aparentemente no se note, en torno a una cuarta parte de los gastos medioambientales se los lleva la lucha contra el ruido: en indemnizaciones, tratamiento médico, insonorización urbanística e industrial y pantallas acústicas en obras públicas. Una exposición de ocho horas diarias a niveles de 80 dB acarrea, a la larga, riesgos de sordera, no ya temporal sino permanente. Para el trabajo intelectual, los límites se estrechan. Por encima del nivel ideal, de 40 dB, se pierde concentración y memoria, y aumentan los errores; con ruidos que excedan los 60 dB aparecen jaquecas y trastornos nerviosos.

(Extracto de *La guerra contra el ruido*, de Alfredo Luque)

* Decibelios

CONSECUENCIAS PARA LA SALUD		GASTOS QUE PRODUCE
Físicas	Psicológicas	

3 Compara con un compañero tus respuestas al ejercicio anterior. ¿Podrías añadir algún factor del que no se habla en el texto?

4 ▪ Busca en el texto palabras o expresiones que signifiquen lo mismo
que las siguientes:

Primer párrafo	Ponerse bajo el dominio de algo o alguien.	
	Aceptación del dominio por parte de algo o alguien.	
Segundo párrafo	Por su propia naturaleza.	
	Divirtiéndose mucho.	
	Poco claras.	
Tercer párrafo	Romper la paz y la tranquilidad.	
	Romper la quietud, poner nervioso, preocupar.	
	Permitir, aceptar.	
	Mucho miedo.	
	Ruido bajo y confuso producido por varias personas que hablan.	
Cuarto párrafo	Límites.	
	Llenas de mucha actividad.	
	Pasar o superar un límite.	
	Avisar de un peligro.	
Quinto párrafo	Provocar, causar algo, generalmente, malo.	
	Pasar o superar un límite.	
	Dolores de cabeza.	

5 ▪ Lee de nuevo el texto. Señala si es verdadero (V) o falso (V) lo que se dice en las
siguientes frases:

	V	F
a) Todo el mundo está de acuerdo en qué es un ruido molesto.	☐	☐
b) Los ruidos más molestos son los que no se esperan.	☐	☐
c) El ruido no siempre es molesto.	☐	☐
d) En las recomendaciones de la Organización Mundial de la Salud se distingue entre el día y la noche.	☐	☐
e) No tienen los mismos límites de tolerancia al ruido el trabajo manual y el intelectual.	☐	☐

6 ■ El filósofo Schopenhauer, uno de los mayores enemigos del ruido, dijo: "La cantidad de ruido que uno puede aguantar sin que le moleste está en proporción inversa a su capacidad mental, y puede por tanto considerarse como un buen baremo de la inteligencia".
¿Estás de acuerdo?

MATERIA PRIMA 4

1 ■ En todas estas conversaciones, varias parejas de amigos hablan sobre una persona vegetariana. Léelas y fíjate especialmente en las frases en negrita para contestar las preguntas:

David: Viene por fin Carmen a comer también, ¿no?

Manuel: Sí, ha dicho que sí, pero ¿Carmen no es vegetariana?

David: Sí, en principio sí, **aunque come carne y pescado** (1) si la invitan a algún sitio y no hay otra cosa. No le gusta poner en apuros a la gente.

Carmen

a) Cuando David dice que Carmen come carne y pescado en algunas circunstancias…

☐ 1. está dando información que cree que Manuel quizá no sabe.

☐ 2. está comentando algo que supone que Manuel ya sabe.

Marina: Viene por fin Teresa a comer también, ¿no?

Elena: Pues sí, pero no sé qué va a comer, porque es vegetariana, ¿recuerdas?

Marina: Sí, ya lo sé, pero **aunque sea vegetariana** (2), comerá huevos y queso, ¿no? Y de eso tenemos. Y también está la ensalada. **Aunque ella**, ahora que me acuerdo, **es de esos que llaman "veganos"** (3), que no comen nada de origen animal.

Teresa

b) Cuando Marina dice que "aunque sea vegetariana, comerá huevos", el hecho de que Teresa sea vegetariana…

☐ 1. es algo dudoso.

☐ 2. es algo que Elena ya sabe.

c) Cuando Marina dice que Carmen es "vegana"…

☐ 1. está dando información que cree que Elena quizá no sabe.

☐ 2. está comentando algo que supone que Elena ya sabe.

Maribel: Viene por fin Maite a comer también, ¿no?

Juan: Sí, ha dicho que sí, pero ¿Maite no es vegetariana?

Maribel: Pues no sé. Pero **aunque sea vegetariana** (4), tenemos queso, huevos, ensalada, y supongo que de eso sí comerá.

Juan: Espero que no sea de esos que se llaman "frutarianos", que sólo comen fruta y frutos secos, porque de eso no tenemos nada.

Maribel: No creo, frutarianos no hay casi en España, pero **aunque lo fuera** (5), no pasa nada, bajamos a la tienda de la esquina, que está abierta a mediodía, y le compramos medio kilo de almendras. ¡Mira qué fácil de cocinar!

Maite

d) Cuando Maribel dice "aunque sea vegetariana, tenemos queso", el hecho de que Maite sea vegetariana…

☐ 1. es algo dudoso.

☐ 2. es algo que Maribel y Juan ya saben.

e) Cuando Maribel dice "aunque lo fuera, no pasa nada", el hecho de que Maite sea "frutariana":

☐ 1. es algo que se presenta como poco probable.

☐ 2. es algo que Maribel y Juan ya saben.

Berta: ¿Estuvo Loreto también en la comida?

Ana: Sí. Y está desconocida. Se lo comió todo, incluso la carne. Ya sabes que come poquísimo, y además es vegetariana, o lo era.

Berta: ¡Qué suerte tienen algunas! Seguro que, **aunque se lo comiera todo** (6), no engordó ni un gramo. Yo, en cambio…

Ana: Anda, igual que yo. Yo como de todo, pero **aunque fuera vegetariana** (7), no adelgazaría ni un kilo.

Loreto

f) Cuando Berta dice "aunque se lo comiera todo"…

☐ 1. quiere decir que es poco probable que Loreto se comiera todo.

☐ 2. está dando información nueva sobre el pasado que quizá Ana no sepa.

☐ 3. está comentando algo del pasado que Ana ya sabe.

g) Cuando Ana dice "aunque fuera vegetariana", se refiere a que…

☐ 1. no es seguro que sea vegetariana.

☐ 2. está hablando de algo que no es real.

☐ 3. está hablando de algo ya sabido.

2 ■ Vamos a fijarnos ahora en los usos de indicativo y subjuntivo; escribe los ejemplos de arriba en el lugar que les corresponde:

CON AUNQUE USAMOS:	CUANDO...	EJEMPLOS
Indicativo (en sus distintos tiempos según la situación).	Hablamos de información que presentamos como nueva (no conocida o quizá no conocida por el oyente).	
Subjuntivo (en los distintos tiempos según la situación).	Nombramos una información que sabemos o creemos que ya es conocida por el oyente.	
Subjuntivo (en los distintos tiempos según la situación).	Es una información de la que no estamos seguros.	
Subjuntivo (pretérito imperfecto o pluscuamperfecto).	Queremos presentar la información como algo muy poco probable, o como algo que no es real.	

3 ■ Todos decimos que queremos respetar la naturaleza, pero casi todos hacemos cosas que no son buenas para ella. ¿Conoces a alguien así? (Quizá tú mismo…) Cuéntaselo a tus compañeros.

Ejemplo:

– Yo tengo un amigo que tira las pilas a la basura, aunque dice que es ecologista.

+ Pues mi hermano, aunque es vegetariano, porque le dan pena los animales, fuma, y no le dan pena las personas a las que molesta.

• Pues yo tengo que reconocer que, aunque me preocupa la contaminación, no soy capaz de ir en metro y voy a todas partes en coche.

4 ■ ¿Estás obsesionado con la comida sana? ¿Todo lo contrario? A lo mejor te identificas con alguno de estos dos amigos que hablan. Completa sus conversaciones, como en el ejemplo:

– Me encanta el café. + Pues es malo para el estómago. – Bueno, pues **aunque lo sea** (a), a mí me gusta.	+ Yo siempre tomo sacarina. – Pues es cancerígena, ¿sabes? + Bueno, pues _____ (b), a mí me ayuda a adelgazar.
– Está rica esta lasaña, aunque no sea casera. + Sí, pero seguro que lleva un montón de conservantes. – ¿Y qué más da? Está muy rica, _____ (c).	+ Está bueno este maíz, ¿verdad? – Seguro que es transgénico. + ¡Siempre con lo mismo! Pues _____ (d), está buenísimo.

¿Te pareces tú a alguno de ellos? ¿Qué es lo que haces en este tema de la comida sana?

5 ■ ¿Qué dirían estas personas en estas situaciones y con las intenciones que te indicamos? Te damos un ejemplo:

a) Un vegetariano: no tiene hambre ahora mismo, pero quiere expresar que, en caso de tenerla, no comería carne:

Ejemplo: *Aunque ahora mismo me estuviera muriendo de hambre, no comería carne.*

b) Un ecologista: informa de que pronto va a recibir dinero de una herencia; sin embargo, no piensa comprarse un coche.

c) Un ecologista: su oyente sabe que no tiene dinero ni coche. Él afirma que, en caso de hacerse millonario algún día (algo que presenta como bastante improbable), no tiene intención de comprarse un coche.

d) Un vegetariano: su oyente sabe que él ahora no es pobre ni pasa hambre. Él afirma que, en caso de pasar hambre alguna vez en el futuro (algo que presenta como posible), no piensa comer carne.

CON TEXTOS 2

1 ■ ¿Crees que los animales tienen el mismo derecho a la vida que los seres humanos? Para respetar ese derecho, ¿todos deberíamos ser vegetarianos?, ¿puede haber otras alternativas? Comenta tu opinión con el resto de la clase.

2 ■ En las frases siguientes sustituye las palabras o expresiones destacadas en negrita con alguna de las palabras que tienes a continuación (en el caso de los verbos, tendrás que conjugarlos). Estas palabras van a aparecer en el texto de esta sección.

• **esparcimiento**	• **indoloro**	• **incompatible con**	• **longevidad**
• **generar**	• **mercantil**	• **exterminar a**	• **degradar**
• **nutrir-nutrición**	• **explotar**	• **privar de**	• **con**

a) El ser humano, en varias ocasiones a lo largo de su historia, **ha matado a todos** los animales de una especie.

b) La **duración de la vida** del hombre es mayor que la de muchos animales.

c) El ser humano, muchas veces, corta árboles y cambia el paisaje para hacer espacios libres de **diversión** y no se preocupa de las consecuencias que estas acciones **producen**.

d) El ser humano causa dolor a los animales; pero, por ejemplo, cuando un médico tiene que tratarle, quiere que use un tratamiento **que no le produzca dolor**.

e) El ser humano **hace perder la dignidad** o **quita** la libertad a los animales para tener beneficios **económicos en el mercado**.

f) En muchos lugares del mundo, los seres humanos casi sólo se **alimentan** de carne, por lo que tienen problemas de **alimentación**.

g) Parece que el desarrollo del ser humano es **contrario o no puede existir al mismo tiempo que** el respeto por la Naturaleza.

h) Si el ser humano **saca provecho o beneficios de** la Naturaleza, debe devolverle algo a ella.

3 ■ Busca ejemplos de lo dicho en las frases de la actividad 2.

Ejemplo: a) El hombre exterminó al lobo de Tasmania en 1933.

4 ■ Lee los dos primeros artículos de la "Declaración Universal de los Derechos del Animal". ¿Estás de acuerdo con ellos?

Declaración Universal de los Derechos del Animal

Artículo 1. Todos los animales nacen iguales ante la vida y tienen los mismos derechos a la existencia.

Artículo 2. a) Todo animal tiene derecho al respeto.

b) El hombre, en tanto que especie animal, no puede atribuirse el derecho de exterminar a los otros animales o de explotarlos violando ese derecho. Tiene la obligación de poner sus conocimientos al servicio de los animales.

c) Todos los animales tienen derecho a la atención, a los cuidados y a la protección del hombre.

5 ■ A continuación tienes el resto de la "Declaración". Léela y verás que hay varios artículos que están en contradicción con los primeros. ¿Cuáles? ¿Cuántas clases de animales se establecen y qué diferencias existen entre ellos en cuanto a sus derechos?

Artículo 3. a) Ningún animal será sometido a malos tratos ni a actos crueles.

b) Si es necesaria la muerte de un animal, ésta debe ser instantánea, indolora y no generadora de angustia.

Artículo 4. a) Todo animal perteneciente a una especie salvaje tiene derecho a vivir libre en su propio ambiente natural, terrestre, aéreo o acuático, y a reproducirse.

b) Toda privación de libertad, incluso aquella que tenga fines educativos, es contraria a este derecho.

Artículo 5. a) Todo animal perteneciente a una especie que viva tradicionalmente en el entorno del hombre, tiene derecho a vivir y crecer al ritmo y en las condiciones de vida y de libertad que sean propias de su especie.

b) Toda modificación de dicho ritmo o dichas condiciones que fuera impuesta por el hombre con fines mercantiles es contraria a dicho derecho.

Artículo 6. a) Todo animal que el hombre ha escogido como compañero tiene derecho a que la duración de su vida sea conforme a su longevidad natural.

b) El abandono de un animal es un acto cruel y degradante.

Artículo 7. Todo animal de trabajo tiene derecho a una limitación razonable del tiempo e intensidad del trabajo, a una alimentación reparadora y al reposo.

Artículo 8. a) La experimentación animal que implique un sufrimiento físico o psicológico es incompatible con los derechos del animal, tanto si se trata de experimentos médicos, científicos, comerciales, como toda otra forma de experimentación.

b) Las técnicas alternativas deben ser utilizadas y desarrolladas.

Artículo 9. Cuando un animal es criado para la alimentación debe ser nutrido, instalado y transportado, así como sacrificado, sin que de ello resulte para él motivo de ansiedad o dolor.

Artículo 10. a) Ningún animal debe ser explotado para esparcimiento del hombre.

b) Las exhibiciones de animales y los espectáculos que se sirvan de animales son incompatibles con la dignidad del animal.

Artículo 11. Todo acto que implique la muerte de un animal sin necesidad es un biocidio, es decir, un crimen contra la vida.

Artículo 12. a) Todo acto que implique la muerte de un gran número de animales salvajes es un genocidio, es decir, un crimen contra la especie.
b) La contaminación y la destrucción del ambiente natural conducen al genocidio.

Artículo 13. a) Un animal muerto debe ser tratado con respeto.
b) Las escenas de violencia en las cuales los anima-les son víctimas deben ser prohibidas en el cine y en la televisión, salvo si tienen como fin el dar muestra de los atentados contra los derechos del animal.

Artículo 14. a) Los organismos de protección y salvaguarda de los animales deben ser representados a nivel gubernamental.
b) Los derechos del animal deben ser defendidos por la ley como lo son los derechos del hombre.

Liga Internacional de los Derechos del Animal

6 ■ Qué artículos de la "Declaración" se incumplen con las siguientes prácticas?

a) Tener a los animales encerrados en zoos.

b) Matar a un animal mediante una inyección por tener una enfermedad incurable.

c) Criar a los animales en grandes lugares cerrados, sin luz del sol.

d) Cortar y abrir a un animal vivo para realizar investigaciones.

e) Probar nuevas medicinas con animales.

f) Celebrar exposiciones caninas.

g) Tener pájaros dentro de jaulas

h) Usar insecticidas.

i) Cazar especies de vida libre.

j) Traficar con especies protegidas.

k) Abandonar o atropellar animales en las carreteras.

l) Hacer corridas de toros.

m) Hacer espectáculos con monos y leones en los circos.

7 ■ En el artículo 11 se habla de *biocidio*, y en el 12, de *genocidio*. Lee de nuevo esos artículos y haz las siguientes actividades:

a) ¿Qué significan las palabras *biocidio* y *genocidio*? ¿Qué significa *-cidio*?

b) Une las palabras de la columna A con los elementos correspondientes de la columna B.

A.- Cuando se produce un...,	B.- alguien mata...
1. Homicidio	a. a un niño.
2. Parricidio	b. a una persona.
3. Regicidio	c. a un rey.
4. Fratricidio	d. al dirigente de un país.
5. Infanticidio	e. a su padre.
6. Tiranicidio	f. a su madre.
7. Matricidio	g. a un tirano.
8. Magnicidio	h. a un hermano.

2 ¿Cómo suele tratar el hombre a los animales del ejercicio anterior? Relaciona las dos columnas.

a) Los osos panda…

b) Los saltamontes…

c) Los cebúes…

d) Los avestruces…

e) Las mantis religiosas…

f) Los jabalíes…

1. …son presa favorita de los cazadores.

2. …están en peligro de extinción y suelen estar encerrados en zoos

3. …son criados en granjas por su carne y sus plumas, a veces con muy poco espacio en relación con su tamaño

4. …en general viven bastante bien, excepto en algunos países, donde es costumbre comerlos.

5. …se utilizan en algunas zonas para el trabajo agrícola, y también dan carne y leche al hombre.

6. …son bastante temidas por los seres humanos, que por eso no se acercan mucho a ellas.

3 Fíjate en las formas plurales de los nombres de estos animales, y completa las siguientes reglas, que sirven para todos los sustantivos:

a) Cuando el singular termina en -í o en -ú, ………………………… (sin embargo, es muy frecuente, especialmente en la lengua informal, el uso de -s para formar este plural).

b) Cuando el singular termina en -z, ………………………… .

c) Cuando el singular termina en -ís (sin acento en la -i-), ………………………… (esto también ocurre cuando la palabra termina en -es, sin acento en la -e-).

d) Si es una palabra compuesta y la segunda parte es un sustantivo (saltamontes), ………………………… .

e) Si son dos palabras, ambas sustantivos (oso panda), …………………………

4 Un niño que colecciona insectos ha hecho una lista con los nombres de los ejemplares que ya tiene, y luego se la ha enviado por correo electrónico a otro coleccionista interesado en intercambiar con él algunas piezas. A partir de los datos de la lista, completa el mensaje que está debajo:

Mis insectos

ANIMAL	CANTIDAD
Ciempiés	8
Abeja reina	6
Hormiga león	5
Lombriz	4
Mantis religiosa	3
Saltamontes	2

Sin título

Enviar ahora | Enviar más tarde | | | Categorías ▾

Para: libelula@vuela.es
De: Eduardo Mosca

Asunto: nuevo inventario

Datos adjuntos: *ninguno*

Monaco | Medio | **N** *K* S T | | | |A ▾ ▾ ▾

He hecho nuevo inventario de mis bichejos. Ahora mismo tengo

4 ...., 3 ...., 2 ....

8 ...., 5 ....

y 6 .... De los que tengo más de cuatro ejemplares te

puedo cambiar por alguno que tú tengas y yo no. Contéstame rápido.

Edu

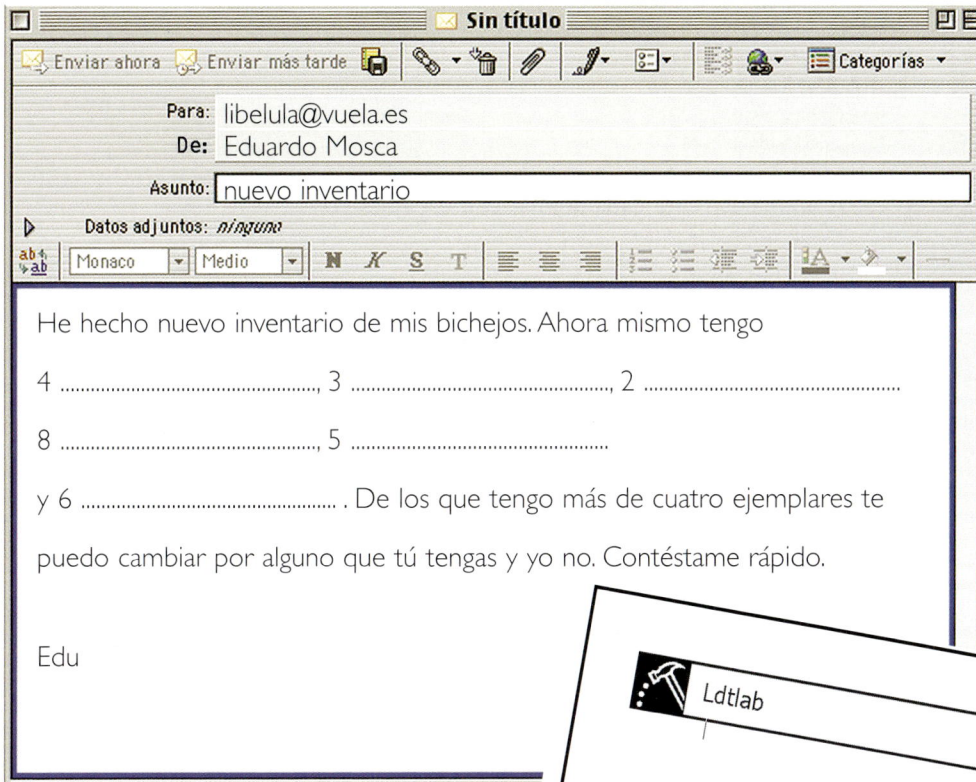

5 ■ Los encargados de un zoo-acuario han hecho también una lista de los animales que desean adquirir para el año próximo. Consulta la lista y completa el fax que han enviado a un centro de vida salvaje en el que compran sus animales:

Compras para el año próximo

Animal	N° de ejemplares
• Caribú	• 2
• Colibrí	• 4
• Avestruz	• 2
• Correcaminos	• 4
• Pez espada	• 4
• Serpiente pitón	• 6

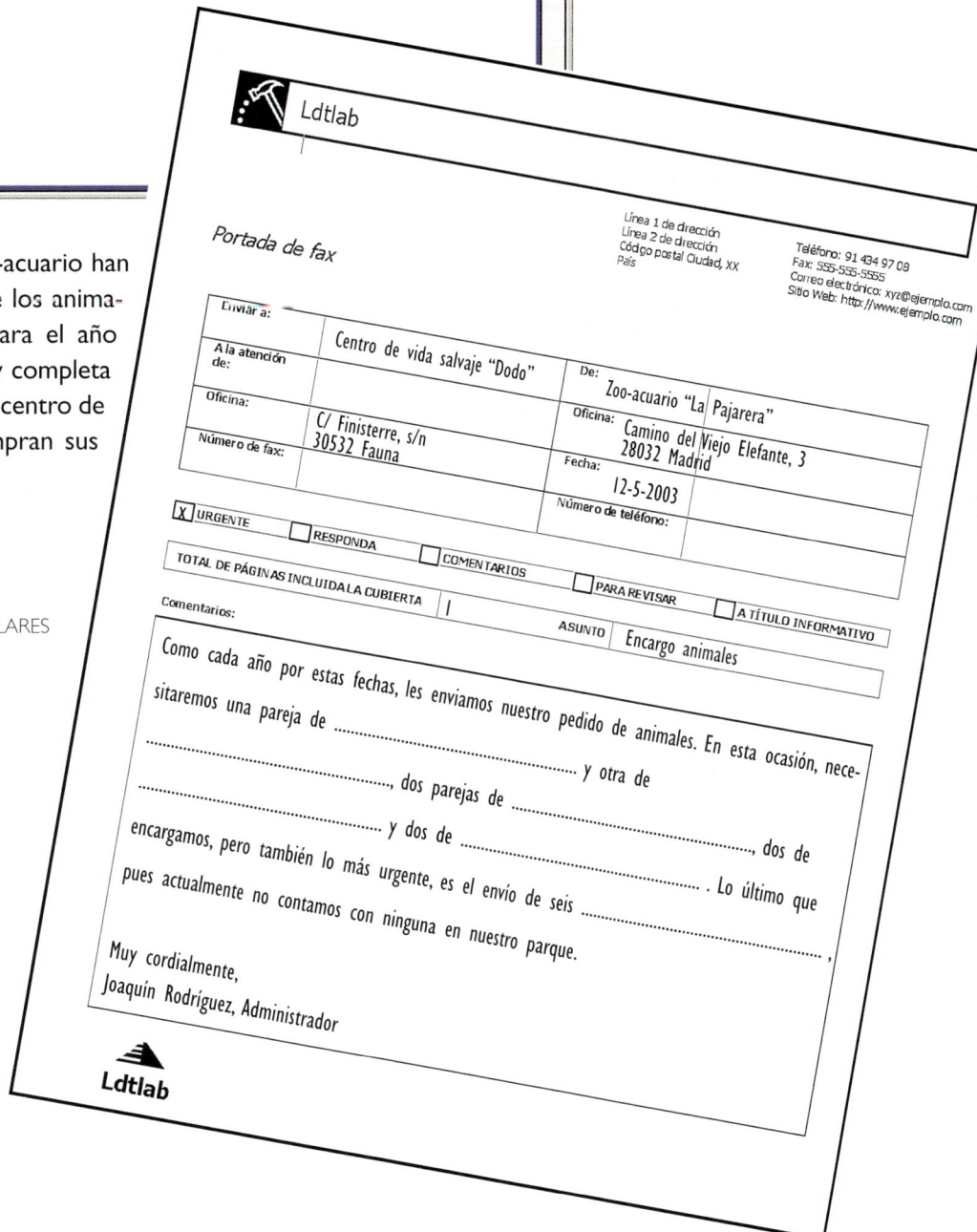

Ldtlab

Línea 1 de dirección
Línea 2 de dirección
Código postal Ciudad, XX
País

Teléfono: 91 434 97 09
Fax: 555-555-5555
Correo electrónico: xyz@ejemplo.com
Sitio Web: http://www.ejemplo.com

Portada de fax

Enviar a:		
A la atención de:	Centro de vida salvaje "Dodo"	**De:** Zoo-acuario "La Pajarera"
Oficina:		Oficina: Camino del Viejo Elefante, 3
Número de fax:	C/ Finisterre, s/n 30532 Fauna	28032 Madrid
		Fecha: 12-5-2003
		Número de teléfono:

[X] URGENTE   ☐ RESPONDA   ☐ COMENTARIOS   ☐ PARA REVISAR   ☐ A TÍTULO INFORMATIVO

TOTAL DE PÁGINAS INCLUIDA LA CUBIERTA | 1

Comentarios:

ASUNTO | Encargo animales

Como cada año por estas fechas, les enviamos nuestro pedido de animales. En esta ocasión, necesitaremos una pareja de .... y otra de ...., dos parejas de .... y dos de ...., dos de .... Lo último que encargamos, pero también lo más urgente, es el envío de seis ...., pues actualmente no contamos con ninguna en nuestro parque.

Muy cordialmente,
Joaquín Rodríguez, Administrador

Ldtlab

DIMES Y DIRETES

1 ■ ¿Qué cualidades te sugieren estos animales? Une cada animal con un adjetivo.

a) Gallina	1. Sucio
b) Toro	2. Bruto
c) Burro	3. Gordo
d) Pez	4. Cobarde
e) Cabra	5. Fuerte
f) Cerdo	6. Torpe
g) Pato	7. Ignorante en algo
h) Vaca	8. Loco

Consulta ahora con el profesor para saber si los hablantes de español establecen las mismas asociaciones que tú.

2 ■ Fíjate en estas expresiones. ¿Sabrías decir lo que significan, teniendo en cuenta el ejercicio anterior?

a) Ser un gallina
b) Estar hecho un toro
c) Ser un burro
d) Estar pez

e) Estar como una cabra
f) Ser un cerdo
g) Ser un pato
h) Estar como una vaca

3 ■ ¿Qué expresión usarías en cada uno de los casos siguientes? Ten en cuenta que tendrás que conjugar los verbos.

a) – ¿Has visto a Silvia? ¡Qué gorda está!
   + Sí, ...

b) Se nota que este chico se alimenta bien y hace deporte; ....
   ....

c) – ¡No .... hombre! ¿Cómo vas a abrir esa lata con los dientes?

d) – ¿Qué tal llevas el examen? ¿Has estudiado?
   + ¡Qué va! ....

e) – No .... Límpiate las manos con la servilleta, no en los pantalones.

f) Mi prima .... Ha dejado el trabajo y la familia para marcharse a vivir a una isla desierta.

g) Reconozco que .... Cuando como, me mancho; si toco algo, lo rompo, tropiezo al andar… En fin, un desastre.

h) .... Ni siquiera te atreves a ir solo al dentista.

4 ▪ En las frases siguientes, dos de las expresiones que has aprendido tienen un significado distinto. ¿Cuál?

a) Ese chico es un cerdo. Es incapaz de hacerle un favor a nadie.

b) Mi jefe es un cerdo. Me prometió que iba a tener vacaciones y ahora me dice que no.

c) ¡Qué burro eres! ¿Cómo puedes decir que Brasil está en África?

d) Aunque estudia bachillerato, es tan burro que ni siquiera sabe sumar.

HABLA A TU AIRE

1 ▪ Muchas veces los grandes cambios en la ecología local o global vienen decididos por los gobernantes.

A continuación vas a participar en un juego de rol en el que los habitantes de un pequeño pueblo de montaña se enteran de los nuevos proyectos de su ayuntamiento.

Antes de empezar, ponles el título a las columnas de esta tabla. Elige entre:

- Expresar satisfacción.
- Expresar indiferencia.
- Lamentarse.
- Expresar sorpresa.

a.	b.	c.	d.
_ ¡Anda!	_ ¿Y a mí qué (me importa)?	_ ¡Qué pena!	_ ¡Genial!
_ ¿Sí?		_ ¡Qué lástima!	_ ¡Fantástico!
_ ¿Cómo?	_ ¿Y qué más da?	_ ¡Qué disgusto!	_ ¡Estupendo!
_ ¿De verdad?	_ ¿Y a mí, qué más me da? Total…	_ ¡No (me) fastidie!	_ ¡Cómo me alegro!
_ ¡No me diga!			_ ¡Qué alegría (tan grande)!
_ ¡Qué me dice!	_ A mí me da igual		
_ ¡No puede ser!	_ A mí me da lo mismo		_ ¡Por fin!
_ ¡No me lo puedo creer!			_ ¡Ya era hora!
	_ Por mí… que hagan lo que quieran		
			_ ¡Menos mal!

2■ En la columna D hay tres grupos de expresiones: ¿con cuál se expresa alivio? ¿con cuál se indica que se llevaba mucho tiempo esperando la noticia?

3■ El profesor va a dar a cada grupo dos juegos de tarjetas. Las más pequeñas representan a los personajes del pueblo; las otras contienen la información sobre los proyectos que se pretende realizar en un pequeño pueblo de montaña. Trabajando en parejas o en grupos de cuatro, cada alumno cogerá una tarjeta de un montón diferente al de su compañero. El que tenga la tarjeta de proyecto comenzará la conversación como si fuera un periodista que hubiera ido al pueblo a hacer un reportaje sobre las reacciones de los vecinos ante los proyectos del Ayuntamiento. El alumno que tenga la tarjeta de personaje reaccionará según su papel, mostrando sorpresa y alegría o pena o indiferencia por la noticia.

ESCRIBE A TU AIRE

1■ Un representante de un grupo ecologista ha leído esta noticia y ha decidido escribir una carta al Ministro de Medio Ambiente para protestar por la poca contundencia con la que se persigue la venta ilegal de especies protegidas. Si tuvieras que escribir tú la carta, ¿qué dirías en ella? Coméntalo con el resto de la clase.

El 12 de abril se celebró el primero de los juicios contra tres pajarerías acusadas de comercializar especies protegidas, concretamente tortugas de tierra y galápagos. Pocas son las pajarerías que no comercializan especies protegidas y autóctonas. Junto con los ya mencionados quelonios, es habitual encontrar a la venta pájaros silvestres capturados por cazadores furtivos que además utilizan métodos de caza prohibidos por la ley (liga, redes japonesas, cepos, etc). También son frecuentes numerosas especies exóticas de dudosa procedencia, protegidas internacionalmente (loros, caimanes, serpientes pitón, etc.).

2 Lee ahora la carta y comprueba si incluye la información que has pensado.

Excmo. Sr. Ministro de Medio Ambiente:

Le escribo para protestar por la ineficacia policial para evitar la importación y venta en comercios de especies animales protegidas. Estas ventas, a pesar de las medidas legales que existen, no han hecho sino aumentar en los últimos años.

Si bien es cierto que ya se han comenzado a celebrar juicios contra tiendas de animales acusadas de comercializar especies protegidas, concretamente tortugas de tierra y galápagos, los grupos ecologistas llevamos años denunciando la venta en muchos otros establecimientos de estas y otras especies sin que hasta el momento se haya tomado ninguna medida contra ellos. Como hemos venido denunciando, es especialmente frecuente el comercio con especies tropicales, como los loros, caimanes y serpientes, y el de los pájaros silvestres cazados con métodos ilegales.

Lamentablemente, decenas de especies se pierden a diario por los cambios que el hombre ejerce sobre sus hábitats naturales y, con su extinción, se provoca la inexorable pérdida de sus depredadores. En este contexto, es aún más lamentable que se permita el ataque a especies protegidas para el disfrute egoísta de personas que, bien por falta de escrúpulos o por ignorancia, no acatan las leyes internacionales.

La pérdida de especies no se queda en la mera anécdota. Aparte del desequilibrio que se produce en la naturaleza, con la extinción de cada especie, animal o vegetal, podemos estar perdiendo oportunidades de desarrollar nuevos productos, que pueden incluir remedios para muchas de las enfermedades que nos aquejan.

En consecuencia, espero que a partir de ahora se tomen medidas más eficaces en la lucha contra la importación o venta ilegales de especies protegidas. Estas medidas deben incluir inspecciones frecuentes en las vías de entrada al país y en los establecimientos de venta de animales, así como fuertes penalizaciones tanto para los vendedores como para los compradores de animales protegidos. Por nuestra parte, si no vemos una actuación contundente de las autoridades en las próximas semanas, nos veremos obligados a denunciar la situación en nuevas campañas de prensa.

Atentamente,
Manuel Martín Delgado.

3 Repasa la carta otra vez para completar el esquema que hizo el ecologista antes de ponerse a escribir.

* Razones por las que escribe
  – la policía ....
  – las ventas ....

* Exposición de la situación actual
  – aunque han comenzado los juicios, ...
  – es especialmente frecuente ....

* Motivos de la desaparición de especies
  – destrucción de ....
  – ....

* Consecuencias de la desaparición de especies
  – desequilibrio ....
  – ....

* Conclusión
  – exigencia: ....
  – medidas de presión: ....

4 Imagina que eres miembro de una asociación ecologista.

Acabas de leer esta noticia y has decidido escribir al Alcalde de la Bohiga para protestar por la construcción de la papelera. Antes de empezar a escribir, piensa con un compañero: ¿qué información vas a incluir en la carta?, ¿cuántos párrafos vas a necesitar?, ¿qué ideas piensas incluir en cada párrafo?

Las asociaciones ecologistas han manifestado su más enérgico rechazo a la posible localización en el término de La Bohiga de una sucursal de una empresa papelera. Una papelera es una de las industrias que más energía consume y más contamina: mercurio, vertidos incontrolados al río y una política forestal basada en especies de crecimiento rápido como el pino, traen asociados problemas de erosión, extinción de especies y favorecen los incendios. No es válido el criterio de creación de nuevos puestos de trabajo (los empleos supuestamente creados por las papeleras no son tales, pues al entrar en competencia con otros sectores forestales –serrerías, mueblerías, etc.– los destruye directamente).

1 ▪ ¿De qué crees que trata un cuento en el que aparece esta frase: *Un día llegó un grupo de hombres pálidos a nuestra aldea*? ¿Quién es el que está contando la historia? ¿Quiénes son los hombres pálidos? Sigue leyendo y lo comprobarás.

Cazaban con pólvora, desde lejos, sin destreza ni valor, eran incapaces de trepar a un árbol o de clavar un pez con una lanza en el agua, apenas podían moverse en la selva, siempre enredados en sus mochilas, sus armas y hasta en sus propios pies. No se vestían de aire, como nosotros, sino que tenían unas ropas empapadas y hediondas, eran sucios y no conocían las reglas de la decencia, pero estaban empeñados en hablarnos de sus conocimientos y de sus dioses. Los comparamos con lo que nos habían contado sobre los blancos y comprobamos la verdad de esos chismes. Pronto nos enteramos que éstos no eran misioneros, soldados ni recolectores de caucho, estaban locos, querían la tierra y llevarse la madera, también buscaban piedras.

Les explicamos que la selva no se puede cargar a la espalda y transportar como un pájaro muerto, pero no quisieron escuchar razones. Se instalaron cerca de nuestra aldea. Cada uno de ellos era como un viento de catástrofe, destruía a su paso todo lo que tocaba, dejaba un rastro de desperdicio, molestaba a los animales y a las personas. Al principio cumplimos con las reglas de la cortesía y les dimos el gusto, porque eran nuestros huéspedes, pero ellos no estaban satisfechos con nada, siempre querían más, hasta que, cansados de esos juegos, iniciamos la guerra con todas las ceremonias habituales.

(*"Wallimai", Cuentos de Eva Luna*)

Isabel Allende, Chile

2 ▪ Por lo que cuenta Wallimai sobre los hombres pálidos, podemos imaginar muchas cosas sobre los indígenas. Completa la comparación:

LOS HOMBRES PÁLIDOS	LOS INDÍGENAS
– Cazaban con pólvora, desde lejos.	– Se enfrentaban cara a cara con el animal
– No sabían subir a los árboles.	– Subían a los árboles con facilidad.
–	–
–	–
–	–
–	–

3 ▪ a) Lee la lista comparativa que has hecho. ¿A qué grupo te pareces más?

b) Cuando has leído el texto, ¿con qué grupo simpatizabas más? ¿Por qué?

4 ▪ ¿Qué cosas sabes hacer o qué conocimientos tienes que te resultarían útiles si tuvieras que vivir en una selva? Habla con tus compañeros y averigua si tu grupo podría sobrevivir sin ayuda externa.

5 ▪ ¿Quién crees que ganó en el cuento: los hombres pálidos o los indígenas?

Si quieres seguir disfrutando de esta historia, puedes leer el cuento completo… ¡Lee a tu aire!

Repaso II
Unidades 4-6

En las preguntas que ofrecen varias opciones, a veces hay varias respuestas correctas.

1 ■ _____ con Pedro. Has sido un poco injusto con él.

a) Te lo has pasado
b) Se te ha pasado
c) Te has pasado

2 ■ _____ llamar a la oficina. Cuando llegue a casa tengo que hacerlo.

a) Se me ha pasado
b) Me he pasado
c) Me lo he pasado

3 ■ Ayer _____ bomba en el teatro. Fue divertidísimo.

a) nos lo pasamos
b) nos pasamos
c) pasamos

4 ■ Que yo _____, sólo tiene un coche.

a) sé   b) he sabido
c) sepa   d) supiera

5 ■ En una pista se puede jugar al _____ o practicar el _____.

a) fútbol-tenis
b) tenis-alpinismo
c) tenis-esquí

6 ■ En un campo se puede jugar al _____ o practicar el _____.

a) fútbol-golf
b) fútbol-esquí
c) golf-alpinismo

7 ■ Le llamé por la tarde y no estaba en casa. _____ en casa de su novia.

a) Seguramente estaría
b) Seguramente haya estado
c) A lo mejor estuviera

8 ■ Los animales enjaulados solamente sirven para _____ del hombre.

a) la vivisección   b) el esparcimiento
c) el exterminio   d) la longevidad

9 ■ No se deben tirar pinturas ni aceites a _____.

a) el vertedero   b) el desagüe
c) la cisterna   d) el despilfarro

10 ■ Por más que se lo explico, no se entera de nada. ¡Es más _____!

a) burro   b) pato
c) pato   d) toro

11 ■ Seguro que no se atreve a hacerlo; _____.

a) está como una cabra
b) está pez
c) es un pato
d) es un gallina

12 ■ ¿Qué no se puede hacer con un archivo en un ordenador?

a) borrarlo
b) modificarlo
c) navegar por él
d) enviarlo por correo electrónico

13 ■ Completa con la preposición que falta:

a) Me gustaría parecerme _____ él.

b) Estoy dispuesto _____
hacerlo.

c) Ya le advertí _____
el peligro.

d) Se ha aficionado _____
ir al estadio.

e) No consigo librarme _____
él.

f) No disponemos _____
pediatra.

g) No tardará _____ volver.

h) Ese medicamento es incompatible
_____ el alcohol.

i) Tengo derecho _____ un
juicio justo.

14 ▪ Escribe el plural de estas palabras:

a) bengalí _____

b) zulú _____

c) sofá cama _____

d) abrelatas _____

e) dosis _____

15 ▪ Yo en tu lugar consultaría con Mario antes
de decidir nada; es él el que
_____.

a) es otro cantar

b) lleva la voz cantante

c) cose y canta

d) canta siempre la misma canción

16 ▪ Si tienes prisa, te lo hago en un momentito.
_____.

a) Es otro cantar.

b) Otro gallo me cantara.

c) Es coser y cantar.

d) Me voy con la música a otra parte.

17 ▪ Elige la opción correcta:

a) (El/La) editorial no me quiere publicar el
libro.

b) ¿Por qué llevas esa pegatina pegada en
(el/la) frente?

c) En la clase de manualidades estamos
aprendiendo a hacer (un/una) cometa.

d) Cerramos el colegio porque nos llegó
(un/una) orden del Ayuntamiento.

18 ▪ ¡Mira esta foto!
– ¡Madre mía! ¡Nunca _____
una mujer tan alta!

a) vi

b) veía

c) había visto

19 ▪ ¿Sabes? Susana se ha casado con David.
– ¡Pero bueno! ¡Si yo _____
que se iba a casar con Juan!

a) creí

b) creía

c) había creído

20 ▪ ¿Dónde crees que está?
– No sé. _____.

a) Igual se ha perdido

b) Lo mismo se haya perdido

c) Lo más seguro es que se ha perdido

d) Seguro que se haya perdido

21 ▪ Elige la opción correcta:

a) (Es/está) obsesionado (por/con) las motos.

b) (Es/está) loco (por/de) las motos.

c) (Es/está) aficionado (a/de) los toros.

22 ▪ El ruido puede provocar en las personas:

a) problemas auditivos

b) problemas auriculares

c) sordera

d) insonorización acústica

23 ■ Para que el coche gaste y contamine menos, es bueno:

a) hacer la puesta a punto
b) instalar un termostato
c) hacer la recogida selectiva
d) ponerle una baca

24 ■ ¿Qué palabra no tiene relación con el montañismo?

a) hélice
b) cumbre
c) aclimatación
d) campo base

25 ■ Elige la opción correcta:

a) ¿No crees que (es/sea) mejor comprarlo ahora?
b) No creo que (es/sea) mejor comprarlo ahora.
c) No creas que (es/sea) mejor comprarlo ahora.
d) Es normal que (piensa/piense) así.
e) Es lógico que (piensa/piense) así.
f) Es increíble que (ha/haya) dicho eso.
g) Me parece curioso que (ha/haya) dicho eso.
h) Tengo la impresión de que no te (ha/haya) gustado.
i) Es evidente que no le (ha/haya) gustado.
j) Es natural que no le (ha/haya) gustado.

26 ■ Elige la opción correcta:

a) Para jugar al béisbol se suele usar (un gorro/una gorra).
b) Para afeitarse, muchos hombres usan (un cuchillo/una cuchilla).
c) En algunas tiendas te cobran por darte (un bolso/una bolsa) para llevar la compra.
d) Muchos montañeros llevan (gorros/ gorras) de lana.
e) Decidí organizar mis papeles y me compré una carpeta de (anillos/anillas).

27 ■ Transforma estas frases; ejemplo:

a) Si se fabrica más plástico, se crea más basura.
Ejemplo: *Cuanto más plástico se fabrica, más basura se crea.*
b) Si se exterminan más especies animales, se rompen más ciclos de alimentación.
c) Si desaparecen más árboles, el aire que respiramos estará más contaminado.
d) Si duermo más, tengo más sueño.
e) Si le compras más juguetes a tu hijo, cada vez los apreciará menos.

28 ■ Completa con *que* o *de*:

a) No tengo bastantes manzanas para hacer la tarta; no quedan más [_____] dos.

b) No vamos a caber en el salón. Has invitado a más gente [_____] la que te dije.

c) Su hermano me gusta más [_____] él.

d) Un equipo de trabajo con más [_____] seis personas no funciona nunca bien.

29 ■ Elige la opción correcta:

a) Por la noche, (nada más/en cuanto) llegar a casa, me pongo el pijama.
b) Por la noche, (nada más/en cuanto) llego a casa, me pongo el pijama.
c) Esta noche, tan pronto como (llego/ llegue) a casa, me iré a la cama.
d) Aquella noche, en cuanto (llegó/llegara) a casa, se fue a la cama.

30 ■ Pedro [_____] que había sido él el culpable.

a) propuso
b) confesó
c) reconoció

¿TÚ QUÉ CREES?

PARA CUANDO SE TE VAYAN DE CASA

Plan Futura Vivienda

Para cuando llegue el momento, levanten el vuelo y piensen es su propia casa, tú querrás lo mejor para ellos. Por eso, a partir de ahora te ofrecemos el nuevo **Plan Futura Vivienda** del **Banco Hipotecario**, el banco experto en la vivienda. Una solución exclusiva para que puedas conseguir en el futuro un hogar para tus hijos con toda la seguridad del mundo. Ahorrando poco a poco. Sin darte cuenta, mientras van creciendo. Ven al **Banco Hipotecario** o llama al **900 10 00 10.**

Pregunta por el "Plan Futura Vivienda" ... y asegúrales un hogar.

B H
BANCO HIPOTECARIO
LA NUEVA BANCA PÚBLICA

– ¿Te parece una buena idea la del Banco Hipotecario? ¿Es un deber de los padres proporcionar una vivienda propia a los hijos?

—Teniendo en cuenta que los niños del anuncio son españoles, ¿a qué edad crees que se irán de casa? Consulta el siguiente cuadro estadístico del Instituto de la Juventud y el texto periodístico para conocer la situación y sus causas.

LUGAR DONDE VIVEN HABITUALMENTE LOS JÓVENES ENTRE 15 Y 29 AÑOS, Y LUGAR DONDE LES GUSTARÍA VIVIR, SEGÚN LA EDAD.

	TOTAL	15-19	20-24	25-29
BASE (N)	6000	2072	2006	1922
LUGAR DONDE VIVEN HABITUALMENTE				
Residencia colectiva	4%	2%	6%	4%
Casa de los padres	77%	95%	81%	63%
Casa independiente	19%	3%	12%	42%
Casa de otras personas	1%	0%	1%	1%
LUGAR DONDE LES GUSTARÍA VIVIR				
Residencia colectiva	16%	29%	14%	6%
Casa de los padres	277%	43%	27%	11%
Casa independiente	56%	27%	59%	85%
Casa de otras personas	1%	1%	0%	0%

El paso real de la juventud a la vida adulta (definida como emancipación física y económica) se produce en general entre los 25 y los 30 años. Pero la verdad es que, para aproximadamente la mitad de los jóvenes de nuestro país, este paso se está posponiendo hasta edades más tardías. Hoy en día es muy común el convivir con los padres hasta bien pasados los 30 años. La opinión de los entrevistados sobre las razones por las que esto ocurre apuntan claramente hacia dos causas económicas: la falta de trabajo y la carestía de la vivienda. También se mencionan razones de egoísmo por parte de los jóvenes (comodidad y miedo a asumir responsabilidades).

(Extracto de un estudio de Tábula V, publicado en el periódico *ABC*)

— ¿A qué edad suelen independizarse los jóvenes en tu país? ¿Hay mucha diferencia en comparación con España? Si es así, ¿a qué crees que se debe la diferencia?

PALABRA POR PALABRA 1

¿Te has fijado en que muchas veces que lees un texto aprendes palabras nuevas sin necesidad de buscarlas en el diccionario? El propio texto te da el significado de las palabras o expresiones. Vamos a practicar esta habilidad que te resultará muy útil.

1 ■ El siguiente texto es un relato ficticio de un padre sobre su vida de pareja y de familia. Faltan algunas palabras. Esas palabras que faltan, ¿qué significado tienen? Relaciona cada definición de la lista que tienes después del texto con alguno de los espacios en blanco.

Desde muy joven había pensado que nunca me iba a casar ni a tener hijos. Pero todo cambió cuando conocí a Andrea; nos hicimos novios, pero el _____ (1) fue muy corto: dos meses después estábamos ya viviendo juntos. Durante tres años formamos lo que llaman en la tele y en los periódicos una _____ (2).

Al principio no hablábamos de tener _____ (3); claro que tampoco pensábamos en el _____ (4), y sin embargo, al cabo de tres años decidimos casarnos para que nuestras familias no nos dieran más la lata para que nos casáramos y no viviéramos juntos "sin papeles". Poco después Andrea se quedó embarazada; estábamos muy contentos y muy ilusionados, aunque eso sí, nerviosos como todos los padres _____ (5). Lo peor de todo ese tiempo fue la última parte, porque resulta que Andrea _____ (6) pero el niño no llegaba, y no llegaba, y yo todo el día llamando a casa para ver si había novedad y

nada… En total, Andrea _____ (7) diecisiete días. Y luego, para postre, el _____ (8) fue muy doloroso. La verdad, ¡qué suerte tenemos los hombres de no tener que _____ (9)!

Después ya todo fue mejor; tuvimos mucha suerte, porque ella tuvo tres meses de _____ (10), y a mí me dieron también un mes de _____ (11). Cuando eso se acabó, pues no quedó más remedio que llevar al niño a la _____ (12). Los dos primeros años no viajamos apenas y salíamos poco los fines de semana; sólo una vez al mes llamábamos a una _____ (13) y nos íbamos al cine.

Luego fuimos dejando para más tarde la decisión de tener más hijos, y al final llegamos a los cuarenta sin haberlos tenido, porque nos daba pereza. Así que Rodrigo, nuestro niño, fue hijo _____ (14).

a) Niños.
b) Tiempo que la madre puede estar con su hijo sin trabajar.
c) Pasar la madre la fecha en que el médico ha dicho que puede llegar el nacimiento de un hijo.
d) Traer un hijo al mundo.
e) Tiempo en que una pareja mantiene una relación de novios.
f) Chica que cuida niños y trabaja por horas.
g) Tiempo que el padre puede estar con su hijo sin trabajar.
h) Pareja que convive sin casarse.

i) Sin hermanos.

j) Lugar anterior a la escuela a donde se puede llevar a los niños.

k) Estar la madre (todavía embarazada) en el periodo posterior a la fecha en que el médico ha dicho que va a nacer el niño.

l) Acción de traer al mundo un hijo.

m) Unión sentimental legalizada.

n) Que tienen su primer hijo.

2 ■ Si el texto hubiese estado completo, ¿lo hubieras entendido igual? Vamos a buscar las palabras que faltan, ahora que ya tienes claros los significados. Te las damos en singular, si son nombres o adjetivos, y en infinitivo, si son verbos.

- guardería
- único
- permiso de maternidad
- canguro
- primerizo
- salir de cuentas
- dar a luz
- parto
- permiso de paternidad
- estar fuera de cuentas
- noviazgo
- matrimonio
- pareja de hecho
- crío

3 ■ ¿Hay algo que te haya sorprendido en el relato de este hombre? Por ejemplo, ¿llevarías a tu hijo a una guardería con cinco meses o dejarías de trabajar? ¿Existe la posibilidad en tu país de que los hombres tengan permiso de paternidad? ¿De cuánto tiempo es el permiso de maternidad de las madres? ¿Es habitual en tu país que las parejas convivan juntas antes de casarse?

CON TEXTOS 1

¿Sabías que la tasa de natalidad, es decir, el número de nacimientos en relación con el número de habitantes de un país, es en España, desde hace varios años, una de las más bajas del mundo? Además, las mujeres tienen sus hijos mucho más tarde que antes, con frecuencia a partir de los treinta. ¿Tienes idea de por qué ocurre esto?

1 ■ Vamos a leer los relatos de tres madres que nos cuentan su experiencia. Antes, lee estas frases y piensa: ¿están todavía embarazadas o ya han tenido a su hijo?

a) Amelia Peidró: "Estoy fuera de cuentas".

b) Esther Díez: "Aquí estoy yo, con 35 años y una barriga de ocho meses de mi primer hijo".

c) Alicia Ruiz: "Cormac está para comérselo. Tiene cuatro meses y ya empieza a hacer monerías".

2 ■ Las madres de los textos nos dan algunas posibles razones para explicar que las mujeres tengan tan pocos hijos en España y tan tarde. Busca en cada texto al menos una razón.

A) Amelia Peidró, 32 años

Estoy fuera de cuentas. En cualquier momento, David, el bebé que he visto en las ecografías, dirá aquí estoy yo. Ya tengo ganas. Tengo 32 años, pero sólo hace cinco que me casé y, hasta ahora, un crío no entraba en el calendario que nos habíamos trazado mi marido y yo. Primero teníamos que medio pagar el piso y tener el trabajo garantizado. Soy dependienta de una mercería y tengo un horario espantoso para cuidar de mi hijo. De 9.30 de la mañana a 8 de la tarde, con dos horas y media para comer. Menos mal que mi suegra puede hacerse cargo del niño, al menos de momento. La angustia de no poder disfrutar de mi hijo, de no verle más que un par de horas al día, ha sido otra de las causas por las que he retrasado mi embarazo. Pero, en fin, si otras compañeras han tenido niños y siguen vivas, supongo que yo también podré, ¿no?

B) Esther Díez Conesa, 35 años

Soy de la opinión de que los niños deben tenerse joven. Qué paradoja, ¿no? Aquí estoy yo, con 35 años y una barriga de ocho meses de mi primer hijo. Pero las cosas no son fáciles. Cuando acabé Magisterio, empecé a trabajar como maestra para pagarme otra carrera, la de Derecho. Me casé a los 24. Trabajaba y estudiaba a la vez. No era momento de niños. Cuando terminé Derecho, dejé el colegio y empecé a trabajar como abogada en el despacho de mi marido. Otro comienzo. Mala época para quedarme embarazada. Y ya tenía 30 años. Ahora, cuando ya me he estabilizado en mi nueva profesión, ha sido la hora de la verdad. Puede que mi situación económica me hubiera permitido ser madre antes. Ya sé que los niños sólo necesitan de verdad comida, cariño e higiene, pero cuanto mayor es tu nivel te preocupan otra serie de cosas.

C) Alicia Ruiz, 34 años, madre primeriza

Cormac está para comérselo. Tiene cuatro meses y ya empieza a hacer monerías. Me lo llevo a todas partes, a los talleres, a las tiendas, siempre voy con él encima. Es verdad que, al ser diseñadora y trabajar por mi cuenta, sin horarios ni jefes, puedo permitirme el lujo de estar con él más tiempo. Pero también es cierto que, al ser un trabajo inseguro, he tenido que pasar muchos años antes de poderme plantear la posibilidad de mantener un niño. Si por mí hubiera sido, hubiera tenido ya dos o tres críos. Pero no te dan ninguna facilidad. Dentro de unas semanas me voy a vivir a Irlanda, el país de mi compañero. Lo hacemos precisamente por el bebé. Allí te pagan por el niño y hay guarderías en todos sitios, hasta en los centros de enseñanza. Todo está montado para apoyar a las madres. Aquí no es así. Estoy dispuesta a bajar el ritmo en mi trabajo para poder criar a mi hijo, pero no a luchar con todas las trabas que te ponen por delante por ser madre y trabajar fuera de casa.

(Luz Sánchez-Mellado, *Un país de hijos únicos*, extractos)

3 ■ ¿Crees que hay alguna otra razón que no se dice en los textos? ¿Qué opinión tienes de las que dan estas mujeres?

4 ■ ¿Qué verbo suele utilizarse junto con los nombres marcados en negrita? Todos estaban en los textos que has leído; sin consultarlos, vamos a ver cuántos recuerdas. Elige entre los tres que tienes entre paréntesis.

a) Es difícil tener hijos en España porque en el trabajo te *(hacen, ponen, dan)* muchas **trabas**: no te quieren dar toda la baja por maternidad, no tienes guarderías cerca del lugar de trabajo, y otras muchas cosas más.

b) Lo ideal sería poder *(bajar, descender, ceder)* **el ritmo** de trabajo y combinar los horarios del trabajo y del niño.

c) Pero eso sólo puedes hacerlo si *(andas, trabajas, encargas)* **por tu cuenta** y no tienes un jefe que te imponga un horario.

d) Otras madres pueden *(dejarse, ponerse, permitirse)* **el lujo** de pedir un permiso sin sueldo, pero no son mayoría.

e) Por eso muchas parejas, después de casarse, tardan años en *(darse, plantearse, ponerse)* **la posibilidad** de tener un hijo, aunque *(hagan, tomen, tengan)* muchas **ganas** desde el principio.

f) La verdad es que nuestra sociedad no *(da, propone, plantea)* **facilidades** a las parejas jóvenes para que tengan hijos.

g) Muchas no los tienen porque no tienen quien se *(dé, ponga, haga)* **cargo** de ellos cuando a la madre se le acaba la baja y tiene que volver al trabajo.

h) Con todo, la gente sigue teniendo hijos, aunque sólo sea uno; parece que ver al niño *(haciendo, dando, poniendo)* **monerías** hace olvidar todas las dificultades.

MATERIA PRIMA 1

1 ■ A pesar de la baja natalidad, también hay familias numerosas. ¿Eres tú de una de estas familias? ¿Has pensado en lo difícil que es organizar los turnos para levantarse, el desayuno, el baño, etcétera?

2 ■ En la página siguiente tienes parte de un reportaje de una revista que nos explica el horario de la familia Tobal-Rojas, con 12 hijos. Consúltalo para relacionar las acciones de la columna izquierda y las de la derecha que se producen al mismo tiempo:

a) Los tres hermanos mayores se levantan y desayunan.

b) El padre está trabajando en su negocio.

c) La madre ayuda a vestirse a Loreto y a Paloma.

d) Los hermanos medianos van andando al colegio.

e) Los hijos mayores de cinco años están en el colegio toda la mañana.

1) La madre prepara la comida y limpia.

2) Los padres y todos los hermanos pequeños duermen.

3) Las dos hijas pequeñas duermen, juegan o pasean con su madre.

4) El padre lleva a Loreto y a Paloma al colegio en coche.

5) Laura prepara el desayuno.

7:15. Suena el despertador para Sandra, Pablo y Débora, los mayores (de 18 a 16 años). Se lavan y desayunan. A las ocho estarán en clase.

8:00. Todos arriba, excepto Carmen y Fátima, de uno y dos años. Patricia (13 años), Laura (12), Guillermo (9), María (8) y Marcos (7) se visten solos. A Loreto (4) y Paloma (5) les ayuda mamá. Laura prepara el desayuno de todos.

8:40. Los medianos van juntos al colegio a pie. Sebastián (el padre) lleva al colegio a Paloma y Loreto en coche y vuelve a desayunar con su esposa.

9:30. El padre sale a comprar. A las 10:00 abre su negocio. Carmen repasa las camas, prepara la comida y limpia. Cuando se levantan las dos pequeñas, juega con ellas o las saca de paseo.

Beatriz Bermúdez, *Familias a contracorriente*, extracto

3 ▪ La simultaneidad de las acciones, es decir, el hecho de que dos acciones se produzcan al mismo tiempo, puede expresarse como en estos ejemplos. Léelos y escúchalos al mismo tiempo, fijándote en la entonación y su correspondencia con los signos de puntuación:

a) Sandra, Pablo y Débora se levantan los primeros, desayunan y se van. **Mientras,** sus hermanos pequeños duermen.
Sandra, Pablo y Débora se levantan los primeros, desayunan y se van. **Mientras tanto,** sus hermanos pequeños duermen.
Mientras Sandra, Pablo y Débora se levantan, desayunan y se van, sus hermanos pequeños duermen.

b) La madre ayuda a vestirse a Loreto y Paloma y, **mientras,** Laura prepara el desayuno.
La madre ayuda a vestirse a Loreto y Paloma y, **mientras tanto,** Laura prepara el desayuno.
Mientras la madre ayuda a vestirse a Loreto y Paloma, Laura prepara el desayuno.

4 ▪ Siguiendo el modelo de los ejemplos anteriores, haz más frases con los elementos de la actividad 2 que no hemos usado.

5 ▪ Un grupo de entre cuatro y seis personas de la clase va a compartir piso. Dicen que cuando se comparte piso hay que dejar bien claro desde el principio quién va a hacer qué y cuándo. Se trata de organizar el horario de la mañana, las horas antes de irse a trabajar o estudiar completando un cuadro para ponerlo en la entrada de la casa. Debes tener en cuenta el tiempo disponible y las actividades que hay que hacer, y también que en la casa hay un solo cuarto de baño. Necesitarás usar *mientras* y *mientras tanto* cuando hables con tus compañeros.

Tiempo disponible:

Desde la hora de levantarse hasta las diez de la mañana, hora en la que todo el mundo tiene que ir a trabajar o estudiar.

Actividades (puedes añadir otras que suelas hacer por las mañanas):

• Aseo personal.
• Preparar el desayuno.
• Poner la lavadora.
• Comprar las cosas necesarias para la cena.
• Fregar los cacharros del desayuno / poner el lavavajillas.
• Hacer las camas.
• Recoger la mesa.
• Tender la ropa / poner la secadora.

MATERIA PRIMA 2

1 ¿Quién está haciendo una promesa y a quién en este anuncio? Relaciona las personas con cada moto:

a) Una hija a su padre o a su madre.

1. Modelo "Wallaroo"

b) Un hombre o una mujer a su pareja.

2. Modelo "Visión Met-in"

c) Un adolescente a su padre o a su madre.

3. Modelo "Visión"

d) Una novia a su novio.

4. Modelo "NSR"

Regálame la Wallaroo, y te prometo que estudiaré mucho, y me sacaré el curso, y el BUP, y el COU, y la carrera, y el Master, y mil becas... y que nunca me sacaré el casco.

Regálame la Visión Met-in, y prometo que siempre llevaré el casco y que haré caso de todas las señales. Y que no me pondré faldas tan cortas.

PROMESAS, PROMESAS...

Si me regalas la Visión, te... (Si no, hasta que estemos casados, ni lo sueñes).

Regálame la NSR, y prometo que no fumaré; prometo que no beberé; prometo que no haré tonterías. Y prometo no volver a hacer promesas que no vaya a cumplir.

HONDA

UNA PROMESA ES UNA PROMESA

2 ■ Ha pasado el tiempo y todos han conseguido su moto. Algunos de ellos han cumplido sus promesas, pero otros no. Relaciona ahora estas conversaciones con la moto correspondiente:

a) – Me prometiste que ibas a dejar de fumar, pero ahí sigues dándole al cigarro.

   + Yo te dije que lo dejaría, pero no que iba a dejarlo en cuanto me regalaras la moto. Dame un poco de tiempo, ¿vale?

b) – Oye, ¿no me prometiste que siempre te pondrías el casco cuando fueses en moto?

   + Y me lo pongo siempre.

   – Ya, ¿y esta multa por qué es?

c) – Mamá, ¡mira las notas!

   + A ver… ¡Sobresaliente en todo! ¡Hijo! ¡Tú sí que vales!

   – Bueno, yo te aseguré que iba a estudiar muchísimo este año, y he cumplido, ¿no?

   + Bueno, pues acuérdate que también dijiste que sacarías la carrera, y un máster… Que no se te olvide.

3 ■ Observa las conversaciones anteriores, y cómo en ellas hablan de lo que el hijo, la hija o la pareja, dijeron en el pasado sobre cosas futuras. Completa el cuadro con estas palabras:

condicional   *ir a* (en imperfecto de indicativo) + infinitivo.

Cuando transmitimos lo que nosotros mismos (u otra persona) dijimos en el pasado sobre una acción futura, que se ha cumplido o no, usamos .... o .... Hay una tendencia a usar más .... cuando se habla de una decisión ya tomada de hacer algo (muchas veces en un momento ya determinado), y a usar más .... cuando se habla de hacer algo en un futuro que no se precisa.

4 ■ ¿Cuáles de estos asuntos suelen ser causa de discusiones familiares?

   – Los programas que se ven en la tele cuando hay un solo aparato

   – El uso del coche de los padres por parte de los hijos

   – La hora de vuelta a casa de los hijos cuando éstos salen por la noche

   – La hora de vuelta a casa de los padres cuando éstos salen por la noche

   – La paga semanal que los padres suelen dar a los hijos

¿Sobre qué tema están discutiendo en estas conversaciones? Completa el espacio en blanco con el verbo que te damos entre paréntesis:

a) • Día 15 de febrero

El hijo: Bueno, ¿me lo vas a dejar o no?

El padre: Vale, mañana te lo puedes llevar, pero no te acostumbres, ¿eh?

• Día 16 de febrero

El hijo: ¿Pero dónde vas? ¿No me dijiste ayer que me lo _____ (DEJAR)?

El padre: Otro día será. Es que tengo mucha prisa.

b) • Día 22 de diciembre

La hija: Bueno, ¿va a haber subida en enero o no?

El padre: Vale, subiremos a veinte euros, ¿está bien?

• Día 1 de enero

La hija: ¿15 euros otra vez? ¡Pero si me dijiste que me _____ (DAR) veinte!

El padre: Bueno, yo te dije que (SUBIR) _____ a veinte euros, pero no te dije cuándo, ¿no? Acabamos de empezar el año y a mí todavía no me han subido el sueldo.

c) • Día 3 de agosto

La madre: ¡De mañana no pasa! Estoy harta de tener que ver siempre lo que a vosotros os da la gana.

• Día 4 de agosto, por la noche

El padre: Yo quiero ver la *peli*.

La madre: Ya, pero yo quiero ver esto.

El padre: Oye, ¿no dijiste ayer que _____ (COMPRAR) otra *tele*?

5 ¿Alguien de tu familia alguna vez te prometió algo y no lo cumplió? ¿Tú dijiste que ibas a hacer algo y no lo hiciste? Cuéntaselo a tu compañero.

Ejemplo: Mi padre me dijo que me iba a comprar una moto si aprobaba el curso, pero cuando terminó el curso no tenía dinero y no me la compró.

¡LO QUE HAY QUE OÍR! 1

1 Vamos a escuchar una canción titulada "Amor de madre", del grupo español Gabinete Caligari, en la que se habla de lo que una madre enseñó a su hijo. ¿Qué crees que podrá decir la canción? Responde estas preguntas para después comparar con lo que dice la canción.

a) ¿Recuerdas cuáles fueron las cosas más importantes que te enseñó tu madre?

b) ¿Recuerdas también alguna frase que tu madre te repetía cuando eras niño?

c) Seguro que puedes completar estas frases sacadas de la canción pensando en todo lo anterior (no se trata de adivinar lo que dice exactamente la canción; simplemente completa cada frase con algo coherente):

– Mi madre me enseñó primero a   .

– Mi madre me enseñó a no   en el colegio.

– Mi madrecita me enseñó a ver la vida como   .

– Mi madre me enseñó a resguardarme de   .

– Mi madre me enseñó a   con emoción, a no temer   .

– Mi madre me enseñó a   los dos.

2 ▪ Escucha ahora la canción y comprueba cuántas cosas de tus respuestas a las preguntas anteriores aparecen en ella. Toma nota de las palabras con las que lo dicen en la canción.

3 ▪ Vuelve a escuchar la canción: ¿qué más cosas le enseñó y le dijo su madre al cantante?

MATERIA PRIMA 3

1 ▪ A continuación tienes cuatro textos donde se cuentan historias de familias; los tres primeros están tomados de novelas y el cuarto de una revista. ¿Quién crees que habla en cada texto?

• Una criada de la familia   • Un niño   • Una pareja

a) **Todo el mundo le echaba la bronca** a mi abuelo: que si no tenía conocimiento, que si el niño se tiene que levantar temprano, que si no habrá cenado, que si iban a llamar a los cuerpos especiales de rescate policiaco. Mi abuelo subió corriendo las escaleras **para quitarse de encima a toda la multitud**.

(Elvira Lindo, *Manolito Gafotas*)

b) Al señor nunca le gustó la novia. Me acuerdo del primer día que el señorito Manuel la trajo a esta casa para que conociera a sus padres. Yo servía el café en el salón y, la verdad, no atendía a lo que decían porque **eran muchos y ya sabe**, cada cual quiere el café de una manera, que si con leche, que si con menos leche, que si con azúcar o sin azúcar.

(Rosa Regàs, *Luna lunera*)

c) Mi padre llamó sobre las diez y media, **como siempre. Y como siempre** cogió el teléfono el Imbécil y se pasaron lo menos media hora hablando de que si habíamos cenado esto o lo otro, de que si el Imbécil ya se había duchado, de que si había hecho caca y de que si la Melanie era la niña más tonta que había pisado la Tierra. **En fin, el tipo de conversaciones que mi padre y el Imbécil mantienen de lunes a jueves,** cuando mi padre está fuera.

(Elvira Lindo, *Los trapos sucios*)

d) Salimos aquí precisamente **para que dejen de preguntarnos** por qué no queremos tener niños. Es que **no lo entienden, no lo aceptan**. Que si es que no podemos, que si es maravilloso, que si nos vamos a quedar solos, que si somos egoístas, que si aún estamos a tiempo. Es como si les reventase lo bien que vivimos.

(L. Sánchez Mellado, *Las madres son guerreras*)

2 ¿Qué construcción con la palabra *que* aparece varias veces en los cuatro textos anteriores? ¿Para qué solemos usarla? Las palabras que están marcadas pueden ayudarte a ver el valor que le damos a esta construcción.

3 ¿Conoces a alguien que hable mucho y que repita mucho las cosas? Cuéntale a tu compañero quién es y qué suele decirte.

> **Ejemplo:** Yo tengo un amigo que me llama todas las semanas, y siempre está con lo mismo: que si está muy cansado, que si tiene mucho trabajo, que si los niños tienen un catarro... Es un pesado.

MATERIA PRIMA 4

1 El texto de la derecha es continuación de uno de los textos de la sección anterior, *Materia prima 3*. ¿De cuál?

> Luego se puso mi madre y, como siempre, mi madre le dijo que no bebiera nada, que durmiera mucho, que no adelantara con el camión a nadie, que fuera a veinte por hora como máximo y que estaba de nosotros hasta las narices.

2 ¿Puedes imaginar cuáles fueron las palabras que le dijo la madre a su marido?

3 Observa la diferencia entre las cuatro primeras frases que dijo la madre, y la última. Después elige las opciones correctas en esta frase:

> Cuando contamos lo que otra persona dijo, ha dicho, dice o dirá, lo transmitimos de diferente forma según su intención. Cuando esa persona da información, la transmitimos en (*indicativo / subjuntivo*). Cuando esa persona da órdenes, sugerencias, consejos, propuestas, etc., es decir, intenta influir en la persona con la que habla, solemos transmitirlas en (*indicativo / subjuntivo*).

4 Vamos a trabajar con otros episodios de la vida de Manolito Gafotas, el niño de los textos anteriores, que es un personaje creado por la escritora Elvira Lindo. Conjuga los verbos que tienes entre paréntesis:

a) *Manolito y su hermano, el Imbécil, están buscando un nombre para un perro:*

Entonces, el Imbécil se quitó el chupete y fríamente, mirando el suelo, volvió a la carga:

– Manolito, como Manolito.

– Pero cómo le vamos a poner Manolito a un perro. ¡Abuelo, dile que no (*decir*) ⬚ tonterías!

b) *Manolito, su hermano y sus amigos van a pedir el aguinaldo a un bar del barrio:*

Luego bajamos al Tropezón, pero allí se jugaba la final de la Copa de Navidad de Guiñote (el juego de cartas favorito de mi abuelo). El señor Ezequiel nos dijo que (*desconcentrar*) ⬚ a los jugadores, y mi abuelo, que cuando está jugando a las cartas no se acuerda ni de sus nietos, le dijo al mismo señor Ezequiel que nos (*dar*) ⬚ cualquier cosa y que nos (*ir*) ⬚

c) *Los niños vuelven de pedir el aguinaldo, pero el Imbécil no está con ellos:*

– ¡Manolito, te dije que no (*perder*) [_____] nada!

– ¿Qué me falta?

– Manolito, has perdido a tu hermano.

d) *Manolito y su hermano van con su abuelo y unos amigos a ver la cabalgata de Reyes:*

Los abuelos se tomaron un coñá antes porque mi abuelo dijo que las personas mayores no (*deber*) [_____] exponerse a las cabalgatas sin haberse metido previamente calor en el cuerpo. Dijo que se lo (*recetar*) [_____] el médico a espaldas de mi madre, y nos advirtió que no se lo (*decir*) [_____] a ella.

(Elvira Lindo, *Los trapos sucios*)

5 ▪ Cuando trabajamos con la canción *Amor de madre* (*Lo que hay que oír 1*), recordaste las frases que solía decirte tu madre. Cuéntanos qué te decía sobre:

– Lo que tú hacías.

– Lo que tenías que hacer.

– Cómo tenías que pensar o comportarte.

MATERIA PRIMA 5

1 ▪ Con los datos de la encuesta, contesta las preguntas que tienes después del cuadro:

									% DE ACUERDO
	Australia	Canadá	Gran Bretaña	Austria	Países Bajos	Hungría	Rusia	Italia	España
Las personas casadas son más felices que las no casadas	44	32	25	45	14	59	58	32	33
La principal ventaja del matrimonio es que proporciona seguridad económica	44	32	22	46	16	50	56	18	34
Un solo progenitor puede criar a un hijo tan bien como el padre y la madre juntos	25	37	37	52	44	27	38	30	39
En nuestros días la razón principal del matrimonio es tener hijos	23	10	19	30	14	66	57	39	36
Tener hijos limita demasiado la libertad de los padres	10	11	11	37	14	23	62	32	56
Las personas que nunca han tenido hijos llevan vidas vacías	28	14	19	54	14	80	57	51	42

(Datos tomados del estudio "Vida de familia", del Centro de Investigaciones Sociológicas)

a) La mayoría de los austriacos piensa que el padre o la madre solos pueden criar a un hijo tan bien como juntos, pero casi **otros tantos** piensan justamente lo contrario. ¿Verdadero o falso?

b) ¿Hay **algún otro** país, además de Canadá, en el que se piense que tener hijos no es la razón principal para casarse?

c) No hay **ningún otro** país donde se valore más a los hijos que Rusia. ¿Verdadero o falso?

d) Un gran porcentaje de los rusos piensa que lo mejor del matrimonio es que da seguridad económica, pero **otros muchos** opinan lo contrario. ¿Verdadero o falso?

e) Muchos australianos piensan que las personas casadas son más felices, pero **muchos otros** piensan que no. ¿Verdadero o falso?

f) La mayoría de los españoles piensa que tener hijos limita demasiado; **todos los demás** países piensan que no es así. ¿Verdadero o falso?

g) En los Países Bajos la gente es mucho más tolerante que la de **cualquier otro** país. ¿Verdadero o falso?

2 ▪ En las frases anteriores aparecían marcadas combinaciones de pronombres indefinidos de uso frecuente. Relaciona los elementos de la columna A con los de la B, formando todas las combinaciones posibles:

A

Otros/as

Algún/una

Ningún/una

Muchos/as

Todos/as

Cualquier

B

Tantos/as

Otros/otras

Otro/otra

Los/las demás

Muchos/as

3 ▪ ¿Qué más podríamos decir sobre los datos de la encuesta usando alguna de estas combinaciones?

4 ▪ ¿Qué opinas tú sobre los temas de la encuesta?

CON TEXTOS 2

1 ▪ ¿Te gustaría llegar a los cien años? ¿Cómo imaginas tu vida con esa edad: tus hábitos, las personas que te gustaría que estuvieran contigo, el lugar donde querrías vivir…?

2 ■ Después vas a leer cuatro breves relatos de cuatro personas que han pasado de los cien años, es decir, de cuatro centenarios. Vamos a observar algunas palabras de estos textos antes de leerlos para intentar deducir su significado sin diccionario:

a) Si alguien escucha las noticias de la radio todos los días, ¿quiere estar informado de lo que pasa actualmente o no? ¿Qué significa entonces: "Oye diariamente Radio 5 Todo Noticias porque quiere **estar al tanto de la actualidad**"?

b) Si se dice de una mujer que ha llegado a los cien años "Su salud era delicada, pero «mujer enferma, mujer eterna»", ¿qué significa **salud delicada**: buena o mala salud?

c) Fíjate en las siguientes frases, sobre dos personas diferentes, e intenta deducir si los tres lugares marcados son el mismo tipo de centro:

  — Vive con su hija Monserrat en un modesto piso de la Barceloneta. Hasta hace cuatro días leía la prensa y todavía baja al **Hogar del Jubilado** de su barrio.

  — Pidió plaza en la **residencia de ancianos** Hospitalillo del Rey, donde dice encontrarse muy a gusto. A diario acude al **Hogar del Pensionista**, donde lee la prensa y habla con sus amigos.

d) "Su padre era **jornalero** y él también lo fue hasta cumplir su servicio militar". "Mi primer sueldo en el campo fue de una peseta al día". Por lo tanto, ¿dónde trabaja un jornalero? ¿Un jornalero tiene tierra propia? ¿Cómo se paga al jornalero: por horas, por días, por meses?

e) La misma persona de antes dice luego: "Se **trabajaba de sol a sol** y se comía mal". ¿Crees que trabajar "de sol a sol" será algo bueno o malo? (Piensa que dice y, y no dice *pero*; compara con "El hotel era muy bonito, pero se comía mal".) ¿Qué crees que significa la expresión "Trabajar de sol a sol"?:

  — Trabajar al aire libre.

  — Trabajar desde que sale el sol hasta que anochece.

  — Trabajar mientras se toma el sol.

  — Trabajar pasando mucho calor.

f) Dice este señor que trabajó como jornalero que aquella "era **una vida muy esclava**". Después de lo que sabes sobre su trabajo, ¿qué tipo de vida será una vida muy esclava: fácil, dura, cómoda, de mucho trabajo...?

g) Observa la forma de estas palabras: *empeorar* y *enviudar*. Las dos tienen algo en común: si les quitamos el principio y el final (el prefijo en-/em- y la terminación del verbo -ar), tenemos la palabra de la que proceden. Así, *empeorar* tiene que significar "hacerse o volverse ...." y *enviudar* "quedarse ....".

h) De uno de estos ancianos se dice en el texto que no tiene hijos ni hermanos y que vive con "una **a / hij / ada** suya". Si te decimos que esta palabra no significa "hijo adoptivo", ¿qué otra cosa podría ser viniendo de la palabra *hijo*? (Una pista: ¿te suenan las palabras **madr / ina** y **padr / ino**?)

3 ■ ¿Qué imagen tienes de los centenarios? Marca lo que pienses que es verdadero.

Los centenarios, en su mayoría...
☐ ...no han sido fumadores.
☐ ...no han bebido nunca alcohol.

☐ ...no han salido nunca de su pueblo.

☐ ...han tenido trabajos tranquilos, con poco estrés y no muy duros.

☐ ...viven en residencias para la tercera edad.

☐ ...no se interesan mucho por la actualidad.

☐ ...añoran el pasado.

☐ ...están cansados de vivir.

☐ ...han tenido buena salud toda su vida.

4 ▪ Comprueba ahora si sucede con estas personas todo lo que has marcado; completa el cuadro al tiempo que lees, escribiendo "*sí*", "*no*" o "*no se dice*":

	ANTONIO URREA	MANUELA FERNÁNDEZ	JOSEP FORCAT	FÉLIX MORÓN
No ha sido fumador/a				
No ha sido bebedor/a				
Ha viajado poco				
Ha tenido un trabajo tranquilo				
Vive en una residencia				
No se interesa por la actualidad				
Añora el pasado				
Está cansado/a de vivir				
Ha tenido buena salud toda su vida				

a) Antonio Urrea, 111 años

Hijo de minero, nació en el pueblo murciano de Mazarrón. El servicio militar lo llevó a Barcelona. Ya no se movió de aquí. Trabajó sesenta años en los almacenes El Siglo. Hoy vive con su hija Monserrat en un modesto piso de la Barceloneta. Su esposa, Isabel, murió a los 101 años. Su salud es aceptable. No ha fumado y ha bebido "lo necesario". Recuerda con gusto los tres años de la mili, que fueron, dice, "los mejores de mi vida". Oye diariamente Radio 5 Todo Noticias porque quiere estar al tanto de la actualidad. Hasta hace cuatro días leía la prensa y todavía baja al Hogar del Jubilado de su barrio. Añora el pasado porque todo era más verdadero y natural. Si volviera a nacer le gustaría estudiar para ser médico.

b) Manuela Fernández, 103 años

Nació en Llamas, una aldea de Asturias, y vive en Grado con una ahijada suya, el marido y la madre de ésta. Es viuda y no tiene hijos. Ha perdido a todos sus hermanos, cuatro hembras y un varón. Su salud era delicada, pero, como ella misma reconoce, "Mujer enferma, mujer eterna". Se crio en el monte cuidando cabras. Vivió en Cuba muchos años. Allí se casó con un asturiano. Lo mejor de su vida fue la juventud, porque "en cuanto te casas empeoras tu situación". El secreto de la longevidad, dice doña Manuela, no es otro que adaptarse a lo que va viniendo. Y de esto, tomar siempre el lado bueno de cada situación.

c) Josep Forcat, 103 años

Nació, vive y espera morir en Torres de Segre, en la provincia de Lleida, donde siempre trabajó en el campo. Josep no visitó nunca al dentista. Conserva firmes algunos dientes. Come de todo. No fuma, bebe vino y apenas prueba el agua. Todo lo antiguo, dice, le gustaba más que lo de ahora. Se casó dos veces. La primera, a los veintiún años. Tuvo un hijo. Vive con él. Al menor descuido, Josep se pone en pie, dice que marcha a la calle, baja las escaleras con agilidad y luego las sube hasta la primera planta de la casa, que no tiene ascensor. "Todo está bien: corazón, estómago, hígado, riñones… Como de todo, vivo muy tranquilo y soy feliz".

d) Félix Morón, 101 años

Nació en Puebla de Montalbán, Toledo. Su padre era jornalero y él también lo fue hasta cumplir su servicio militar, que lo llevó a Tetuán. Allí cambió su vida. Conoció a la mujer que después sería su esposa. Ha sido repartidor de telegramas durante sesenta años. La única hija del matrimonio murió a los diecinueve años. Al enviudar y quedarse solo, Félix pidió plaza en la residencia de ancianos Hospitalillo del Rey, en Toledo, donde dice encontrarse muy a gusto. A diario acude al Hogar del Pensionista, donde lee la prensa y habla con sus amigos. Tiene buena salud y espera vivir algunos años más. "Mi primer sueldo en el campo fue de una peseta al día. Era una vida muy esclava. Se trabajaba de sol a sol y se comía mal".

(Ignacio Carrión, *Un siglo con la vida a cuestas*, fragmentos)

5 Si llegas a ser centenario, ¿a cuál de estas cuatro personas te gustaría más parecerte? ¿Por qué?

6 Fíjate ahora en la forma en que están escritos estos relatos. ¿Te parece que las frases son muy largas, muy cortas o normales? ¿Es una forma de escribir que usaríamos normalmente, por ejemplo, en una noticia de un periódico, en un trabajo académico o en una carta formal? ¿Con qué intención crees que la usa el autor: para hacer más ágil cada relato, para acortar las historias…?

7 Transforma las frases de abajo uniéndolas con estos nexos: *donde, de donde, aunque, pues, con el cual*. Cambia todo lo que sea necesario (signos de puntuación, orden de palabras, etcétera).

Ejemplo:
– Nació, vive y espera morir en Torres de Segre, en la provincia de Lleida. Allí siempre trabajó en el campo.

– Nació, vive y espera morir en Torres de Segre, en la provincia de Lleida, donde siempre trabajó en el campo.

a) Antonio Urrea: "El servicio militar lo llevó a Barcelona. Ya no se movió de aquí".
....

b) Manuela Fernández: "Vivió en Cuba muchos años. Allí se casó con un asturiano".
....

c) Josep Forcat: "Josep no visitó nunca al dentista. Conserva firmes algunos dientes".
....

d) Josep Forcat: "Tuvo un hijo. Vive con él".

e) Félix Morón: "Allí cambió su vida. Conoció a la mujer que después sería su esposa".
....

f) Félix Morón: "Era una vida muy esclava. Se trabajaba de sol a sol y se comía mal".
....

8 ■ En los textos aparecían los verbos *empeorar* y *enviudar*, ¿recuerdas? Hay otros muchos verbos, derivados de un adjetivo, cuyo significado es "*convertirse en, hacerse, volverse, quedarse* + el significado del adjetivo". Veamos algunos; escribe a la derecha el adjetivo del que proceden estos verbos, como en el ejemplo:

VERBO	ADJETIVO	VERBO	ADJETIVO
Envejecer	viejo/a	Enrojecer	
Empequeñecer		Entristecer	
Enloquecer		Empobrecer	
Enfriar		Encarecer	
Endurecer		Engordar	
Embellecer		Ensuciar	
Enriquecer		Endulzar	

Fíjate ahora en la diferencia entre los verbos que terminan en *-ar* y los que terminan en *-er*. Hay algo en la terminación de estos últimos que no está en los primeros; ¿qué es?

¡LO QUE HAY QUE OÍR! 2

1 ■ La protagonista de la noticia de televisión que vas a escuchar es una anciana centenaria. ¿Por qué crees que será noticia?

2 ■ Escucha el principio de la grabación y comprueba tu respuesta al ejercicio 1.

3 ■ Vamos a escuchar ahora la grabación completa. Toma notas para contestar estas preguntas:

a) ¿Cuáles son los secretos que le han permitido a Carmen vivir hasta esa edad?

b) ¿Ha llevado una vida cómoda?

c) ¿Ha viajado mucho?

d) ¿Quién se ocupa de ella ahora?

e) ¿Cómo está de salud?

4 ■ Escucha el reportaje una última vez. ¿Qué palabras de las que se dicen corresponden con estas definiciones?

a) Sin padres:

b) Los hijos de tus nietos:

c) Los nietos de tus nietos:

d) Lo que hace el corazón mientras vivimos:

PALABRA POR PALABRA 2

1 ▪ Vamos a trabajar con algunos adjetivos relacionados con la edad. Primero, relaciona cada imagen con una de las frases:

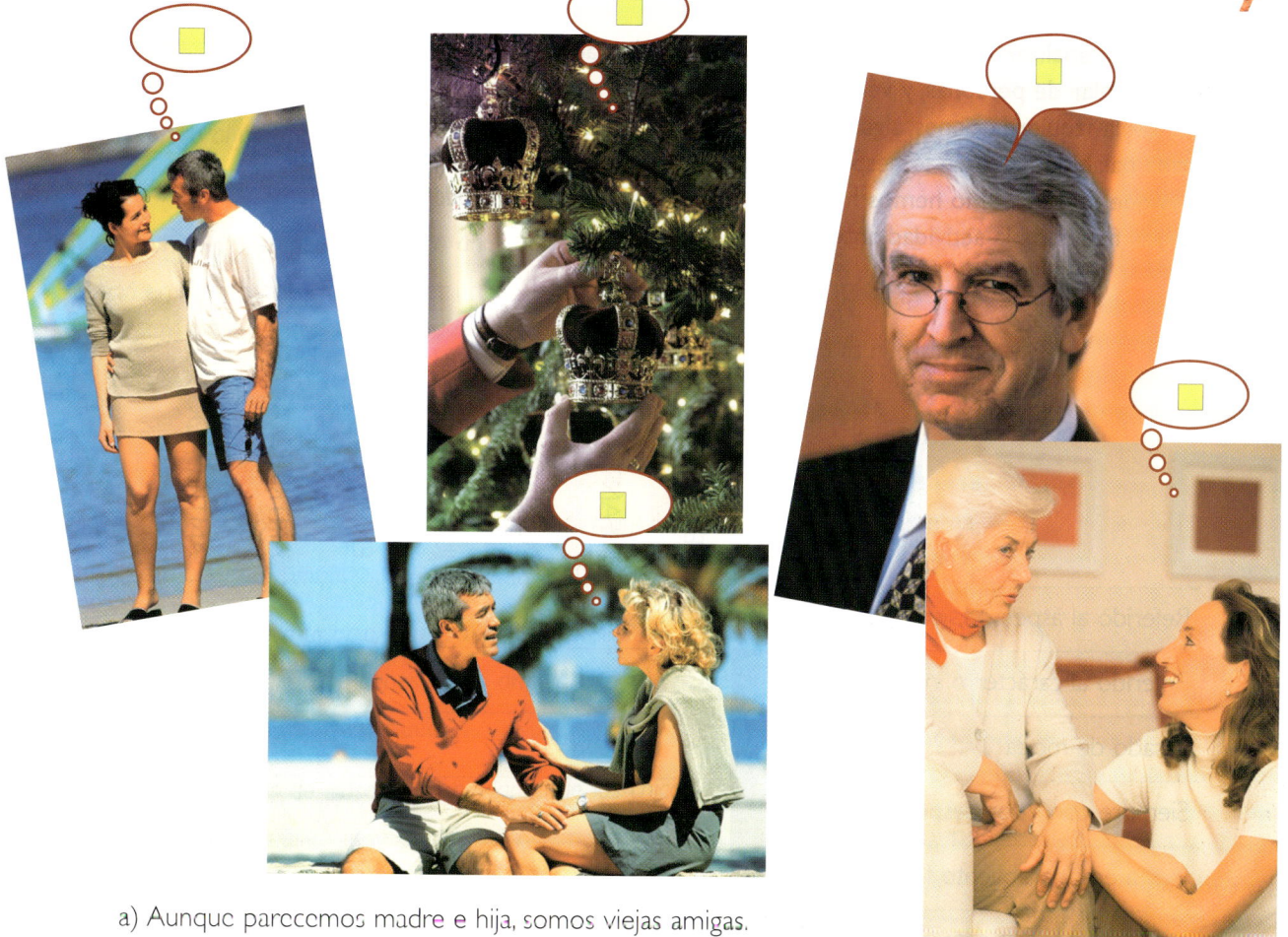

a) Aunque parecemos madre e hija, somos viejas amigas.

b) Ya tengo cierta edad, pero procuro mantener un aspecto juvenil.

c) (Dos antiguos enemigos)

   – ¡Qué rejuvenecida estás! ¿Te has operado?

   + Yo no, pero creo que a ti te operaron hace poco, ¿no? Pobrecito, se te
     nota la enfermedad, estás un poco envejecido.

d) Mi padre es un antiguo, un anticuado: no me deja hacer películas si tengo que
   desnudarme.

e) La clave de mi éxito con las chicas es mi cara aniñada; parezco mucho más
   joven de lo que soy.

f) Tu enfado me parece absolutamente infantil.

g) Ya está otra vez este hombre con sus excusas pueriles.

h) Como podéis ver, ya estoy calvo, pero todavía conservo mi espíritu juvenil.

i) Sé que mi peinado es un poco anticuado, pero a mí me gusta.

j) Algunos de mi pueblo decían que buscaba oro en el río porque tenía demencia
   senil. Ahora que me he hecho rico, tendrán que pedirme perdón.

k) Todavía conservo la ilusión infantil de poner los adornos de Navidad. Bueno,
   todo el mundo dice que, en general, soy todavía un poco infantil para todo.

l) ¡Mi pobre madre! ¡Yo que pensaba que estaba ya completamente senil, y ahora
   resulta que de verdad tenemos un fantasma en casa!

m) ¡Qué pena que sea mi antigua novia y no mi mujer! Cada día que pasa está
   más guapa.

MATERIA PRIMA 6

1 ■ En este cuadro están resumidos los grandes cambios que se produjeron en la vida de tres hombres. ¿Cómo crees que fue la historia de cada uno de ellos? Complétala con esta información:

- **Se quedó esquelético** • **Se hizo nudista** • **Se volvió taca-ño**

- **Se pusieron enfermos y coincidieron en la misma clínica**

- **Se quedó casi mudo** • **Se hizo vegetariano** • **Se hizo monje**

IGNACIO	JOSÉ	JAVIER
Se quedó soltero	Se casó	Se quedó soltero
	Se puso muy gordo	
Cogió un resfriado y se quedó afónico	Se cayó por unas escaleras y se quedó paralítico	Se quedó delgadísimo
	Se hizo rico haciendo anuncios de seguros por TV	
Se volvió poco comunicativo		Se volvió muy solitario
	Se quedó viudo	Se volvió loco
Poco a poco se hicieron viejos		
Se hicieron amigos		
Vivieron el resto de su vida juntos y llegaron a ser centenarios		

2 ■ a) Para hablar de cambios, muchas veces usamos los que llamamos "verbos de cambio", que aparecían en las historias anteriores. Agrupa los adjetivos que aparecían con cada verbo:

Quedarse:

Hacerse:

Ponerse:

Llegar a ser:

Volverse:

b) Observa lo que has escrito en los cuadros y responde: ¿qué verbo solemos usar en los siguientes casos?

1. Para hablar de cambios en el carácter: ....

2. Para hablar de un cambio en las creencias religiosas o en otras creencias que afectan al estilo de vida: ....

3. Para hablar de cambios en el aspecto o estado físico: con algunas palabras usamos .... y con otras .... Cuando esos cambios son producto de un accidente, enfermedad o mala experiencia, suele usarse ....

4. Para hablar de un punto final al que no puede llegar todo el mundo: ....

3 ■ Para hablar de algunas de estas cosas tenemos también verbos. ¿Recuerdas cuáles eran los correspondientes a estas expresiones?

a) Hacerse viejo: EN . . . .

b) Quedarse viudo: EN . . . .

c) Volverse loco: EN . . . .

d) Ponerse gordo: EN . . . .

e) Hacerse rico: EN . . . .

Normalmente el uso de estos verbos resulta más formal que usar "volverse, quedarse", etc. ¿Cuál de estos cinco verbos no es más formal?

4 ■ ¿Qué diferencia a la gente de 40 años de la de 20? ¿Qué cambios crees que se suelen producir? Haz una lista de lo más importante con tu compañero usando los verbos que hemos estudiado.

DIMES Y DIRETES

1 ■ Imagina que tu compañero y tú no os veis desde hace varios años, y os encontráis por la calle. Después de los saludos, estaría bien hacer un cumplido; ¿cómo combinaríais los siguientes cumplidos y las posibles respuestas? Practícalo en voz alta con tu pareja.

CUMPLIDOS

¡No has cambiado nada!

Estás igual…

¡Qué bien te veo!

Por ti no pasan los años.

Estás hecho/a un/a chaval/a.

RESPUESTAS

Tú sí que estás igual.

Tú que me miras con buenos ojos.

No creas, los años no pasan en balde.

2 A veces, mientras estamos diciendo un cumplido, podemos estar pensando todo lo contrario. Por ejemplo, podemos decir "¡Qué bien te veo!" y pensar al mismo tiempo cualquier cosa de las que tienes debajo; léelas y agrúpalas según su significado:

a) Se refieren al aspecto general de la persona:

b) Quieren decir que ha engordado mucho:

c) Quieren decir que se ha quedado muy delgada:

Se ha quedado en los huesos

Está hecho/a un palillo

¡Qué viejo/a está!

¡Pero si no le/lo/la había reconocido!

Se ha puesto como una vaca

Se ha puesto como una foca

¡Qué cambiado/a está!

¡Qué envejecido/a está!

Está hecho/a un fideo.

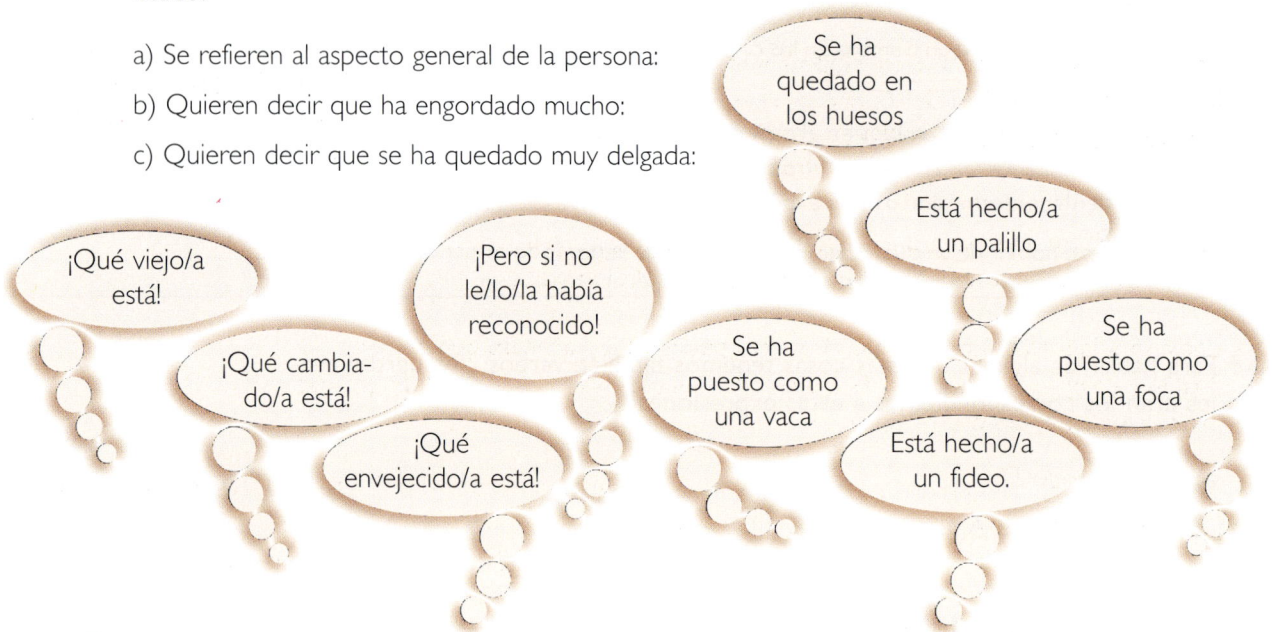

3 Imagina que todos los alumnos de esta clase se reúnen dentro de veinticinco años porque el centro de estudios celebra una fiesta para sus ex-alumnos. Todo el mundo lleva muchos años sin verse. Busca un compañero, salúdale y hazle algún cumplido. Después cambia de pareja y habla "con sinceridad" sobre el aspecto del primer compañero.

HABLA A TU AIRE

1 Trabaja con otros compañeros en grupos de cuatro. Cada alumno representará el papel de un miembro de una familia. Elige primero el papel que vas a representar: ¿el padre, la madre, el/la hijo/a mayor (28 años), o el/la hijo/a pequeño/a (17 años)? Luego ve a la página correspondiente y lee la información que corresponde a tu personaje, pero ten en cuenta que también tendrás que improvisar. Cuando estés listo, empieza a representar la situación que te damos más abajo.

Padre: página 264   Madre: página 266

Hijo/a mayor: página 269   Hijo/a pequeño/a: página 268

Es domingo, a la hora de comer. Como cada semana, tu familia se reúne para pasar un rato juntos, y como cada semana, se plantean una serie de…

ASUNTOS QUE HAY QUE RESOLVER:

– El/La hermano/a mayor tiene que irse de casa.   – Promesas incumplidas.

– El/La hijo/a pequeño/a quiere cambiar de imagen.   – ¿Qué hacemos con el abuelo?

ESCRIBE A TU AIRE

1 ▪ Lee esta introducción de un artículo sobre los nuevos tipos de familia. ¿Te parece interesante?, ¿querrías seguir leyendo el artículo?

> A muchos españoles la familia les parece importante. También les interesan otras cosas. A pesar de todo, el concepto de familia no está muy claro.

2 ▪ Probablemente con esa introducción ningún autor conseguiría despertar el interés de muchos lectores. ¿Qué le falta? ¿Cómo podría mejorarse?

3 ▪ Lee ahora la introducción (¡sólo el primer párrafo!) del artículo que comienza al final de la página. ¿Te parece más interesante? ¿Incluye alguna de las ideas que has propuesto en el ejercicio anterior?

4 ▪ Vamos a repetir el proceso con el segundo párrafo del artículo. A la derecha tienes la versión aburrida, ¿cómo podrías mejorarla?

> En España y en otros países la gente apoya el matrimonio. En otros países no. En cualquier caso, ahora hay muchos tipos de familia distintos y tendríamos que legalizarlos.

5 ▪ Compara tu versión con el segundo párrafo del artículo al final de esta página. ¿Incluye el mismo tipo de detalles que la tuya?

6 ▪ ¿Cuál es la idea principal del tercer párrafo del artículo? ¿Cuándo viene expresada, al principio o al final del párrafo?

7 ▪ Ahora nos vamos a fijar en la conclusión. Como hemos visto anteriormente, el último párrafo de un texto suele proporcionar una conclusión lógica basada en lo que se ha dicho anteriormente. En este caso, ¿cuál es la conclusión? Elige la respuesta correcta:

a) La familia tradicional es el mejor modelo para la sociedad.

b) Todas las familias deben estar basadas en el amor.

c) La sociedad tiene que encontrar maneras de legalizar los nuevos tipos de familia.

d) Es muy difícil formar parte de un tipo de familia no tradicional.

8 ▪ ¿Por qué crees que la autora ha incluido declaraciones entre comillas en su artículo? ¿Qué efecto tiene en el texto, lo hace más o menos impersonal? ¿Y lo hace más o menos interesante?

La familia es el valor básico para el 98,9% de los españoles, según la Encuesta Europea de Valores. Los otros principios fundamentales son el trabajo, seguido de los amigos y el tiempo libre. Pero, ¿qué es exactamente una familia?, ¿las parejas de hecho pueden considerarse familias?, ¿y las madres solteras?

Aún somos, junto a Italia y Alemania, el país europeo que más apoya la institución del matrimonio. En el otro extremo está Francia, que se abre de pleno a fórmulas alternativas diferentes como las parejas de hecho o las madres solteras. Pertenezcamos o no a la Europa de la "alta velocidad" en cuestiones de parentesco, lo cierto es que en nuestro país están apareciendo nuevas formas de unidades familiares que, aunque no amenacen a la familia tradicional, sí que nos están señalando que existen otros colectivos con los que hemos de convivir y que, en ciertos casos, habría que legalizar.

En España, la regulación de las parejas estables de hecho es muy confusa. Como no hay ninguna ley nacional, las Comunidades Autónomas se han lanzado a regularlas generando una profusión legislativa sin precedentes.

Según Carmen Valdivia, catedrática de Psicopedagogía de la Universidad de Deusto, "la familia sigue manteniendo buena salud y es un grupo de referencia para los españoles de todas las edades. La familia tradicional con amor es un buen modelo, los otros nuevos grupos tienen que intentar cubrir lo que esta familia cubría, pero van a tener más problemas". El primero con el que han chocado: nuestra exigua legislación en estos temas. La familia, en la sociedad actual, es una realidad dinámica y en cambio. Quizás no debamos permitirnos el lujo de dejar a miles de niños de estas "familias especiales" sin protección legislativa.

(Leonor Hermoso, *Diez modelos de familia*, extracto)

9 ■ Ahora vas a escribir tú un breve artículo titulado *Llegar a los 100*. Recuerda lo que leíste en la sección *Con textos 2* y piensa en nuevas ideas para completar este esquema. Recuerda que tienes que incluir detalles concretos si quieres que tu texto sea interesante.

* Introducción (¿de qué va a tratar tu artículo?, ¿cómo lo vas a exponer para que resulte interesante?).

–

–

* Descripción del tipo de personas que llega a centenario (¡recuerda que no son todos iguales!).

–

–

–

* Descripción de cómo vive un centenario.

–

–

–

* Conclusión (¿qué conclusión lógica sacas tú de lo que acabas de exponer? Ejemplos: "no es fácil ser centenario", "llegar a centenario no es cuestión de salud sino de mentalidad", "puede que estas personas vivan ahora mejor que cuando eran jóvenes", etcétera).

–

–

10 ■ ¿En qué punto del artículo podrías incluir comentarios (sacados de los textos de *Con textos 2* o imaginarios) para que el texto resulte más personal, interesante y fácil de leer? Escribe las citas que vas a utilizar en el punto correspondiente del esquema anterior.

11 ■ Ahora que estás preparado, ¡escribe tu artículo!

¿TÚ QUÉ CREES?

1. ¿Te identificas con alguna persona?

2. ¿Estás en desacuerdo con alguna persona?

"Algunas de las cosas que estudiamos en el cole de aquella manera tan penosa, tan de memoria y tan un poco a lo burro, pues no terminan siendo tan inútiles como por muchos años pudo parecer. Considero que algunas cosas, de las que ahora se infravaloran y que entonces se aprendían, como la geografía y el latín, han terminado por resultarme bastante interesantes y útiles"

(Iñaki Gabilondo, periodista)

"La verdad es que no aprendí gran cosa, lo tuve que aprender más adelante y los grandes aprendizajes los hice fuera de la escuela. Desde luego que, en esa época, no aprendí nada que me pudiera servir en la vida, porque tampoco me enseñaron a atarme los zapatos y yo era un desastre completo"

(Tonino, presentador de televisión)

"Una de las cosas maravillosas fue el haber ido a un colegio mixto*: creo que me ha ayudado bastante, porque era una niña muy tímida. Además, siendo un colegio mixto, podía ser como un niño"

(Carmen Posadas, escritora)

"El colegio me enseñó, sobre todo, a mantener una disciplina y saber respetar a los compañeros"

(Arantxa Sánchez-Vicario, tenista)

"Creo que en el colegio me enseñaron lo justo para defenderme en la vida; aunque pienso que quizá deberían habernos enseñado cosas de las que no nos hablaban, como del alma o del amor"

(Rosario Flores, cantante)

(Bettina Dubcovsky, *Lo que aprendí en la escuela*)

*Colegio mixto: colegio en el que estudian juntos niños y niñas.

¡LO QUE HAY QUE OÍR! 1

1 ■ ¿Cuáles son las profesiones con más estrés? Haz con tu compañero una lista con ocho profesiones y ordénalas según creas que tienen mayor o menor estrés. Luego toda la clase comparará las listas que se han hecho para ver qué diferencias y qué coincidencias hay.

2 ■ Vas a oír una grabación sobre una profesión que produce mucho estrés. Comienza así: "Trabajan siete horas al día y la mayoría, además, se lleva deberes a casa". ¿Cuál es esa profesión? ¿Crees que está en tu lista?

3 ■ ¿Aún no lo sabes? Te vamos a dar más pistas. Sustituye las palabras o grupos de palabras destacados por una palabra o grupo de los que aparecen debajo:

*Todo el mundo tiene la idea de que estos profesionales tienen un horario **de trabajo** (1) muy **cómodo y tranquilo** (2), pero en esta profesión se piden con frecuencia **permisos por enfermedad** (3) porque se sufren depresiones **graves y fuertes** (4). Cuando se llevan varios años se llega al **momento** (5) **más grave e importante** (6).*

- crítico   • punto   • relajado   • agudas   • bajas   • laboral

4 ■ Escucha ahora la primera parte de la grabación. Une los datos de las dos columnas:

A	B
Porcentaje de estrés	Diez
Proporción de enfermedades mentales en los permisos de enfermedad	4 %
Proporción de depresiones respecto de otras profesiones	30 %
Porcentaje de casos de depresión grave y fuerte	Una cuarta parte
Años de profesión cuando se llega al momento más grave e importante	Mayor

5 ■ Contesta las siguientes preguntas:

a) ¿Qué factores crees que provocan el estrés en esta profesión?

b) ¿Qué soluciones propondrías?

6 ■ Escucha la parte final de la grabación y comprueba si alguna de tus ideas coincide con lo que se dice en ella.

7 ■ Imagina que eres un psicólogo y tu profesor ha ido a tu consulta. Prepara con tu compañero una lista de preguntas para tu paciente, simula que ha ido a verte e intenta ayudarle.

MATERIA PRIMA 1

1 ■ ¿Recuerdas a Manolito Gafotas, el protagonista de varias novelas de Elvira Lindo? En este pasaje de la novela *Los trapos sucios* empieza a contarnos un episodio de su vida en el colegio; ¿has vivido tú alguna situación similar cuando tenías que hacer trabajos manuales?

"Un día, la sita* nos dijo que teníamos que comprar en la papelería papel cebolla, cartulina y pegamento porque en Plástica** íbamos a aprovechar para hacer con nuestras propias manos un regalo a nuestras propias madres. El regalo era para el Día de la Madre y teníamos que mantenerlo en el máximo secreto.

Es difícil mantener un máximo secreto cuando vuelves a tu casa y extiendes la mano delante de tu madre y le dices que te tiene que dar dinero para la papelería y tu madre dice:

– ¿Que te tengo que dar dinero OTRA VEZ para queeeeé?

Al final, como siempre, me dio el dinero para la papelería y al día siguiente empezamos a hacer el regalo de nuestras santas madres. Era un payaso que llevaba en la mano unas flores.

La sita nos dijo que cada uno podía pintarlo de los colores que quisiera porque así hacíamos trabajar nuestra imaginación" (extracto).

* Forma que usan algunos niños para denominar a su *señorita*, es decir, su profesora.

** La clase de "Expresión plástica", en la que se aprende a dibujar y se hacen trabajos manuales.

2 ■ En la unidad 7 (*Materia prima 4,* p. 191) vimos cómo, cuando queremos transmitir palabras de una persona cuya intención es influir en otros (ordenando, pidiendo, dando permiso, aconsejando, etc.), podemos hacerlo usando el subjuntivo. Sin embargo, esa intención se puede expresar con otros recursos gramaticales, pero en indicativo; ¿cuáles se usan en el texto anterior?

3 ■ a) De las siguientes frases, ¿cuáles podrían ser las que les dijo la profesora a los alumnos, y Manolito a su madre?

1) Tenéis que ir a la papelería y comprar papel cebolla, cartulina y pegamento.

2) Tenéis que comprar en la papelería papel cebolla, cartulina y pegamento.

3) Comprad en la papelería papel cebolla, cartulina y pegamento.

4) Mamá, me tienes que dar dinero para la papelería.

5) Mamá, dame dinero para la papelería.

6) Podéis pintarlo de los colores que queráis.

7) Cada uno puede pintarlo de los colores que quiera.

8) Pintadlo cada uno como queráis.

b) Saca conclusiones del ejercicio anterior, y completa esta descripción usando:

- Imperativo
- *poder* + infinitivo
- Subjuntivo
- *tener que* + infinitivo

Para dar una orden cuyo cumplimiento es obligatorio, podemos usar .... o ....; para dar permiso para hacer algo, podemos usar .... o .... Por eso, cuando transmitimos estas palabras a una tercera persona, podemos hacerlo con .... o con **tener que / poder** en indicativo.

4■ Observa el siguiente cuadro. ¿Cuál era la intención de la persona que dijo las frases de la izquierda? Completa la columna central con estas palabras:

- Dar instrucciones   • Pedir a alguien que haga algo
- Pedir un objeto   • Aconsejar (2)   • Pedir permiso

FRASE QUE NOS DICE ALGUIEN	INTENCIÓN	FORMAS EN QUE PODRÍAMOS CONTÁRSELO A UNA TERCERA PERSONA
Tienes que seguir todo recto por esta calle.		Me dijo que tenía que seguir… Me dijo que siguiera…
¿Por qué no cierras la ventana? Hace frío.		Me dijo que por qué no cerraba… Me dijo / pidió que cerrara…
Yo en tu lugar saldría más.		Me ha dicho que él en mi lugar saldría más. Me ha dicho / aconsejado que salga más.
¿Me dejas tu libro?		Me ha dicho / preguntado que si le dejaba… Me ha dicho que le dejara…
Lo que tienes que hacer es salir más.		Dice que lo que tengo que hacer es salir más. Dice / Me recomienda que salga más.
¿Me dejas salir esta noche?		Me dijo que / preguntó si le dejaba salir… Me dijo / pidió que le dejara…

5■ En el siguiente pasaje de la misma novela, Manolito nos cuenta otro episodio en su escuela; fíjate en si las palabras que se quieren transmitir son informaciones o son influencias (en este último caso, escribe dos posibilidades para transmitirlas):

"La sita Asunción nos repartió un día unos papeles que venían llenos de preguntas sobre qué nos parecían las niñas y a las niñas sobre lo que les parecíamos nosotros. Todos empezamos a escribir que muy bien, que nos (COMUNICAR) .... mucho y que (SER) .... grandes amigos, y que en los recreos lo (PASAR) .... genial y jamás nos (INSULTAR) .... Pero la sita empezó a ver las respuestas y nos dijo que las (TACHAR) ...., y que (PONER) .... la verdad verdadera, porque esa encuesta la mandaba el Ministerio de Educación".

6 ¿Recuerdas algún consejo, petición, orden o sugerencia de algún profesor? Cuéntaselo a tus compañeros, y cuéntales también por qué lo recuerdas.

Ejemplos:

–Una profesora nos dijo una vez que **teníamos que buscar / buscáramos** los nombres de todos los pintores del siglo XV, pero luego no nos los pidió. Me acuerdo porque me pasé quince días consultando enciclopedias para nada.

–Pues a mí un profesor de la facultad me dijo que **si le dejaba / le dejara** los apuntes que yo tomaba en su clase, porque yo escribía mejor que él hablaba. Lo recuerdo porque me resultó muy chocante.

DIMES Y DIRETES 1

En este esquema aparecen acciones y nombres relacionados con los estudios; son las palabras que usan habitualmente los estudiantes, pero existen otras palabras más formales con las que no vamos a trabajar en esta sección:

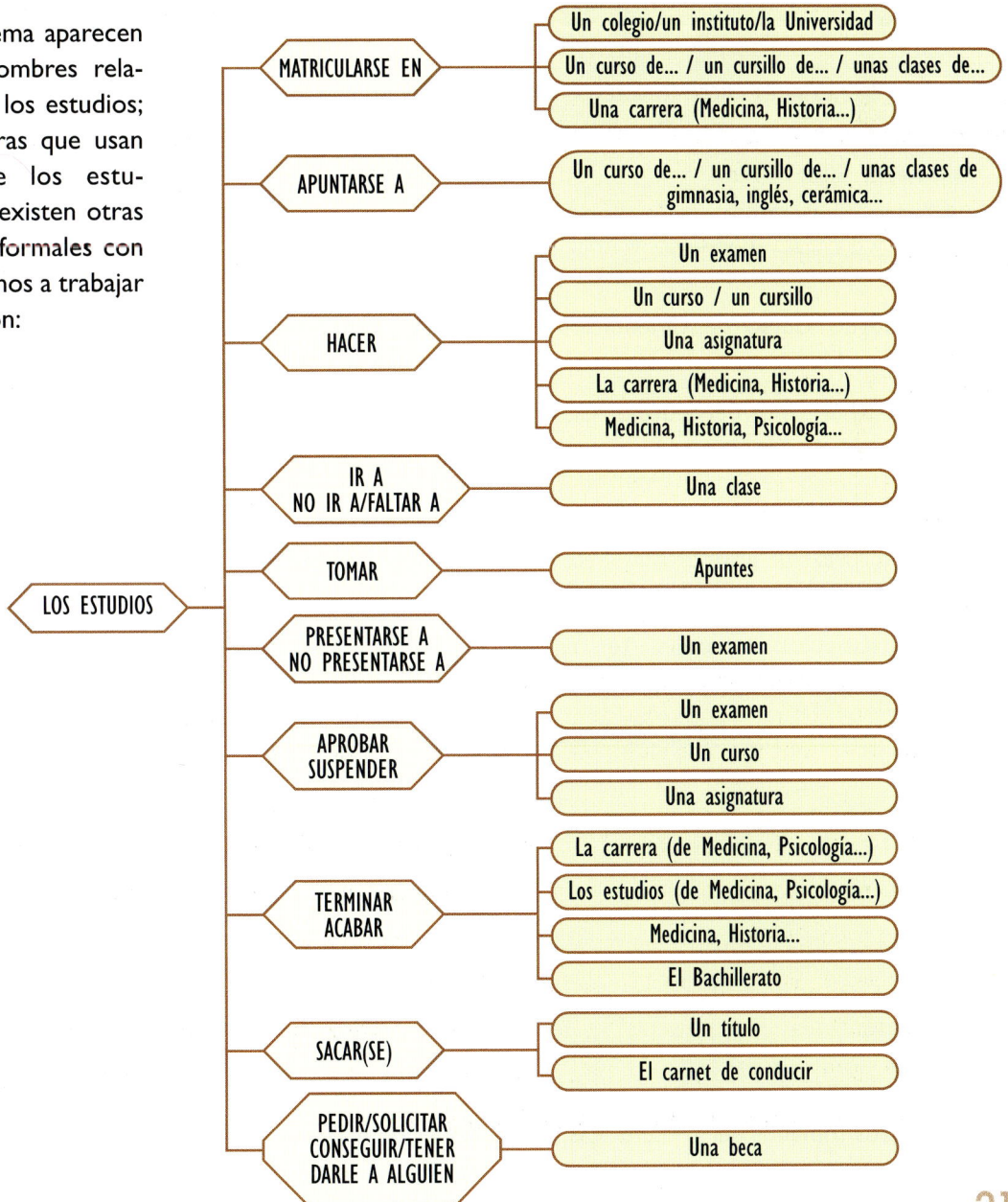

LOS ESTUDIOS

MATRICULARSE EN
- Un colegio/un instituto/la Universidad
- Un curso de... / un cursillo de... / unas clases de...
- Una carrera (Medicina, Historia...)

APUNTARSE A
- Un curso de... / un cursillo de... / unas clases de gimnasia, inglés, cerámica...

HACER
- Un examen
- Un curso / un cursillo
- Una asignatura
- La carrera (Medicina, Historia...)
- Medicina, Historia, Psicología...

**IR A
NO IR A/FALTAR A**
- Una clase

TOMAR
- Apuntes

**PRESENTARSE A
NO PRESENTARSE A**
- Un examen

**APROBAR
SUSPENDER**
- Un examen
- Un curso
- Una asignatura

**TERMINAR
ACABAR**
- La carrera (de Medicina, Psicología...)
- Los estudios (de Medicina, Psicología...)
- Medicina, Historia...
- El Bachillerato

SACAR(SE)
- Un título
- El carnet de conducir

**PEDIR/SOLICITAR
CONSEGUIR/TENER
DARLE A ALGUIEN**
- Una beca

Completa las frases de los siguientes textos con palabras que aparecen en el esquema; en ellos se habla de los estudios de dos grupos de alumnos: los estudiantes discapacitados (con algún problema físico o psíquico) y los mayores de 60 años.

• "El número de discapacitados con estudios universitarios es muy bajo: tan sólo cuatro de cada cien. Se calcula que en el curso actual _____ (a) una carrera en España setecientos diecisiete ciegos y alrededor de cincuenta sordos. Los problemas principales, según cada discapacidad, son la movilidad y el acceso a la información".

• "Alfonso Cortés tiene veinte años y estudia 3º de Derecho en la Universidad de Extremadura. Es ciego y autista. Sin embargo, _____ (b) a clase todos los días y vive sin ayuda de nadie en una residencia adaptada. _____ (c) los apuntes con un pequeño ordenador".

• "Arancha Díez es sorda y tiene veintitrés años. 'Nunca pensé que _____ (d) una carrera', explica con lenguaje de signos. 'Pero _____ (e) COU* en un colegio especial y mi familia creyó que era dema-

siado joven para ponerme a trabajar'. Al final decidió estudiar Psicología. Durante la carrera _____ (f) alguna asignatura. Pero más que nada por 'vagancia', dice".

• "María José Ruiz ha _____ (g) una beca de la Federación Andaluza de Minúsvalidos (Fama) para los estudiantes que ayudan o asisten a sus compañeros discapacitados en la Universidad. Tiene veintinueve años y estudia 3º de Informática, igual que Jesús Correa, el chico con sordera al que ayuda".

• "Pregunta: ¿En qué consiste su asistencia?
Respuesta: Vamos a _____ (h) juntos. Jesús no toma _____ (i) porque se dedica a leer los labios del profesor, así que yo cojo las notas y se las paso. Jesús tuvo problemas para aprobar las _____ (j) del primer año, porque no conocía a casi nadie y necesitaba apoyo".

*Antiguo Curso de Orientación Universitaria, inmediatamente anterior a la Universidad.

(Datos tomados del artículo "Carrera de obstáculos", *El País* – Educación)

• "Unas veinte mil personas están _____ (k) en los programas de mayores que ofrecen prácticamente todas las universidades españolas. Estos programas tienen unas características especiales. Los mayores pueden _____ (l) asignaturas de historia, arte, geografía, nuevas tecnologías, nutrición, etc. Cuando _____ (m) los estudios tienen un diploma no oficial. Para _____ (n) un título ofi-

cial es necesario _____ (ñ) los estudios normales".

• "Tanto los contenidos como la evaluación son distintos entre unos centros y otros. Así, al final de los estudios, solo la mitad de los alumnos mayores debe _____ (o) a un examen, mientras que la otra mitad no hace ningún tipo de examen".

(Datos tomados del artículo "Las universidades de mayores", *El País* - Educación)

DIMES Y DIRETES 2

Para hacer una matrícula en un centro oficial de estudios (una Universidad, una Escuela Oficial de Idiomas, etc.), es necesario entender un poco el lenguaje administrativo. Éstas son las instrucciones que una escuela de idiomas da a los alumnos extranjeros; busca en ellas la información para contestar las preguntas que están debajo:

¿QUÉ DEBO HACER PARA MATRICULARME EN LA ESCUELA OFICIAL DE IDIOMAS?

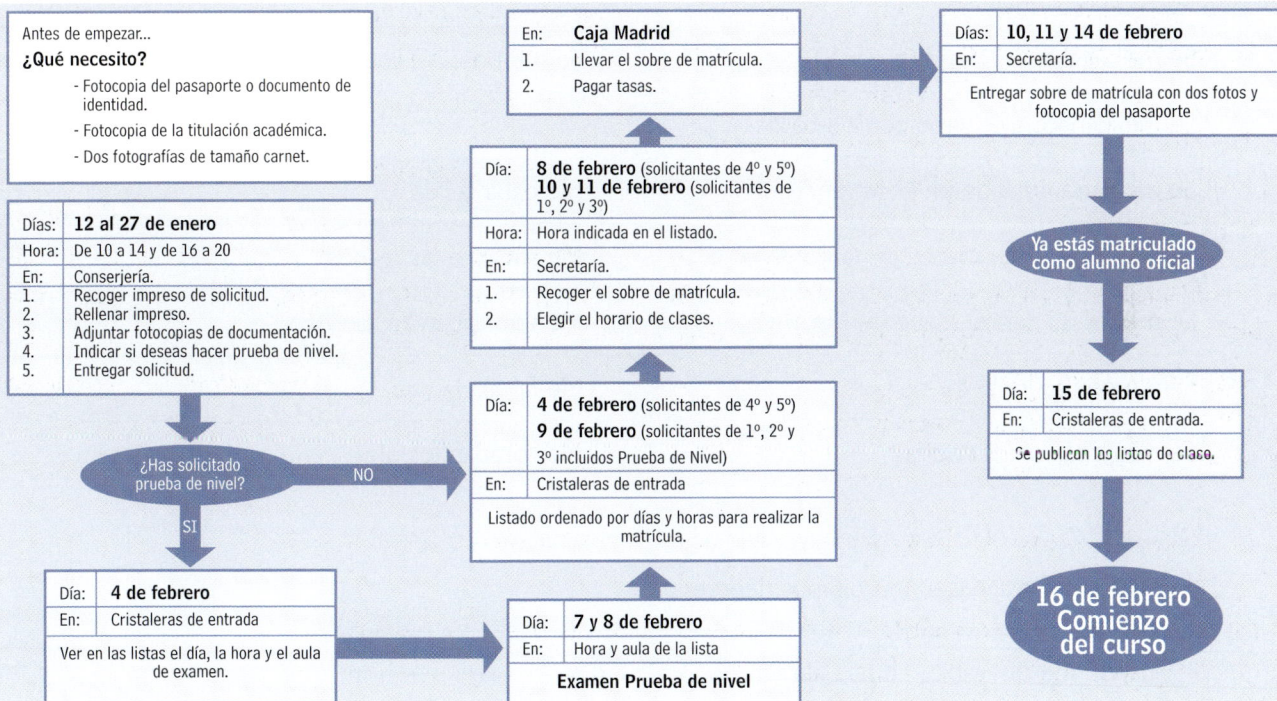

Antes de empezar...
¿Qué necesito?
- Fotocopia del pasaporte o documento de identidad.
- Fotocopia de la titulación académica.
- Dos fotografías de tamaño carnet.

Días:	12 al 27 de enero
Hora:	De 10 a 14 y de 16 a 20
En:	Conserjería.
1.	Recoger impreso de solicitud.
2.	Rellenar impreso.
3.	Adjuntar fotocopias de documentación.
4.	Indicar si deseas hacer prueba de nivel.
5.	Entregar solicitud.

¿Has solicitado prueba de nivel? — NO → / SI ↓

Día:	4 de febrero
En:	Cristaleras de entrada
Ver en las listas el día, la hora y el aula de examen.	

Día:	7 y 8 de febrero
En:	Hora y aula de la lista
Examen Prueba de nivel	

Día:	4 de febrero (solicitantes de 4º y 5º)
	9 de febrero (solicitantes de 1º, 2º y 3º incluidos Prueba de Nivel)
En:	Cristaleras de entrada
Listado ordenado por días y horas para realizar la matrícula.	

Día:	8 de febrero (solicitantes de 4º y 5º)
	10 y 11 de febrero (solicitantes de 1º, 2º y 3º)
Hora:	Hora indicada en el listado.
En:	Secretaría.
1.	Recoger el sobre de matrícula.
2.	Elegir el horario de clases.

En:	Caja Madrid
1.	Llevar el sobre de matrícula.
2.	Pagar tasas.

Días:	10, 11 y 14 de febrero
En:	Secretaría.
Entregar sobre de matrícula con dos fotos y fotocopia del pasaporte	

Ya estás matriculado como alumno oficial

Día:	15 de febrero
En:	Cristaleras de entrada.
Se publican las listas de clase.	

**16 de febrero
Comienzo del curso**

a) ¿Desde qué día hasta qué día puedes pedir entrar a estudiar en la escuela?

b) ¿A qué parte de la escuela tienes que ir en esas fechas para pedir un papel y escribir tus datos?

c) Cuando entregues tus datos para pedir entrar en la escuela, ¿qué documentos tienes que dar también? ¿Dónde?

d) Si ya sabes algo de español y has pedido hacer una prueba de nivel, ¿cuándo tienes que ir a la escuela para ver el horario y el lugar del examen? ¿Dónde lo puedes ver?

e) Cuando ya hayas hecho la prueba de nivel, ¿cuándo podrás ver qué día y a qué hora puedes matricularte? ¿Dónde podrás verlo?

f) ¿Dónde tendrás que ir a recoger los papeles necesarios para matricularte?

g) ¿Cuándo podrás decir a qué hora quieres tener tus clases?

h) ¿Dónde tienes que pagar el curso?

i) ¿A qué parte de la escuela tienes que volver después de pagar? ¿Qué tienes que entregar allí?

j) ¿Cómo y cuándo podrás saber en qué parte de la escuela (es decir, en qué aula) tendrás clase?

MATERIA PRIMA 2

1 ▪ Recuerda tu época de colegio. Cuenta qué te pasaba en las situaciones de abajo usando alguna de las expresiones del cuadro:

Se me cerraban los ojos mientras los hacía.	Se me iba la cabeza.
Se me hacía muy cuesta arriba hacerlos.	Se me ponía la piel de gallina.
Se me quitaban las ganas de comer.	Se me secaba la boca.
Se me saltaban las lágrimas.	Se me ponía el corazón a cien.
Se me iban los pies y me ponía a bailar.	
Se me hacía un nudo en la garganta.	Me daba la risa.
Se me dormían las manos de tanto escribir.	Me sudaban las manos.
Se me venía / caía el mundo encima.	Me temblaban las piernas.
Se me ponían los pelos de punta.	Me fallaba la voz.
Se me doblaban las rodillas.	Me lloraban los ojos.

– Cuando me mandaban muchísimos deberes…
....

– Cuando me castigaban sin salir al recreo…
....

– Antes de los exámenes…
....

– Durante los exámenes…
....

– Cuando tenía que cantar un solo en el coro…
....

– Cuando me regañaba un profesor…
....

– Cuando los profesores decían que querían hablar con mis padres…
....

– Cuando desde la clase se oía alguna música…
....

– Cuando llegaba a clase sin los deberes hechos…
....

– Cuando el profesor me sacaba a la pizarra…
....

2 ■ En el ejercicio anterior has usado construcciones de dos tipos, pero tienen algo en común: cuando alguien las usa, ¿habla de actos voluntarios o involuntarios? ¿El sujeto gramatical de la frase es la persona que tiene esos sentimientos o sensaciones?

3 ■ Cuéntale a un compañero en qué otras situaciones:

– Se te pone la piel de gallina.

– Se te ponen los pelos de punta.

– Te tiemblan las piernas.

– Se te seca la boca.

– Se te pone el corazón a cien.

4 ■ Diálogos como los que vas a leer son muy frecuentes entre los profesores y los niños. Fíjate en la parte **destacada**. ¿Es la misma construcción que hemos estudiado antes?

> – ¿Qué le ha pasado a tu muñeco?
>
> + **Se me ha roto**. Es que **se me ha caído**…

> – ¿Y tu libro? ¿No lo has traído?
>
> + Es que **se me ha perdido** en el recreo.

> – ¿Por qué no has hecho los deberes?
>
> + Sí los he hecho, pero **se me ha olvidado** el cuaderno.

¿Crees que estos niños son los culpables de la pérdida, olvido, etc.? ¿Con qué intención usan esta construcción en lugar de "lo he perdido", "lo he tirado", "lo he roto"?

En los ejemplos que hemos visto en esta sección, el uso de los pronombres *me, te, le, nos, os, les,* puede expresar:

– Un valor de posesión ("Se me ha roto el cuaderno" normalmente implica que el cuaderno roto era el mío).

– De relación física ("He cogido el cuaderno de Juan y se me ha roto", donde el cuaderno no es mío, pero ha estado en mis manos, y además yo he participado en la acción).

5 ■ Busca tú una excusa para estos niños, como en el ejemplo:

Ejemplo: – ¿Has roto tú las páginas del libro? (Despegar)
+ No, señorita, sólo lo estaba leyendo y se me han despegado.

a) – Por qué has tirado toda el agua por el suelo?
+ .... (*Caer*).

b) – ¿Por qué no has traído tu dibujo terminado?
+ Lo terminé, pero cayó un poco de tinta y
.... (*Estropear*).

c) – ¿Quién ha sido? ¿Quién me ha tirado esta bala de plástico?
+ Ha sido sin querer. Es que ....
.... la pistola (*Disparar*).

PALABRA POR PALABRA 1

1 ■ A continuación tienes varias frases con expresiones que se aplican a comportamientos, acciones u objetos.

Está mal visto en España preguntar a los amigos cuánto ganan.
Las películas de terror donde aparecen cuerpos cortados y mucha sangre me parecen de mal gusto.
El vecino de arriba no tiene modales. No me saluda en la escalera y no abre cuando le llama otro vecino.
Entró con malos modos en la clase, sin saludar y empujando a sus compañeros.

a) Relaciona las expresiones con sus significados correspondientes:

Estar mal visto.	Agresivamente, sin cuidado y sin cortesía ni educación.
Ser de mal gusto.	Desagradable.
Hacer algo con malos modos.	Comportarse sin educación ni cortesía.
Tener malos modales-No tener modales.	No aceptado por la sociedad en general o por un grupo.

b) ¿Qué expresiones significan lo contrario?:

Tener malos modales	Tener buenos modales
Estar mal visto	
Ser de mal gusto	
Hacer algo con malos modos	

CON TEXTOS 1

1 ▪ Lee estos breves textos. ¿Qué opinas sobre las afirmaciones que aparecen en ellos? ¿Estás de acuerdo?

> Cada cultura interpreta la cortesía como le parece.

> Aun cuando es difícil marcar las diferencias entre los buenos y los malos modos, entre lo correcto y lo incorrecto del comportamiento, desde el momento en que vigilamos y cuidamos nuestro aspecto, participamos del ritual de la cortesía y la etiqueta.

2 ▪ ¿Puedes poner algún ejemplo de reglas de cortesía que no sean iguales en diferentes culturas?

3 ▪ Completa la columna A del siguiente cuadro con tu opinión.

	A	B
	Para ti, ¿es de buena o mala educación?	¿Y en otras culturas y épocas?
Apoyar los codos sobre la mesa.		
Hacer ruido al tomar la sopa.		
Echarse encima de la mesa en la comida.		
Comer del mismo plato con otras personas.		
Quitarse los zapatos delante de otras personas.		
Tomar la mano de la persona que se saluda y apretar.		
Sacar la lengua cuando nos cruzamos con alguien en la calle.		
Limpiarse la nariz con el mantel en la comida.		
Saludar a alguien dándole un golpe en la cara.		
Limpiarse la nariz con el pañuelo.		
Regalar unas medias de seda a una mujer.		

4▪ Lee ahora los textos siguientes y completa la columna B del cuadro anterior.

- En todos los hogares, los niños han recibido clases intensivas de cómo comportarse en la mesa e ir por la vida. Para muchos resultaba un suplicio, después de jugar y revolcarse por los suelos, hacer caso de todas aquellas observaciones que los niños consideraban en realidad como extravagancias y manías paternas. —Ponte recto, no apoyes los codos sobre la mesa, no sorbas al tomar la sopa, no hables con la boca llena, límpiate antes de beber, ¿te has lavado las manos antes de sentarte?

- De la época de los trovadores sabemos que las damas y los caballeros ya se sentaban juntos, por parejas, y que comían y bebían del mismo plato y vaso. Observen por esta descripción de la época qué cosas se les enseñaba a los pajes medievales: "Nadie debe beber de la fuente, ni coger los manjares, morderlos y volverlos a dejar. Dos personas no deben usar la misma cuchara ni deben sonarse con el mantel ni echarse encima de la mesa".

- La primera regla de cortesía nació con el apretón de manos, hace muchos, muchos años. A partir de entonces, la evolución de las costumbres ha sido constante. Los caballeros medievales solían saludarse levantando la parte superior de sus armaduras. Este gesto pasó a ser con los años un saludo cotidiano cuando el sombrero se puso de moda. Aunque la verdad, cada cual saluda como quiere. Los europeos, con un beso en la mejilla o en la mano; los esquimales se abofetean o se frotan la nariz, y los tibetanos, algo más artísticos, levantando el sombrero con la mano derecha, mientras que la izquierda la colocan detrás de la oreja y sacan la lengua.

- En Japón es corriente quitarse los zapatos a la entrada de las viviendas y lo mismo ocurre al entrar en las mezquitas y en algunos templos hinduistas y budistas.

- En el siglo XV la Corte española se escandalizó cuando el rey de Francia regaló a Isabel de Castilla unas medias de seda. ¿Cómo podía ser tan grosero al aludir de esa manera a la intimidad de la reina?, pensaron indignados. Por entonces las medias eran unos objetos que no estaban "bien vistos". El monarca ni tuvo tacto ni estuvo a tono con la sensibilidad española.

- El pañuelo es otra buena disculpa para revisar la evolución de las costumbres. Los griegos y los romanos los utilizaban para limpiarse el sudor. En aquel tiempo era de pésimo gusto sonarse las narices en público; es más, si un marido sorprendía a su mujer en tan engorroso asunto, podía solicitar el divorcio.

(Santiago A. García, *Un toque de distinción*, fragmentos)

5 Las palabras de la columna A aparecen en los textos que has leído. Relaciónalas con las palabras o expresiones de la columna B:

A

a) Suplicio

b) Revolcarse

c) Extravagancia

d) Manía

e) Sorber

f) Trovadores

g) Paje

h) Sonarse

i) Apretón

j) Cotidiano

k) Abofetear

l) Mezquita

m) Aludir

n) Indignado

o) Engorroso

B

1. Poetas de la Edad Media europea.

2. Lugar de oración de los musulmanes.

3. Habitual, de cada día.

4. Algo extraño o raro y exagerado.

5. Referirse a una persona o cosa directa o indirectamente.

6. Complicado y molesto.

7. Dolor, sufrimiento muy grande.

8. Criado joven de la Edad Media europea.

9. Echarse en un lugar o sobre una cosa y dar vueltas.

10. Presión fuerte y rápida.

11. Muy enfadado.

12. Idea o costumbre fija y repetida de manera exagerada.

13. Limpiarse la nariz.

14. Dar unos golpes en la cara con la mano abierta.

15. Beber aspirando.

6 Recuerda algunas costumbres que te enseñaron cuando eras pequeño que te parezcan innecesarias o poco útiles, y también algunas costumbres que te enseñaron que te parezcan necesarias o útiles.

PALABRA POR PALABRA 2

Vamos a trabajar con adjetivos que se pueden aplicar a las personas dependiendo de su comportamiento y de su educación.

1 ▪ Lee las frases que aparecen debajo y completa el cuadro con las palabras destacadas en negrita en esas frases:

	En general	En general, pero solo aplicado a hombres	Con las mujeres, aplicado solo a hombres	Que piensa o no en los demás	Aplicado solo a los niños	Referido al buen gusto y educación
Buenos modales	–	–	–	–	–	– Positiva:
	–			–		– Frecuentemente irónica:
Malos modales	–			–		–
				–		

– Un niño **malcriado** saca la lengua a los profesores y a sus compañeros cuando le dicen que ha hecho algo mal, solo quiere caramelos y no come lo que le dan, y salta encima de las camas cuando está con sus padres en casa de un vecino.

– A las personas **refinadas** les gustan las obras de arte y la música clásica. También tienen unos modales exquisitos.

– A una persona **fina** también le gustan las obras de arte y la música clásica, pero protesta mucho cuando no puede comer en un buen restaurante o tiene que dormir en un hotel barato, y presta una atención exagerada a los modales.

– Una persona **cortés** deja pasar primero a los demás delante de una puerta y deja el asiento en el autobús a otras personas. Una persona **descortés** no lo hace.

– Un hombre **galante** deja pasar primero a las mujeres delante de una puerta, les ayuda a ponerse el abrigo y hace comentarios agradables sobre su aspecto.

– Un hombre **caballeroso** se comporta como la sociedad espera que lo haga un caballero; por ejemplo, delante de una puerta deja pasar primero a los demás y siempre cumple lo que promete.

– Una persona **considerada** deja pasar a otras personas delante de una puerta si ve que tienen prisa o van cargadas con un peso, y en la cola de una tienda deja pasar por delante a alguien cuando ve que la otra persona es anciana. Una persona **desconsiderada** no lo hace.

– Una persona **atenta** siempre que va de visita lleva regalos y no quiere que nadie se sienta ofendido o lo pase mal.

– Una persona **grosera** ofende a los demás al hablar porque no tiene en cuenta sus sentimientos o sus necesidades; por ejemplo, insulta a los demás en una discusión.

– Una persona **correcta** hace siempre lo que marcan las normas de buena educación establecidas. Sabe cómo debe hablar a los demás para no molestarles y cómo debe ir vestida y comportarse en un acto formal.

– Una persona **basta** no tiene buen gusto, no es **refinada** ni **fina**, y no conoce las normas de educación. Puede contar chistes de mal gusto en una fiesta formal, porque cree que es gracioso, o hablar a gritos en un restaurante.

2 ▪ Ahora, busca un compañero para trabajar. El profesor va a dar a cada pareja una o más palabras de las que hemos estudiado. No hay que decirles a las otras parejas qué palabras tiene cada uno. Después, cada pareja va a pensar en personajes famosos que sean ejemplo de las palabras que les hayan correspondido y describir sus acciones y comportamientos. Las restantes parejas intentarán adivinar cuál es el adjetivo.

¡LO QUE HAY QUE OÍR! 2

1 ▪ "Esos locos bajitos" es el título de una canción. ¿Quiénes crees que serán los "locos bajitos"? ¿De qué puede tratar una canción que lleve ese título?

2 ▪ Aquí tienes la letra de la canción. Intenta adivinar las vocales que faltan (la rima te puede ayudar). Luego puedes escuchar la grabación para completar lo que te falte:

A m□n□do l□s h□j□s se n□s par□c□n,
□sí n□s dan l□ pr□m□r□ s□tisf□cc□□n;
es□s qu□ s□ m□nean c□n n□□str□s gest□s,
ech□nd□ man□ □ c□ant□ h□y a s□ □lred□d□r.
Es□s l□c□s b□j□t□s qu□ s□ inc□rp□r□n
c□n l□s oj□s □bi□rt□s d□ p□r □n p□r,
sin r□spet□ □l h□r□rio n□ a l□s c□st□mbres
y □ l□s qu□, por su b□□n, h□y qu□ d□m□stic□r.

Niño, deja ya de joder con la pelota.

Niño, que eso no se dice,

que eso no se hace,

que eso no se toca.

Carg□n c□n n□□str□s d□s□s y n□□str□ id□□ma,
n□□str□s r□ncor□s y n□□stro p□rv□nir.
P□r es□ n□s par□c□ qu□ s□n d□ g□m□
y qu□ l□s b□st□n n□□str□s cu□nt□s
p□ra d□rm□r.

N□s emp□ñam□s □n d□rig□r s□s v□das
s□n sab□r □l □fici□ y s□n voc□c□□n.
L□s v□m□s tr□nsmiti□nd□ n□□str□s fr□str□ci□nes
c□n l□ lech□ t□mplad□
y □n cad□ c□nci□n.

Niño, deja ya de joder con la pelota.

Niño, que eso no se dice,

que eso no se hace,

que eso no se toca.

Nad□ n□ n□die p□□d□ □mped□r q□□ sufr□n,

qu□ l□s □guj□s av□nc□n □n □l r□loj,

qu□ d□cid□n p□r □ll□s, qu□ s□ equ□v□qu□n,

qu□ cr□zc□n y qu□ □n dí□ n□s d□gan ad□□s.

(Joan Manuel Serrat)

3 ■ Busca palabras o frases que reflejen actitudes educativas que, para el autor, están equivocadas. ¿Qué tipo de educación se critica en esta canción? ¿Estás de acuerdo con el autor?

CON TEXTOS 2

1 ■ Fíjate en el título "Como ser un buen invitado". ¿De qué va a tratar el texto?

2 ■ ¿En qué crees que consiste ser un buen invitado?

3 ■ Las palabras y expresiones de la columna A aparecen destacadas en el texto. Búscalas y lee sólo las frases del texto en las que aparecen. En la columna B, tienes las definiciones desordenadas. Une cada palabra con su definición.

A	B
Pauta	Persona que tiene invitados en su casa.
Radicar	Casa en la que se vive habitualmente y es residencia legal.
Domicilio	Tratar, plantear (un problema, un asunto o una cuestión difíciles).
Anfitrión	Comenzar (un asunto, una relación, una conversación, una amistad, una discusión).
De un tiempo a esta parte	Guía, regla o modelo.
Estorbar	Últimamente, desde hace poco tiempo.
Abordar	Tener su base, origen o raíz (un problema, una cuestión).
Entablar	Molestar poniendo obstáculos.

4 Lee ahora el texto entero e intenta rellenar los huecos con tus ideas
(El profesor te dirá después cuáles son las palabras que había en el texto original)

"El ser un buen invitado consiste en aprenderse de memoria una serie de reglas y **pautas** de comportamiento. Hay que conocer las normas, pero lo más importante **radica** en hacerlas propias; es decir, olvidar que se han aprendido y
5 conseguir ser naturales.

Si la invitación es en un **domicilio** particular, no olvide llevar un regalo para los **anfitriones**; el hacerlo no es obligatorio, pero se ha convertido, **de un tiempo a esta parte**, en algo muy común. Se puede quedar bien con
10 _____ (a). Llegado el momento de las presentaciones, es preferible dar la mano que pecar en exceso besuqueando, y tampoco debe olvidarse que tienen que ser rápidas y breves, dando el nombre y el primer apellido…

15 A la hora de sentarse a la mesa, toda una serie de normas de comportamiento entran en juego. Saber que los cubiertos que se utilizan los últimos son los que se sitúan _____ (b); que los brazos deben mantenerse pegados al cuerpo para
20 _____ (c); que debe evitarse hablar de _____ , _____ , _____ , _____ , _____ , y _____ (d). Cuando llega la comida
25 observe disimuladamente la cantidad que se han servido los demás y _____ (e). Debe evitarse rebuscar los mejores trozos, o coger sólo las gambas y los canapés de caviar, y nunca servirse más de lo necesario. En el caso de que le ofrezcan algo que no le guste, lo mejor es
30 _____ (f), sobre todo cuando es la mujer del jefe la que organizó el menú. En casos extremos se puede _____ (g), aunque lo mejor es pedir una pequeña ración y olvidarse por unos momentos del sentido del gusto.

35 Un buen invitado nunca debe **estorbar** a otro cruzándose para coger algo; debe _____ (h). En el caso contrario, si alguien le solicita un plato con comida, debe _____ (i). El empezar a comer antes de que se hayan servido todos los asis-
40 tentes, el fumar entre plato y plato o el comprobar la madurez de la fruta toqueteándola son prohibiciones absolutas (…).

La mesa es una relación social y, por tanto, debe **entablarse** conversación con _____ (j).
45 Cuando las comidas son de negocios, los temas laborales deben **abordarse** hacia la mitad, nunca _____ (k), y, como norma general, no sólo hay que saber hablar, sino también _____ (l); es lo mejor para **enta-**
50 **blar** un diálogo".

(Sonia González)

5 ■ a) En el texto aparecen *toquetear* (l. 41) y *besuquear* (l. 12). En español, también existen *tocar* y *besar*. ¿Sabes en qué se diferencian estas palabras que son casi iguales? ¿Qué significados añaden *toquetear* y *besuquear* a los de *tocar* y *besar*? Hay otras parejas de palabras donde sucede lo mismo. Fíjate en el cuadro de abajo y completa los verbos que faltan:

	VERBO	VERBO DE DONDE PROCEDE
	Bailotear	Bailar
	Pintarrajear	
	Chupetear	
	Gimotear	Gemir
	Lloriquear	
	Juguetear	
	Corretear	
	Canturrear	

Los verbos terminados en *-ear* añaden dos significados nuevos al del verbo de donde vienen:

1. Acción repetida.

2. La acción es algo parecido o imita a la verdadera acción de llorar, chupar, etc. pues se hace desordenadamente o de forma poco regular o seria.

b) Completa cada una de las siguientes frases con uno de los verbos terminados en ■*ear* del cuadro anterior (en un caso puedes usar dos de ellos distintos):

1. "La primera y única vez que tuve ocasión de verle estaba _____ con cochecitos y muñecos en el suelo de su cuarto" (C. Fernández, *Mi hermana Alba*).

2. "...cuando estaba aburrida sentada en el sillón de su casa o la mía, _____ canciones sin darse cuenta, para distraerse sin el propósito de distraerse, _____ sin observar lo que hacía" (J. Marías, *Corazón tan blanco*).

3. "No tiene dientes. Su cara está _____ con un maquillaje barato" (J. Bayly, *Los últimos días de "La Prensa"*).

4. "La boca es para el bebé una forma de reconocer el mundo…, pone sus manitas en la boca o simplemente [   ] sus propios labios" (M. Videla, *Quiero dar de mamar a mi bebé*).

5. "(Lupe se lleva la mano al bolsillo, saca un pañuelito y empieza a [   ]) RICK: No hay llantos que valgan, Lupe" (E. Lindo, *La ley de la selva*).

6. "Esclavos del reloj y de las obligaciones, [   ] de aquí para allá como si de acumular se tratara" (Á. Enríquez, *Estrés*).

7. "Rodea la figura un manchón [   ], frotado con carbón" (S. Sarduy, *Pájaros en la playa*).

8. "Pero el llamado Patxi Irigoyen, que se había limitado a estudiar la situación sentado sobre una tosca mesa sin dejar de [   ] un palillo, negó con un gesto" (A. Vázquez-Figueroa, *Caribes*).

9. "Porque ¿quién era yo? Una pasajera anodina que regresaba a Barcelona con el siguiente inventario: un frasco en el que [   ] la última pastilla roja…" (C. Fernández, *Con Ágatha en Estambul*).

10. "Para entonces ya se le había pasado la rabia que le hizo [   ] sobre la almohada, morder el pañuelo y apretarse los dientes, pues se sentía castigada como una niña a la que le hubieran descabezado todas sus muñecas de trapo" (E. Alonso, *Flor de Jacarandá*).

(Los textos proceden del corpus CREA)

c) En general, ¿crees que estas palabras terminadas en -*ear* se usan con un sentido negativo o positivo?

MATERIA PRIMA 3

1▪ Aquí tienes varias noticias relacionadas con el mundo educativo. Relaciona cada titular con su artículo:

a)
UN COLEGIO QUE DA VERDADERAS CALABAZAS

b)
SERVICIO DE INTÉRPRETES PARA PADRES INMIGRANTES

c)
UNA SEGUNDA LENGUA EXTRANJERA, ASIGNATURA OBLIGATORIA

d)
UN INSTITUTO QUIERE DAR TRABAJO A SUS ESTUDIANTES

1

El centro público de enseñanza Rodanas, en Épila (Zaragoza), busca la escolarización permanente del alumnado gitano y su integración una vez concluidos los estudios. **Para ello,** han diseñado un programa educativo que incluye asignaturas optativas que permiten a estos chicos acercarse a su mundo: cestería, taller de huerto, botánica, artesanía. Ahora tratan de montar una empresa de jardinería con el objeto de garantizar a los padres de estos chicos que si finalizan su formación tendrán un trabajo. El otro gran reto es frenar el absentismo. Con esta finalidad, se ha creado una comisión integrada por miembros de la administración educativa, trabajadores sociales del Ayuntamiento y asociaciones de gitanos.

2

El Ministerio de Educación estudia la posibilidad de adelantar la edad en la que se comienza el aprendizaje del primer idioma, y establecer como asignatura obligatoria un segundo idioma, que ahora es optativo. Algunos expertos en educación objetan que para eso habría que quitar tiempo de otras materias, porque el horario escolar no se puede estirar.

3

La Comunidad de Madrid quiere acercar el sistema educativo a las familias inmigrantes, con hijos en edad escolar, que desconozcan el español. **Con este fin,** la Consejería de Educación pondrá en marcha un servicio de intérpretes. La intención es que en periodos de matriculación y de evaluación los padres puedan tener mayor contacto con los colegios. Para ello, se están firmando convenios con asociaciones de inmigrantes, ONG y escuelas de idiomas.

4

En el patio del colegio público Felipe II, en Madrid, cultivan tomillo, laurel, lavanda, rosas y pensamientos. Pero también espinacas y acelgas, ajos y fresas... y así hasta 250 especies diferentes. Hace cinco años, el profesor Ambrosio González y otro docente ya jubilado convirtieron el terreno en un huerto con la intención de acercar la naturaleza a los niños y para que aprendan, por ejemplo, que los garbanzos no salen de un bote de cristal.

(Datos tomados de noticias reales)

2▪ a) En los artículos anteriores, se nos habla de profesores e instituciones que hacen algo con alguna finalidad. Marca todas las palabras que expresan finalidad en los textos (tienes algunas ya marcadas).

b) Dependiendo de qué nos interesa destacar y de cuál es el tema del texto o la conversación, a veces primero decimos las cosas que hacemos o vamos a hacer, y luego explicamos para qué las hacemos, y otras veces lo presentamos al revés: primero explicamos el objetivo y luego qué hemos hecho o vamos a hacer para conseguirlo. Fíjate en estos ejemplos tomados de los textos anteriores, y escribe en cada cuadro los demás ejemplos:

ACCIÓN	PALABRA QUE EXPRESA LA RELACIÓN ENTRE LOS DOS HECHOS	OBJETIVOS
Convirtieron el terreno en un huerto	con la intención de	acercar la naturaleza a los alumm-mos

OBJETIVO	PALABRA QUE EXPRESA LA RELACIÓN ENTRE LOS DOS HECHOS	ACCIÓN
La Comunidad de Madrid quiere acercar el sistema educativo a los padres inmigrantes.	Con este fin,	se creará un servicio de intérpretes

– Usamos palabras muy semejantes en los dos casos, pero cambia la entonación, así como el uso de los determinantes delante de las palabras fin, finalidad, intención, objeto, objetivo (el/la en el primer caso, este/esta en el segundo).

– El segundo orden de ideas (primero el objetivo y después la acción) es más frecuente en la lengua formal.

– Si la acción es algo todavía no concretado e hipotético en el momento en que se habla, solemos usar para/para que, para ello, para eso, y no las demás expresiones. Ejemplos: "Habría que hacer huertos en todos los colegios para que los niños aprendieran más sobre la naturaleza", "Quieren poner un segundo idioma obligatorio, pero para eso habría que eliminar otras asignaturas".

3 ▪ Imagina la continuación de estas noticias de radio:

a) En un colegio de Barcelona se han propuesto acabar con las ideas sexistas de los alumnos. Con este objetivo, ...
....

b) El Ministerio de Educación quiere reducir el fracaso escolar. Para ello,
....
....

c) A partir del próximo curso, se abrirán varios colegios los fines de semana con la finalidad de ....
....

d) En los nuevos planes de estudios se ha introducido una nueva asignatura, Estudios para la Salud, con la intención de ....
....

HABLA A TU AIRE

1 ▪ Imagina que formas parte del Consejo Escolar (el órgano de gobierno que aprueba la mayor parte de las decisiones en un centro educativo) de un colegio llamado "Modelo". En la próxima reunión del Consejo hay que aprobar el gasto de 10.000 € (euros) para realizar mejoras educativas en el centro. Más abajo tienes una lista de los proyectos que se han presentado hasta el momento, con el dinero que habría que destinar a cada uno y una breve descripción de sus ventajas.

   a) Piensa en qué proyecto o proyectos te parecería mejor gastar el dinero y cuáles rechazarías. Apunta las razones que se te ocurran para apoyar tus ideas.

   b) Compara tus ideas con un compañero. ¿Estáis de acuerdo? Si quieres y tu compañero te convence de algo, puedes cambiar tu presupuesto.

   c) Discute tus ideas con el resto de la clase, que formará el Consejo Escolar del centro.

PROYECTO	¿ACEPTAR?	RAZONES
Aula de música (4.000 €): Hasta ahora los alumnos solo estudian música como algo abstracto. Ya es hora de que tengan instrumentos y una sala de audición.		
Profesor de buenas costumbres (4.000 €): El colegio ganaría prestigio y alumnos nuevos. Se eliminarían problemas de disciplina.		
Reformar el gimnasio (6.000 €): Mens sana in corpore sano. Los alumnos necesitan un estímulo para animarse a hacer más gimnasia.		
Aula de informática con acceso a Internet (10.000 €): Hay que adaptarse a los nuevos tiempos.		
Subvención a excursiones y viajes de fin de curso (6.000 €): Con esta subvención se puede lograr que todo el mundo participe.		
Profesor de segundo idioma extranjero (10.000 €): Las lenguas ayudan a abrirse camino.		
Huerto (6.000 €): Botánica práctica; además se podrían cultivar frutas y verduras para el consumo interno.		

	PROYECTO	¿ACEPTAR?		RAZONES
Suscripciones a 25 revistas distintas (2.000 €): Los alumnos tienen que estar en contacto con el mundo real.				
Cursillos de desarrollo emocional para todo el alumnado (10.000 €): El conocimiento intelectual no es suficiente, hay que mejorar la autoestima y aprender a enfrentarse a los problemas.				
Otros (€): El Consejo está abierto a cualquier otra propuesta que puedan hacer sus miembros.				

ESCRIBE A TU AIRE

1 ■ Lee estas frases. ¿Quién le está hablando a quién?

   No pongas los codos en la mesa

   ¿En qué año nació Cervantes?

   Si sigues con esa chica te cerramos las puertas

   No fumes

2 ■ Todas estas frases aparecen en un mismo texto. ¿Qué tipo de texto crees que puede ser? (Por ejemplo, un guión de cine).

3 ■ Ve a la página que te dirá el profesor para leer el texto completo. ¿Cuál es el tema del texto?

4 ■ ¿Qué estructura tiene el texto? ¿Lo podrías dividir en partes? ¿De qué trata cada parte? ¿Tiene una introducción y una conclusión?

5 ■ En grupos, con otros compañeros, escribe un texto parecido, con la misma estructura y el mismo tema.

¿TÚ QUÉ CREES?

1 ▪ Observa estas fotos. ¿Qué representan? ¿Qué están haciendo o celebrando las personas que aparecen en las fotos?

2 ▪ ¿Las siguientes afirmaciones sobre la religión en España y en Hispanoamérica son verdaderas o falsas?

a) Casi todos los españoles dicen que son católicos.

b) La mayoría de los habitantes de los países de Latinoamérica dicen que son católicos.

c) En España nunca ha habido protestantes.

d) En Cuba, México y otros países de América se practican religiones de origen africano.

e) En Guatemala todavía se practica la religión maya.

PALABRA POR PALABRA

1 ▪ Debajo tienes unas definiciones de *calvario, limbo, paraíso, peregrino, martirio, reliquia* y *cruz*. ¿Sabes qué explicación corresponde a cada palabra?

1. [_____]
(m.) Tortura o muerte que una persona sufre por sus creencias. 2 (fig.) Trabajo muy duro o gran sufrimiento.

5. [_____]
(n. pr. m.) Lugar donde Jesús fue crucificado. 2 Lugar elevado donde se ha plantado una cruz. 3 (fig.) Sufrimiento que dura mucho tiempo. 4 ANAT. Parte de arriba del cráneo.

2. [_____]
(f.) Madero sujeto en el suelo verticalmente y atravesado por otro más corto en su parte superior en los que se clavaban o ataban los brazos y las piernas de algunos condenados. 2 (fig.) Algo que provoca sufrimiento prolongado y que uno tiene que soportar con paciencia.

6. [_____]
(adj.) Se aplica al que anda por tierras extrañas o a las personas que van a visitar un lugar religioso. 2. (fig.) Extraño, pocas veces visto.

3. [_____]
(m.) Lugar adonde, según la tradición cristiana, van las almas de los niños que mueren sin bautizar. 2. Estar uno en el _____ (fig. y fam.) estar distraído y como atontado.

7. [_____]
(f.) Residuo que queda de algo. 2 Parte del cuerpo de un santo, o lo que por haberle tocado se considera digno de veneración. 3 (fig.) Resto, huella o señal de cosas pasadas.

4. [_____]
(m.) Jardín donde Dios colocó a Adán y Eva. 2. Cielo, lugar en el que las almas son felices en presencia de Dios. 3. Cualquier sitio muy agradable o muy favorable para una determinada actividad.

2 ▪ Como has podido ver, las palabras anteriores tienen más de un uso, y cada uno de ellos está numerado en el diccionario. Lee las siguientes frases, y trata de determinar con qué uso está empleada cada palabra (basta con escribir el número):

a) En esta vida cada uno tiene su **cruz** y la mía es mi marido.

b) No puedes imaginarte el **calvario** que nos hicieron pasar.

c) Algunos países del Caribe se han convertido en **paraísos** fiscales a los que algunos acuden para no pagar impuestos.

d) En la catedral se guardan **reliquias** de varios santos.

e) En este libro se describen los **martirios** a los que sometían a los que se negaban a abandonar sus creencias.

f) Esa música es un **martirio** para los oídos.

g) Desde aquel monte se ve la **cruz** de la iglesia.

h) El pobre está solo y un poco desconectado de la realidad y se le ocurren las ideas más **peregrinas**. Por ejemplo, el otro día se puso él solo a arreglar el tejado de la casa. ¡Ya ves! ¡A sus ochenta años!

i) Los villancicos tradicionales son una **reliquia** de una sociedad rural que ya ha desaparecido.

j) Rosana está siempre ahí, en el **limbo**, sin enterarse ni preocuparse de lo que le pueda pasar a su familia.

3■ Pregúntale a alguno de tus compañeros:

– Qué o quién es su cruz en esta vida.

– Qué cosas son para él un martirio.

– Qué tipo de música o qué cantante o grupo considera ya una reliquia.

– Si ha estado alguna vez en algún paraíso.

– Si conoce a alguien que tenga ideas peregrinas (pídele que te cuente alguna).

– Si conoce a alguien que esté siempre en el limbo y nunca se entere de nada.

La vida en común

Alguien que a toda hora se queja con amargura de tener que soportar su cruz (esposo, esposa, padre, madre, abuelo, abuela, tío, tía, hermano, hermana, hijo, hija, padrastro, madrastra, hijastro, hijastra, suegro, suegra, yerno, nuera) es a la vez la cruz del otro, que amargamente se queja de tener que sobrellevar a toda hora la cruz (nuera, yerno, suegra, suegro, hijastra, hijastro, madrastra, padrastro, hija, hijo, hermana, hermano, tía, tío, abuela, abuelo, madre, padre, esposa, esposo) que le ha tocado cargar en esta vida, y así, de cada quien según su capacidad y a cada quien según sus necesidades.

(Augusto Monterroso, *Cuentos, fábulas y Lo demás es silencio*)

CON TEXTOS 1

1■ ¿Cuánto sabes de los aztecas? Compruébalo con este test rápido.

a) ¿En qué país vivían?

☐ 1. Perú ☐ 2. México ☐ 3. Guatemala

b) ¿Cuándo tuvieron su máxima expansión?

☐ 1. Siglo V antes de Cristo ☐ 2. Siglo VI ☐ 3. Siglo XV

c) ¿Qué idioma hablaban? (Puedes consultar el mapa de la Unidad 1)

☐ 1. Náhuatl ☐ 2. Maya ☐ 3. Quechua

d) ¿Dónde fundaron su capital?

☐ 1. En una isla de un lago.
☐ 2. En una montaña muy alta.
☐ 3. En un valle muy fértil.

e) ¿Qué no tenían los aztecas?

- ☐ 1. Animales de carga.
- ☐ 2. Vehículos con ruedas.
- ☐ 3. Ninguna de las dos cosas.

f) ¿Qué dos herramientas de poder y unión utilizaban?

- ☐ 1. Las carreteras y el idioma.
- ☐ 2. La literatura y el ejército.
- ☐ 3. La religión y los impuestos.

g) ¿Cuáles de estas cosas tenían muy desarrolladas?

- ☐ 1. Agricultura.
- ☐ 2. Comercio.
- ☐ 3. Arte.

2 ■ A continuación vas a leer un texto sobre la religión azteca. En él aparece con frecuencia la palabra *morada*. ¿Cuál de estos dos significados tiene esta palabra en el texto? Léelo por encima y elige.

Morada:

- ☐ 1) del color que resulta de mezclar el rojo y el azul;
- ☐ 2) *(literario)* casa o habitación donde uno reside.

3 ■ ¿Por qué usa el autor la palabra *morada* en lugar de *cielo*, *paraíso* o *infierno* para referirse a los mundos de los muertos de la religión azteca? Lee el primer párrafo del texto de la página siguiente para saberlo.

4 ■ Lee el resto del texto y completa esta tabla con los datos que faltan:

NOMBRE	¿QUIÉNES IBAN?	DESCRIPCIÓN
Bosque de los alimentos		
	Ahogados	
	Mujeres que morían en un parto	
Tonatiuhichan		
		Largo viaje y vida idéntica a la anterior

El destino de los muertos

Las creencias sobre la vida de ultratumba son, junto con los sacrificios humanos, los rasgos más distintivos de la religión azteca. A diferencia de lo que sucede en otras religiones, el destino de los muertos no dependía de la conducta que el difunto hubiera llevado en esta vida, sino de la causa que originó el fallecimiento. Las moradas de los muertos carecían, por lo tanto, de connotaciones morales, y en consecuencia no pueden calificarse de paraísos o infiernos.

Los antiguos mexicanos tenían un lugar especial para los niños que perecían antes de alcanzar el uso de razón. Este limbo, que llamaban "Bosque de los alimentos", era un agradable jardín lleno de flores y árboles. Los niños, transmutados en colibríes, revoloteaban por él libando el polen de las plantas.

Los adultos disponían de tres moradas: el "Tlalocan", el "Tonatiuhichan" y el "Mictlan". La primera –un lugar de características similares– estaba reservada a aquellas personas que morían ahogadas, fulminadas por el rayo, o por cualquier otra causa relacionada con Tlaloc, dios de las aguas. Los difuntos que tenían la fortuna de residir allí llevaban una vida despreocupada, alegre y libre de trabajo, pues el maíz crecía de forma espontánea y los árboles jamás dejaban de dar fruto.

Tampoco era desagradable el destino que los dioses reservaban a las mujeres fallecidas de parto y a los guerreros que perecían bajo la espada del enemigo o el cuchillo del sacerdote. Unos y otras iban a un paraíso solar situado en el firmamento, donde los finados gozaban del privilegio de acompañar al sol en su diario peregrinar. En esta morada, semejante al "Walhala" vikingo o al "Edén" islámico, imperaba una rígida separación de sexos. Los hombres, que ocupaban la parte occidental del cielo o "Tonatiuhichan", sólo podían escoltar al astro rey hasta el centro de la bóveda celeste, ya que la mitad oriental, denominada "Cihuatlampa", estaba reservada a las féminas.

El resto de las almas, es decir, la inmensa mayoría de la población, marchaba al "Mictlan", literalmente la "tierra de los muertos", un misterioso universo que se extendía sobre nueve niveles por debajo de la corteza terrestre. En el noveno plano residía el dios de los muertos, Mictlantecutli, y los difuntos debían presentarse ante él.

Para ello, se veían en la obligación de hacer un largo y peligroso viaje de cuatro años en el curso del cual tenían que cruzar dos montes que chocaban entre sí continuamente, pasar por un camino guardado por una serpiente, escapar al ataque de un cocodrilo, atravesar ocho desiertos, escalar ocho montañas nevadas, recorrer una llanura barrida por un viento helado y vadear nueve ríos.

Cuando los peregrinos alcanzaban la meta, si es que la alcanzaban, entregaban algunos presentes al Señor del lugar y después se reunían con los otros muertos, iniciando una existencia idéntica a la que llevaron en vida.

(Germán Vázquez Chamorro *La religión azteca*, fragmento)

5 ▪ Busca en el texto tres palabras que signifiquen *muertos* y un verbo que signifique *morir*.

6 ▪ ¿Qué crees que es el "uso de razón" que se menciona en el segundo párrafo? ¿Qué niños iban al "Bosque de los alimentos": los muy pequeños o los que ya eran un poco mayores?

7 ▪ ¿Quién es el "astro rey" que mencionan en el párrafo cuarto? ¿Puedes encontrar dos sinónimos de *cielo* en ese mismo párrafo?

8 ▪ ¿Cuál de todas las moradas te parece la más agradable? Coméntalo con un compañero.

MATERIA PRIMA 1

1 ▪ Estas palabras están relacionadas con lugares y tradiciones religiosas de España y otros países. Escríbelas en los tres grupos de la página siguiente:

- paso
- belén
- cabalgata
- paraíso
- costalero
- saeta
- aguinaldo
- limbo
- ermita
- procesión
- villancico

Nombres de lugares	Relacionadas con la Navidad	Relacionadas con la Semana Santa

2 ■ Relaciona los elementos de estas dos columnas.

a) Un paso es una escultura o grupo de esculturas.

b) Una saeta es un cante flamenco.

c) Un belén es un grupo de figuras.

d) El aguinaldo es un pequeño regalo, normalmente dulces o dinero.

e) El paraíso es un lugar.

f) Un costalero es una persona.

g) Una ermita es una iglesia pequeña, situada normalmente fuera de las poblaciones.

h) Una cabalgata es un desfile.

i) El limbo es un lugar.

1. En él se representa el nacimiento de Jesucristo.

2. En ella no suele haber culto permanente (es decir, celebración de misas, rituales, etc.).

3. Con él se recompensa a los niños que van por las casas cantando villancicos.

4. En él se representan los hechos relacionados con la muerte de Jesucristo, y se saca en las procesiones.

5. En él se disfruta después de la muerte.

6. Con él se celebra la llegada de los Reyes Magos.

7. Con él algunas personas homenajean a los pasos en las procesiones.

8. Sobre ella recae el peso de los pasos de las procesiones.

9. A él van las almas de los niños que mueren sin bautizar.

3 ■ Con la información que tienes ahora, puedes escribir una definición completa de estas palabras, como las de los ejemplos:

Ejemplos: Un paso es una escultura o grupo de esculturas **en el que / en el cual** se representan los hechos relacionados con la muerte de Jesucristo, y **que** se saca en las procesiones.

El paraíso es un lugar **donde / en el que / en el cual** se disfruta después de la muerte.

a) Una saeta es un cante flamenco ....
....

b) Un belén es un grupo de figuras ....
....

c) El aguinaldo es un pequeño regalo, normalmente dulces o dinero,...

d) Un costalero es una persona ....
....

e) Una ermita es una iglesia pequeña, situada normalmente fuera de las poblaciones,

....

....

f) Una cabalgata es un desfile ....

....

g) El limbo es un lugar ....

....

4■ Busca alguna palabra de tu lengua que se refiera a un objeto, lugar o aconteci-miento relacionado con tu religión o creencias, y explícasela al resto de la clase. Antes de hacerlo, lee las explicaciones que tienes debajo.

Ejemplo: (Un alumno japonés) Un *torii* es una especie de puer-ta con la que se señala que hay muy cerca un templo.

Un poco más sobre este tipo de frases:

En general, en este tipo de frases de relativo (especificati-vas con preposición), podemos usar, sin diferencia de sig-nificado, los pronombres el/la/lo/las/los que y el/la/lo/las/los cual/cuales. Sin embargo, hay que tener en cuenta dos cuestiones:

– El relativo con cual/cuales es formal.

– Detrás de la preposición *según*, y de grupos de palabras como *dentro de, debajo de, alrededor de, gracias a, pese a, en favor de*, etc., se suele usar la forma cual/cuales, y no *que*. Por ejemplo: "El palio es una tela, colocada sobre cuatro o más columnas largas, debajo de la cual se llevan las imágenes en las procesiones".

¡LO QUE HAY QUE OÍR!

A continuación vas a oír parte de un reportaje sobre algunos aspectos de la vida de los indios quiché de Guatemala. Fíjate en las fotos, escucha la grabación y con-testa las preguntas.

1■ El reportaje empieza en esta iglesia católica de Chichicastenango: ¿quién acude a la misa?

2▪ El reportaje continúa en otro decorado:

a) ¿Para qué están haciendo esta ceremonia?

b) ¿Qué son el *copal* y el *guaro*?

c) ¿Quiénes participan en esta ceremonia?

d) ¿En qué creen los costumbristas?

3▪ Aquí tienes una foto del ídolo *Pascual Abah*:

a) ¿Qué representa para los costumbristas?

b) ¿Qué tipo de funciones realiza un *sajorín*?

4▪ ¿Por qué dice el periodista al final del reportaje "poco importa si lo han pedido con la Biblia o con el Popol Vuh"?

MATERIA PRIMA 2

1▪ Aunque las celebraciones de la Navidad se parecen mucho en los países de Europa occidental, hay algunas diferencias. Vamos a ver un ejemplo sobre el día en el que se hacen regalos a los niños, y el personaje que tradicionalmente los hace. En el siguiente texto faltan los nombres de algunos países; con ayuda de tus compañeros, pon el nombre de cada uno de estos países en su lugar:

• Bélgica • España • Grecia • Portugal • Italia • Países Bajos

En la tradición cristiana hay tres días para entregar regalos a los niños: en España y en Italia es el 6 de enero, y en otros países, como _____ (1), Luxemburgo, _____ (2) y parte de Francia, ese mismo día llega San Nicolás (obispo que, según la leyenda, resucitó a tres niños que **habían sido asesinados** por un carnicero); en otros países europeos el día 24 de diciembre **se celebra** la llegada de Santa Claus o Papá Noel; en el mundo ortodoxo los regalos **se reparten** el 1 de enero, y es San Basilio quien los da.

Últimamente las costumbres **se mezclan**: por ejemplo, en _____ (3) los niños reciben ahora regalos de Papá Noel y de los Reyes Magos; asimismo, en

_____ (4), el día 24 **se organiza** una cena familiar y **se entregan** regalos, pero también la bruja Befana **es esperada** por los niños con impaciencia.

En _____ (5), los regalos a los niños **se dan** en Nochebuena o en la mañana de Navidad. El "Pai Natal" (Padre Navidad) deja los regalos encima de sus zapatos.

En _____ (6), San Basilio **se celebra** el 1 de enero, dejando los regalos bajo el árbol de Navidad. Ese día **se come** un tortel, la *basilópita*, que esconde una moneda. El que la encuentra es afortunado todo el año.

(De *Ilustres visitantes*, por Charo Canal, y *Navidad en la zona euro*, por Carmen Pérez-Lanzac, Javier García y Nuria Caminal, extractos)

2 a) Completa estos cuadros con los datos del texto anterior:

SINGULAR		SUJETO GRAMATICAL DE LA FRASE
	Se celebra...	...la llegada de Santa Claus o Papá Noel
	Se organiza...	
	Se celebra...	
	Se come...	
	Es esperada...	

PLURAL		SUJETO GRAMATICAL DE LA FRASE
	Se reparten...	...los regalos
	Se mezclan...	
	Se entregan...	
	Se dan...	
	Habían sido asesinados...	

b) En un texto que describe las costumbres navideñas, una vez conocido el país del que se habla, ¿qué dato es importante dar?:

    1. Lo que se hace en ese país.

    2. Qué personas del país lo hacen.

c) Por lo tanto, podemos decir que usamos el pronombre *se* y una construcción de este tipo cuando...:

    1. Expresar "quién hace algo" es más importante que expresar "qué hace".

    2. Expresar "qué se hace" es más importante que expresar "quién lo hace".

d) ¿En cuáles de estos tipos de texto te parece que puede usarse mucho esta construcción con *se*?

    1. Descripción de rituales religiosos.

    2. Narración de una anécdota.

    3. Libros de recetas de cocina.

    4. Folleto comercial que describe el proceso de fabricación de un producto.

    5. Indicaciones para encontrar una calle.

e) Observa de nuevo los cuadros y el texto: ¿qué diferencia encuentras entre las frases "es esperada" y "habían sido asesinados" y todas las demás? En estas dos frases, ¿es importante expresar quién ha asesinado a los niños y quién espera a la bruja? ¿Cómo se expresa en el texto?

En español existen dos tipos de construcción pasiva, que se usan cuando el tema principal es la cosa o persona afectada, y no la que realiza la acción:

1. Cuando el sujeto es muy general, no interesa, es ya conocido o es un grupo de personas que tiene algo en común, preferimos la construcción:

(Sujeto gramatical) *se* **+ verbo en singular o plural**

San Basilio se celebra...

se **+ verbo en singular o plural (Sujeto gramatical)**

Se entregan regalos...

2. Cuando tenemos que especificar quién es la persona que realiza la acción, podemos usar la construcción:

Sujeto gramatical + verbo en pasiva (*ser* **+ participio**) **+** (*por* **+ persona que realiza la acción**).

La bruja Befana es esperada por los niños.

Nota:
La segunda construcción pasiva se usa solamente en algunos tipos de textos formales, por ejemplo los periodísticos. En las demás situaciones se prefiere, si hay que especificar quién realiza la acción, una construcción activa, como: *A la bruja Befana la esperan los niños italianos, y a los Reyes Magos los niños españoles, A los tres niños los había asesinado un carnicero.*

3 ▪ En casi todos los países hay alguna fecha en la que se recuerda a los antepasados muertos. En estos textos nos hablan de cómo se celebra este día en Irlanda y en México. Complétalos con los siguientes verbos usando la construcción pasiva con *se*. Usa cada verbo solamente una vez:

- hacer
- decorar
- arreglar
- podar
- originar
- organizar
- celebrar
- quemar
- comprar
- encender
- colocar
- poner
- pintar

En Irlanda, donde _____ (a) Halloween, _____ (b) hogueras en las áreas rurales, igual que en el tiempo de los celtas. Los niños se disfrazan y pasan la tarde pidiendo "truco o regalos". Más tarde, _____ (c) juegos en fiestas privadas. El plato tradicional típico del Halloween irlandés es el *barnbrack*, una especie de pastel de fruta que _____ (d) en casa o que también puede _____ (e).

El Día de los Muertos en México _____ (f) el 2 de noviembre, cuando, según la creencia popular, los ya fallecidos regresan a sus hogares en la tierra.

_____ (g) en las casas altares para los espíritus, que _____ (h) con flores, fotografías, caramelos con los nombres de los fallecidos, y su comida y bebida favoritas. _____ (i) velas e incienso para ayudar a los muertos a encontrar el camino a casa. En estos días _____ (j) las tumbas: _____ (k), _____ (l) las malas hierbas de alrededor y _____ (m) coronas de flores.

(www.terra.com/especiales/halloween)

CON TEXTOS 2

1 ■ ¿Sabes qué es un santo? ¿Sabes que muchos católicos rezan a los santos para conseguir algo determinado? Comprueba en el texto de la página siguiente si estas afirmaciones son verdaderas o falsas. Luego busca la palabra o expresión que se emplea en el texto para decir lo mismo que está marcado en las frases.

a) San Daniel es el santo que **ayuda** con los dolores de muelas.

b) Cuando se pierde algo, hay que **llamar para que nos ayude** a San Antonio de Padua.

c) **Los que no encuentran ayuda en ningún sitio** tienen su patrón en San Pascasio.

d) **Los huesos que se salen de su sitio** los arregla San Gregorio el Magno.

e) Para las **catástrofes** se reza a San Benito Abad.

f) San Pascual Bailón avisa de su muerte a **los que le rezan**.

g) Las **mujeres que están dando a luz** se acuerdan de Santa Librada.

h) También hay santos para las **enfermedades** modernas.

i) **Cuando la comida o la bebida se van hacia los pulmones**, hay que invocar a San Blas.

j) San Alejo ayuda a curar la **falta de apetito**.

Santos para todo

Santa Apolonia echa una mano en los dolores de muelas; santa Irene es la patrona de la virginidad, aunque también comparte el tema con san Daniel o, en algún aspecto, con san Antonio de Padua, a quien se invoca para las cosas perdidas.
5 Otros santos curiosos son san Pascasio para los desvalidos; el Santo Ángel de la Guarda, protector de los niños, o san Emeterio, para las dislocaciones (ya saben los deportistas).

De santo Tomás de Aquino se acuerda uno en los exámenes; de san Gregorio el Magno, cuando hay enfermedades del
10 vientre, y de santa Madrona, en las calamidades públicas. Curioso es san Benito Abad, de quien se dice que *avisa* a sus devotos unos días antes de su muerte, lo mismo que san Pascual Bailón.

San Vicente Ferrer *controla* los dolores de cabeza y santa
15 Felicitas es invocada en la esterilidad, aunque hay santos que

sirven para lo mismo, como san Félix de Cantalicio. La verdad es que hay varios que solucionan este antiguo problema, como santa Casilda, y muchos otros que *ayudan* a que el parto llegue a buen término. La más interesante, en este aspecto, es
20 santa Librada, patrona de Sigüenza, a quien las parturientas le decían una antigua oración: "¡Ay!, santa Librada, santa Librada, por qué no será la salida como la entrada".

Males modernos como el sida o el cáncer tienen también sus *médicos* en el santoral. San Vidal cura las enfermedades con-
25 tagiosas y santa Reparada el mismo cáncer. Y aún nos queda un largo etcétera: san Blas, para los atragantamientos; san Dionisio o san Ciriaco, para la posesión diabólica; santa Quiteria, contra la rabia; santa Petronila, para la melancolía; san Erasmo, para el dolor de intestinos; san Nazario, para la
30 locura; san Alejo, contra la desgana, o san Bartolomé, para las enfermedades de la piel (no hay que olvidar que murió despellejado).

(César Justel)

2 ¿Qué cuatro santos ayudan a tener hijos?

3 Fíjate en estas expresiones del texto. ¿Qué crees que significan? Contesta las preguntas.

a) "ya saben los deportistas (línea 7)" ¿Crees que la mayoría de los deportistas ya saben esto o que el autor está animando a los deportistas a que aprendan algo nuevo?

b) "llegue a buen término (línea 18-19)" ¿Qué otras palabras conoces que se parezcan a "término"? ¿Qué crees entonces que significa esta expresión?

c) "el mismo cáncer (línea 25)" ¿Se refiere el autor a un cáncer que ya ha mencionado o utiliza "mismo" para decir "incluso el cáncer"?

d) "un largo etcétera (línea 26)" ¿Habrá muchos más o pocos?

4 En el último paréntesis del texto se nos da la clave de por qué se ha elegido un determinado santo para cada tipo de problema. ¿Sabrías explicarlo?

5 ¿Si fueras católico, a qué santos te convendría rezar a ti en este momento? ¿Por qué? Cuéntaselo a tus compañeros.

MATERIA PRIMA 3

1 ▪ a) ¿Con qué creencias o países asocias cada una de estas costumbres?

1. Bañarse en un río o en el mar la noche de San Juan (24 de junio).

2. Tener en casa un altar con un símbolo sintoísta, otro budista y otro católico.

3. Ser vegetariano y no rezar con el estómago vacío.

4. Ir siempre con una escoba para poder barrer el suelo y así no pisar a los insectos, y llevar máscaras para evitar comérselos.

5. Rechazar el uso de la energía eléctrica.

6. Ir al menos en una ocasión en la vida a La Meca (Arabia Saudí).

a) Lo hacen los monjes y monjas jainitas (religión: jainismo, sobre todo en India).

b) Es práctica común en Japón.

c) Viene de antiguas leyendas paganas de Europa, que se han integrado en una fiesta dedicada a un santo cristiano.

d) Lo hacen los musulmanes.

e) Es característico de muchos hinduistas.

f) Lo hacen los "amish", grupo religioso estadounidense.

b) ¿Tienes idea de la causa y origen de estas prácticas? Si no, probablemente podrás adivinar cuál corresponde a estas explicaciones. Completa esta explicación con palabras del ejercicio anterior.

Los hinduistas consideran que los animales y los seres humanos deben ser tratados con el mismo respeto y reverencia. **De ahí que** muchos de ellos sean _____ (1).

También creen que el cuerpo humano es el vehículo más importante para acercarse a Dios. **De ahí que no recen** _____ (2).

c) Cuando te hemos dado las explicaciones en el ejercicio anterior ¿conocías ya esas costumbres de los hinduistas, es decir, conocías la consecuencia? Ten en cuenta esto y elige las opciones correctas:

Con las palabras **de ahí** introducimos una consecuencia de algo que hemos dicho antes; esa consecuencia es algo que creemos que es **(ya conocido / todavía desconocido)** (1) por nuestro interlocutor, y lo que hacemos es explicarle, con la frase anterior a **de ahí**, por qué sucede o puede suceder eso que él **(ya sabe / todavía no sabe)** (2). Cuando detrás de **de ahí** usamos una frase, necesitamos la palabra **que** y el verbo está en **(indicativo / subjuntivo)** (3). **De ahí** introduce una frase **(independiente / dependiente)** (4) en su entonación de la anterior; por eso va precedido de pausa **(breve / fuerte)** (5), que se representa normalmente con **(un punto o punto y coma / una coma)** (6).

d) Completa, con la información del ejercicio 1.a), estas explicaciones:

1. Los sintoístas no consideran que sus creencias y prácticas sean un obstáculo para practicar otras religiones. De ahí que ....

2. Algunas leyendas europeas dicen que todas las aguas tomadas la Noche de San Juan tienen un poder curativo. De ahí que ....

3. Los monjes y monjas jainitas, siguiendo los preceptos de su religión, deben proteger todas las formas de vida; de ahí que ...., y que ....

2. **a) Relaciona los hechos de estas dos columnas:**

1. Confucio pensaba que los hijos debían honrar a los padres tanto en vida como después de la muerte. **Por eso,...**

2. En el año 270, el emperador romano Claudio II prohibió a los soldados contraer matrimonio para que se dedicaran en cuerpo y alma al arte de la guerra. Valentín, un joven obispo romano, casaba a las parejas en secreto. El emperador se enteró y ordenó decapitarle. Mientras estaba todavía en prisión a la espera de su ejecución, se enamoró de la hija ciega del carcelero. Gracias a un milagro del obispo, la joven recobró la vista. El suceso se hizo tan popular que el recuerdo de su muerte fue conmemorándose y sustituyendo a la fiesta romana del dios Lupercus, que se celebraba a mediados de febrero. **Por todo esto,...**

3. Algunos pueblos indios de Norteamérica pensaban que si morían de noche, no podrían ver a su dios, Manitú, y seguirle hasta el paraíso. **Por ello,...**

4. Los hombres de la religión sij (nacida en el Punjab, al norte de la India y Pakistán) no pueden cortarse el pelo, **y por eso...**

5. La religión bahai (fundada en Irán en el siglo XIX) se basa en el culto a un solo dios, que está en la raíz de todas las religiones. **Por esta razón,...**

a) nunca atacaban por la noche.

b) su símbolo es una estrella de nueve puntas, que representa esta combinación religiosa.

c) hoy en día se celebra en muchas partes del mundo el día de los enamorados el 14 de febrero, día de este santo.

d) impulsó la práctica del culto a los antepasados, que sigue siendo muy importante en China.

e) llevan un turbante para recogérselo.

b) Cuando hemos escrito las frases del ejercicio anterior, ¿creíamos que eran informaciones nuevas para ti o que ya sabías todas estas cosas? Elige la opción correcta:

Con las palabras *por eso, por ello, por todo esto, por esta razón* introducimos una consecuencia directa de algo que hemos dicho antes, pues decimos que todo lo anterior es la causa de lo que se dice después; esa consecuencia es algo *(ya conocido / todavía desconocido / que puede ser conocido o no)* por nuestro interlocutor.

Por ello, por todo esto, por esta razón son formales. *Por eso* es neutro.

c) Piensa en alguna creencia de tu país o tu zona que sea la explicación de alguna tradición, costumbre, etc. Cuéntasela a tu profesor y al resto de la clase.

Ejemplo: En mi ciudad dicen que da buena suerte encontrarse una moneda
en el suelo. Por eso todo el mundo va siempre mirando al suelo.

3 a) Lee estos textos y sus posibles continuaciones. ¿Cuál crees que es la verdadera?

1. En San Pedro Manrique, pueblo de Soria (España), la costumbre en San Juan es cruzar descalzos sobre las brasas de
la hoguera. Los turistas que van a la fiesta, cuando cruzan la
hoguera, suelen pisar flojo…

a) … y, por lo tanto, no se queman.

*(Razonamiento anterior: si pisas suavemente, no llegas a
quemarte)*

b) … y, por lo tanto, se queman.

*(Razonamiento anterior: al pisar fuerte se para la combus-
tión y no te quemas)*

2. En gran parte de la India, desde muy antiguo la vaca es considerada símbolo de la fertilidad y tiene un carácter sagrado…

a) Por lo tanto, su carne no se come.

*(Razonamiento anterior: los animales sagrados deben ser
respetados y no se pueden comer)*

b) Por lo tanto, es una de las carnes más vendidas del país.

*(Razonamiento anterior: Los animales sagrados se deben
comer para así entrar en contacto con la divinidad)*

b) Como has visto, según tus conocimientos o los razonamientos que hagas, la
consecuencia que extraigas puede ser diferente. Para esto usamos normalmente *por lo tanto*: para expresar consecuencias que pueden deducirse de lo
que hemos dicho antes mediante un razonamiento o conocimiento. Cuando la
consecuencia no puede deducirse mediante un razonamiento, no solemos usar
por lo tanto, sino las expresiones de consecuencia que hemos estudiado antes
(*por eso*, *por ello*, etc.). Fíjate en este ejemplo:

*La religión bahai se basa en el culto a un solo dios, que está en la raíz de todas las reli-
giones. Su símbolo es una estrella de nueve puntas, que representa esta combinación
religiosa.*

¿Podemos hacer un razonamiento que nos lleve del culto a un solo dios que está
en la raíz de todas las religiones a la estrella de nueve puntas? ¿Por qué de nueve
puntas? ¿Podría ser de doce puntas, o de quince? ¿Podría ser otro símbolo que
no fuera una estrella?

En este ejemplo no podríamos usar *por lo tanto*, sino *por ello*, *por eso*, *por esta
razón*, si queremos señalar que el uso de la estrella de nueve puntas es consecuencia de lo anterior.

c) ¿Puedes relacionar las prohibiciones con cada religión?

Judía
Católica
Musulmana

No se puede comer cerdo ni marisco.

No se puede comer cerdo.

No se puede comer carne los viernes de Cuaresma.

No se puede comer ni beber hasta que se hace de noche durante el mes de Ramadán.

d) Ahora puedes usar lo que sabes para terminar estas frases (en algunas hay varias posibilidades):

1. Es judío; por lo tanto, no puede ....

2. No come carne de cerdo ni marisco; por lo tanto, puede que ....

3. Es católica; por lo tanto, no debería ....

4. Hoy es viernes y no ha comido carne; por lo tanto, debe de ....

5. Es musulmán; por lo tanto, durante este mes ....

6. No prueba la carne de cerdo; por lo tanto, debe de ....

También existe la forma *por tanto*, menos usada y de carácter más formal.

DIMES Y DIRETES

1. En la lengua hablada se usan muchas frases hechas y expresiones relacionadas en su origen con la religión. Fíjate en el anuncio, ¿para qué se ha utilizado la frase "que no se te vaya el santo al cielo"? Elige la respuesta correcta.

a) Para decir que un teléfono móvil es un buen regalo.

b) Para decir que con este regalo los padres podrán hacer más caso a sus hijos.

c) Para recordar a los hijos que el día 19 es el día del padre.

2 ■ Aquí tienes una lista de algunas de las expresiones de origen religioso más utilizadas. Elige tres de ellas y escribe sus definiciones en un papel, sin mencionar la expresión (usa el diccionario si es necesario). Dale el papel a un compañero. Luego trata de averiguar, sin mirar el diccionario, qué expresiones corresponden a las definiciones que tu compañero te ha dado.

- A la buena de Dios.
- Acabar como el rosario de la aurora.
- Írsele a alguien el santo al cielo.
- No saber de la misa la mitad/la media.
- ¡Vaya por Dios!

- Como Dios manda.
- Hablar en cristiano.
- Llegar y besar el santo.
- Armarse la de Dios (es Cristo).
- Aparecérsele a uno la Virgen.

3 ■ En los siguientes diálogos aparecen expresiones de la lista anterior, en un contexto que te permitirá ver cómo se utilizan. Pero antes tendrás que ordenarlos (escribe números indicando el orden en que hablan los interlocutores):

a)

- ☐ – ¿Quieres hablar en cristiano? No me entero.
- ☐ – ¿Qué le pasa a la cámara?
- ☐ – ¡Vaya por Dios! ¡Qué fastidio! ¿Y cuánto me va a costar?
- ☐ + Que se ha desajustado el balance de blancos automático.
- ☐ + Pues que el ajuste del color no está bien.

b)

- ☐ + Si es que si hicieran las cosas como Dios manda y le pagaran a cada uno lo que le corresponde, no pasarían estas cosas.
- ☐ – No veas. La cosa empezó porque uno protestó porque le habían pagado de menos y terminamos todos cortando el tráfico en la calle de al lado de la fábrica. Vino la policía y todo y se armó la de Dios es Cristo: pedradas, porrazos, botes de humo…
- ☐ + Pero bueno ¿qué pasó ayer? El día antes de Navidad y terminasteis la fiesta como el rosario de la aurora.

c)

- ☐ – Pues se te ha aparecido la Virgen, porque yo cada vez que entro en ese banco me paso allí por lo menos hora y media.
- ☐ + ¡Qué va! No había nadie y en seguida me han hecho el ingreso. Ha sido llegar y besar el santo.
- ☐ – ¿Qué tal? ¿Había mucha cola en el banco?

d)

- ☐ – Mira, Rosa, yo no sé tú qué pensarás, pero a mí no me gusta nada el colegio ese al que está llevando tu hermana a sus hijos…
- ☐ – Pero es que Rosa, hija, la educación no es una cosa que uno pueda dejar así, a la buena de Dios. Hay que tener cuidado y elegir bien, que se está uno jugando el futuro de esos niños.
- ☐ + Mira, mamá, cállate, que tú no sabes de la misa la mitad…, que a lo mejor llevan allí a los niños porque no se pueden permitir un colegio más caro. Y no digo más. Mejor me callo.
- ☐ + Pues tampoco me he parado mucho a pensarlo, madre, pero yo creo que en eso no deberíamos meternos ni tú ni yo.

4 ■ Completa ahora cada una de estas frases con una de las expresiones que has visto en esta sección.

a) Era una madre muy descuidada. Por las mañanas se iba de casa a hacer sus cosas y dejaba a los tres niños pequeños solos, así ....
....

b) Sus fiestas familiares siempre empiezan muy bien, pero muchas veces, cuando alguno se emborracha, empiezan a discutir y terminan ....
....

c) ¿Cómo que si cuentas con mi anuencia? No te entiendo. A mí ....
.... para que yo te entienda.

d) Me he quedado como un tonto viendo la tele y se ....
.... Siento mucho llegar tan tarde.

e) Éste no .... Ni siquiera se ha enterado de que querían echarle de la empresa.

f) Como el gobierno no haga algo para arreglar la situación económica, allí se va a ....

g) ¡..! Se me ha olvidado comprar el aceite y ahora me tengo que volver al supermercado.

h) A mí me gusta hacer las cosas .... y pedir permiso antes de hacer la obra, que luego no quiero yo problemas con los vecinos ni con el Ayuntamiento.

i) Fue un verdadero milagro. Se .... El coche se salió de la carretera un minuto antes de que pasara el camión.

j) No te preocupes, que no vamos a tardar nada. Como tenemos todos los papeles rellenos y el pago hecho en el banco, va a ser cuestión de ....
....

HABLA A TU AIRE

1 ■ ¿Qué costumbres de otras religiones has aprendido en esta unidad? ¿Cuáles te han sorprendido más? Coméntalo con un compañero siguiendo este modelo:

> + Yo no sabía que los hindúes no rezaban con el estómago vacío.
>
> – Sí, yo tampoco lo sabía, pero a mí lo que más me ha chocado es que los católicos recen a los santos para pedir cosas tan concretas. Y también he aprendido que los que van barriendo el suelo por donde pisan en la India se llaman jainitas.

2 ■ **a** La boda es una de las ceremonias que se celebra en casi todas las religiones. ¿Sabes cuáles de estos elementos son habituales en una boda católica española? Señala los que te parece que lo son y compara tus respuestas con las de otros compañeros.

1) El novio le entrega a la novia unas monedas llamadas *arras*.

2) El padre de la novia le paga una dote al novio.

3) Al término de la ceremonia religiosa, el sacerdote le dice al novio que puede besar a la novia.

4) A la salida de la iglesia, los amigos de los novios les tiran arroz.

5) Durante el banquete, los amigos del novio le cortan la corbata y piden dinero a los invitados a cambio de un trozo de corbata.

6) Los novios beben de la misma copa y después la rompen.

7) Los novios, unos meses antes de la boda, hacen en la iglesia un curso de preparación para el matrimonio.

8) La gente aplaude al final de la ceremonia religiosa.

9) En los pueblos, los amigos del novio van a cantar a la ventana de los recién casados durante la noche de bodas.

10) El novio con sus amigos, y a veces también la novia con sus amigas, por separado, celebran unos días antes de la boda su "despedida de solteros".

b Comenta tus respuestas con el resto de la clase. El profesor te dirá si has acertado en tus respuestas.

c ¿Conoces otras costumbres relacionadas con las bodas? Cuéntaselas a tus compañeros.

ESCRIBE A TU AIRE

1 ▪ Lee este mito que nos narra una de las tradiciones orales de los indígenas sumus escrita por un estudiante de español y que contiene algunos errores. ¿Qué título le pondrías?

> Los sumus dicen que el mundo fue creado por dos hermanos, el mayor de los cuales se llamaba Papang, que significa "padre".
>
> Despues de crear las montañas, lagunas, bosques, rios y sabanas, los dos hermanos creadores remaron por el rio en una pequeña barca. De repente, la barca llego a una zona de rapidos, volco y lanzo a los dos hermanos al agua. Los dos nadaron hacia la orilla para salvarse y, sintiendo frio, encendieron un fuego. Como tambien tenian hambre, se fueron al monte, donde encontraron algo de maiz, que cortaron y tostaron. Terminada la comida, echaron unas mazorcas de maiz al suelo, donde de inmediato se transformaron en animales; otras mazorcas las echaron al agua y se transformaron en peces; del resto salieron pajaros que se fueron volando al aire.

Asombrados por esta inesperada manifestacion de vida alrededor de ellos
y sorprendidos por sus formas extrañas, los dos hermanos descuidaron
el fuego, que se extendio y alcanzo a Papang. Al empezar a arder en
llamas, Papang se desprendio de la tierra y subio cada ve-
z mas alto hasta que su hermano menor solamente pudo verle
como un punto grande y ar-
diente en el cielo. Asi nacio el sol.

Mientras el hermano menor estaba mirando hacia arriba, esperando
que regresara Papang, a el tambien lo alcanzaron las malvadas llamas
y a su vez empezo a ascender; pero, no deseando compartir el destino
de su hermano, lucho por mantener su gravedad, echando asi gran cantidad
de chispas. Al final, tuvo que rendirse y siguio subiendo, a-
compañado de las chispas que se desplegaron por todo el firmamento,
quedando el en el cent-
ro. De esta manera se formaron la luna y las estrellas.

Los Sumos se consideran hijos de Papang, habiendo sido formados por sus rayos

(Basado en un relato de *Tradiciones orales de los indígenas sumus*, de Götz von Honuwald y Francisco Rener)

2 ▪ ¿Te has fijado en que a la persona que escribió este texto se le olvidó poner las tildes? Antes de ponerte a corregir el texto, vamos a repasar algunos de los casos en los que se usa la tilde para distinguir entre dos significados diferentes de una misma palabra. Fíjate en estos ejemplos y completa la tabla de más abajo.

+ Los musulmanes, *como* los judíos, no comemos cerdo.

– *Sí*, ya lo sabía.

+ Pues Marina, *aun* sabiéndolo, me puso jamón de aperitivo. Me dio tanta rabia que *aún* me estoy acordando.

+ ¿*Cómo se* llama la religión *de* los musulmanes?

– No lo *sé*.

+ Los católicos creen *que* hay otra vida después *de* la muerte.

– ¿*Qué* opinas *tú*? *Tu* idea probablemente será distinta de la mía.

+ ¿A ti *qué te* parecería no poder tomar café ni *té*, *como* los mormones?

– A *mí* me daría igual *si mi* religión me los prohibiera, porque no me gustan…

+ Cuando *el* novio le *dé* las arras a la novia, dirá que son el símbolo *de* los bienes que va

   a compartir con *él*.

+ Una ermita es un edificio *donde* se guarda alguna imagen religiosa.

– ¿*Dónde* está la ermita del pueblo?

	LLEVA(N) TILDE SI...	NO LLEVA(N) TILDE SI...
	...es un verbo.	...es una preposición.
Palabras como		
,		
y		
	...son pronombres interrogativos.	...no son pronombres interrogativos.
	...es una infusión.	...es un pronombre.
y		
	...son pronombres personales.	...son posesivos.
	...es un pronombre.	...acompaña a un nombre.
	...es un verbo.	...es un pronombre.
	...es una afirmación.	...introduce una condición.
	...cuando significa *todavía*.	...cuando significa *incluso*.

3 ■ Repasa ahora el texto y pon las tildes que faltan.

4 ■ Por último, fíjate en cómo están divididas en el texto las palabras que no cabían en una sola línea. Teniendo en cuenta las siguientes reglas; ¿están bien todas las divisiones?, ¿qué reglas no se cumplen en las divisiones que están mal?

– Las combinaciones **ch**, **ll** y **rr** se consideran una sola letra y nunca se dividen.

– Dos o más vocales que van juntas no pueden separarse (excepto en palabras compuestas como **cumple-años** o **antesde-ayer**).

– Cuando hay una consonante entre dos vocales, se une a la segunda vocal: **co-ro**.

– Cuando hay dos consonantes juntas entre vocales, cada una se junta con una vocal: **im-por-tan-te***.

– Cuando hay tres consonantes juntas entre vocales, las dos primeras consonantes se unen a la primera vocal y la siguiente, a la segunda vocal: **ins-tan-te***.

– Cuando la primera sílaba de una palabra es una vocal sola, no hay que dejarla sola al final de la línea (por ejemplo, no se puede hacer la división **a-tención**, pero sí **aten-ción**).

* Excepción: las combinaciones de las letras *b, c, d, f, g, p, t* + *r* / *l* no se pueden separar: *a-brir, an-cla, a-gra-da-ble*

5 Ahora, ¿por qué no intentas escribir un relato semejante al del texto contando otro mito, real o inventado? Te proponemos que con él expliques alguno de los siguientes fenómenos:

– El origen de los cinco continentes.

– El descubrimiento del fuego.

– Por qué el hombre es distinto de los demás animales.

– La creación de los volcanes.

Antes de ponerte a escribir, trabaja con uno o más compañeros y desarrolla los detalles del mito. Recuerda que si quieres que tu relato sea interesante, tendrás que incluir muchos detalles y, si quieres, algo de diálogo para hacerlo más dramático.

6 Cuando tengas escrito el texto y antes de dárselo a tu profesor, déjaselo a un compañero para que lo revise. Siempre que revises un texto, puedes utilizar esta tabla de diez puntos:

1. ¿Tiene el texto una introducción que indique el tema general y atraiga la atención del lector?

2. ¿Están bien marcados los párrafos con puntos y aparte? ¿Hay una sola idea principal en cada párrafo?

3. ¿Incluye el último párrafo una conclusión basada en todo lo que se ha dicho anteriormente?

4. ¿Están bien marcadas las relaciones lógicas de unas frases con otras y se utilizan los conectores adecuados?

5. ¿Hay algo confuso o que no se entienda bien?

6. ¿Concuerdan bien los géneros y los números de sustantivos, adjetivos y verbos?

7. ¿Están todos los verbos en el tiempo correcto y conjugados correctamente? ¿Está en subjuntivo todo lo que debe ir en subjuntivo?

8. ¿Están bien puestas las tildes?

9. ¿Están bien divididas las sílabas entre líneas?

10. ¿Están bien marcadas las pausas breves con comas, y las fuertes con punto y coma o puntos?

¿Crees en los milagros? En este texto se cuenta algo que podría serlo:

A los dieciocho años, siendo el escribano del municipio, se casó con una bella muchacha que murió poco después en el parto de la primera hija. Ésta, más bella aún que la madre, murió de una fiebre esencial a los siete años. Pero la verdadera historia de Margarito Duarte había empezado seis meses antes de su llegada a Roma, cuando hubo que mudar el cementerio de su pueblo para construir una represa. Como todos los habitantes de la región, Margarito desenterró los huesos de sus muertos para llevarlos al cementerio nuevo. La esposa era polvo. En la tumba contigua, por el contrario, la niña seguía intacta después de once años. Tanto, que cuando destaparon la caja se sintió el vaho de las rosas frescas con que la habían enterrado. Lo más asombroso, sin embargo, era que el cuerpo carecía de peso.

Centenares de curiosos atraídos por el clamor del milagro desbordaron la aldea. No había duda. La incorruptibilidad del cuerpo era un síntoma inequívoco de la santidad, y hasta el obispo de la diócesis estuvo de acuerdo en que semejante prodigio debía someterse al veredicto del Vaticano. De modo que se hizo una colecta pública para que Margarito Duarte viajara a Roma, a batallar por una causa que ya no era sólo suya ni del ámbito estrecho de su aldea, sino un asunto de la nación.

(De "La Santa", en *Doce cuentos peregrinos*)

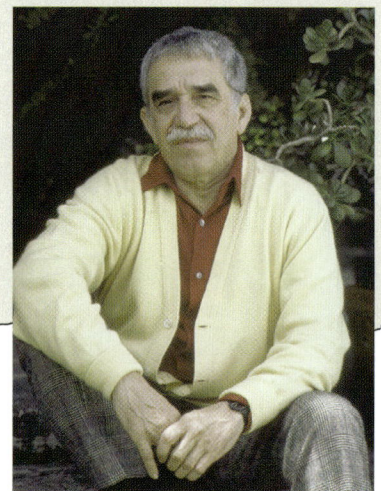

Gabriel García Márquez, Colombia

¿Hay alguna explicación natural para esto o realmente es un milagro?

¿Conoces alguna historia parecida?

¿Crees que Margarito Duarte conseguirá que su hija sea santificada?

Si quieres seguir disfrutando de esta historia, puedes leer el cuento completo... ¡Lee a tu aire!

Repaso III

Unidades 7-9

En las preguntas que ofrecen varias opciones, a veces hay varias respuestas correctas.

1 ▪ Si una mujer está fuera de cuentas es que...

    a) está embarazada y ha pasado ya el periodo crítico de los siete meses.

    b) está embarazada y está en el periodo posterior a la fecha en que el médico le ha dicho que nacería el niño.

    c) ya ha pasado su primer parto.

2 ▪ No _____ más trabas a mi trabajo. Me quejaré al jefe y le diré que no me dejas trabajar.

    a) hagas

    b) pongas

    c) des

3 ▪ Elige la opción correcta (pueden ser las dos):

    (*Mientras/Mientras tanto*) (a) Luis y Pablo van a comprar pan, tú podrías acercarte a la tienda para comprar queso. (*Mientras/ Mientras tanto*) (b), yo voy a mi casa y busco una buena botella de vino.

4 ▪ Me has mentido. Me prometiste que _____ a mi cumpleaños y no lo has hecho.

    a) vendrías   b) vendrás

    c) ibas a venir   d) vas a venir

5 ▪ El médico me dijo que _____ de fumar, pero yo le dije que _____ muy difícil para mí.

    a) dejo - era   b) dejo - fuera

    c) dejara - era   d) dejara - fuera

6 ▪ Hay muchas personas que conducen con cuidado y tienen respeto por los demás, pero desgraciadamente hay _____ que no lo hacen.

    a) otras muchas   b) muchas otras

    c) algunas muchas   d) todas los demás

7 ▪ Fíjate lo viejo que está ahora ese actor. ¡Qué malo es _____ en esa profesión!

    a) enviejar   b) envejecer

    c) viejar   d) vejecer

8 ▪ El pobre está ya muy _____ y tiene un poco de demencia. _____.

    a) senil - antigua

    b) viejo - anticuada

    c) anticuado - senil

    d) viejo - senil

9 ▪ Aunque tiene un aspecto _____, ya tiene casi 26 años.

    a) aniñado

    b) juvenil

    c) pueril

10 ▪ ¿Sabes que Juan se llama ahora Alí? Se ha _____ musulmán.

    a) puesto   b) llegado a ser

    c) hecho   d) quedado

11 ▪ Coloca cada una de las expresiones en el lugar correspondiente. Hay dos que valen para lo mismo.

    – pones como una foca

    – quedas en los huesos

    – pones como una vaca

    – estás hecho un fideo

Tú no tienes término medio. Comes muchísimo y te _____ (a); luego estás a régimen dos meses y te _____ (b), y _____ (c) durante meses.

12 Coloca las palabras *baja*, *crítica* y *aguda* en el lugar correspondiente del diálogo:

- ¿Te has enterado de lo que le ha pasado a Javier? Pues ha pedido la _____ (a) en el trabajo porque tiene una depresión _____ (b).

+ Es que está en una edad _____ (c). Hay muchos que tienen los mismos problemas cuando cumplen sus mismos años.

13 La profesora dijo que _____ el libro para el próximo día de clase. Luego nos pidió que le _____ una ficha con nuestro nombre.

a) teníamos que comprar - diésemos

b) tuviéramos que comprar - diésemos

c) compráramos - diésemos

d) compráramos - teníamos que dar

14 Elige la palabra correcta:

(*Me he matriculado/apuntado*) (a) este año en la Universidad. El problema es que no puedo ir a (*curso/clase*) (b) todos los días. Tampoco sé si podré (*presentarme/sacarme*) (c) a los exámenes. La verdad, no sé si terminaré la (*carrera/asignatura*) (d) alguna vez.

15 Cuando hay tormenta, _____ tiemblan las piernas y _____ ponen los pelos de punta.

a) me - me   b) se me - se me

c) me - se me   d) se me - me

16 Cuando va al dentista, se pone tan nervioso que _____ doblan las rodillas, _____ falla la voz y _____ saltan las lágrimas.

a) se le - se le - le   b) se le - le - se le

c) le - se le - se le   d) le - le - se le

17 Ángel es muy _____. Nunca se le ocurriría insultar a un invitado.

a) galante   b) refinado

c) atento   d) correcto

18 Tu amigo de la oficina es un _____. Se ha atrevido a decirme que estoy muy gorda y ni siquiera me conocía.

a) grosero   b) refinado

c) malcriado   d) fino

19 El pescado estaba malísimo, pero como lo había hecho la mujer del jefe tuve que _____ y comérmelo todo.

a) salir por los cuatro costados

b) hacer de tripas corazón

c) revisar mi atuendo

20 Es necesario hacer un estudio previo de la situación para poder _____ seriamente este problema.

a) radicar   b) abordar

c) entablar   d) estorbar

21 ■ No ▭ lo que no te vas a comer.

  a) toquetees   b) asimiles
  c) estorbes   d) rebusques

22 ■ Deja de ▭ con el reloj; lo vas a romper.

  a) rejugar   b) juguetear
  c) enjugar   d) juguear

23 ■ Completa con *este/esta* o *el/la* las siguientes frases:

  a. Se va a aumentar el servicio de autobuses con ▭ fin de que los vecinos de los nuevos barrios de la ciudad no tengan problemas para ir al trabajo.

  b. El Ayuntamiento no quiere que los vecinos de los nuevos barrios de la ciudad tengan problemas de transporte. Con ▭ fin va a aumentar el servicio de autobuses.

  c. Con ▭ objetivo de evitar que las instalaciones escolares no se usen los días de fiesta, el Ayuntamiento va a abrir los colegios los sábados y domingos para los vecinos de la zona.

  d. El Ayuntamiento quiere aprovechar las instalaciones escolares los días de fiesta. Con ▭ objetivo va a abrir los colegios los sábados y domingos para los vecinos de la zona.

24 ■ Es mi madre y tengo que aguantarla. ¡Qué le voy a hacer! Es mi ▭ en esta vida.

  a) martirio   b) limbo
  c) reliquia   d) cruz

25 ■ Elige la opción correcta:

El primer día de las vacaciones de Navidad se dedica en muchas familias a montar el (*belén/aguinaldo*) (a), con sus figuras y sus luces. El último día de las vacaciones de Navidad se hace la (*cabalgata/procesión*) (b) de los Reyes Magos en muchas ciudades de España. Durante toda esta época se cantan (*villancicos/saetas*) (c).

26 ■ La casa ▭ viví cuando era niño está en venta.

  a) en la cual
  b) en la que
  c) donde
  d) en lo que

27 ■ El profesor de Matemáticas ▭ estudiaste se ha jubilado.

  a) del que   b) con el cual
  c) con el que   d) de lo que

28 ■ En España, durante la Semana Santa ▭ procesiones en diversas ciudades.

  a) se celebra   b) se celebran
  c) son celebrados d) son celebradas

29 ■ Los pasos de las procesiones ▭ a hombros por los costaleros.

  a) se lleva   b) se llevan
  c) son llevados   d) son llevadas

30 ■ ¿Quieres que te ▭ una mano y te ayude a subir estas cajas a tu casa?

  a) disloque   b) eche
  c) dé   d) disponga

31 ▪ No he tardado nada: ha sido
.

a) armarse la de Dios es Cristo

b) llegar y besar el santo

c) aparecérseme la Virgen

32 ▪ Lo siento, pero se me ha olvidado. Se
.

a) me ha ido el santo al cielo

b) ha armado la de Dios es Cristo

c) me ha aparecido la Virgen

33 ▪ Mañana es Navidad.
las tiendas están tan llenas de gente.

a) Por eso

b) De ahí que

c) Por lo tanto

apéndice
de actividades

ACTIVIDAD 1

Alumno A

1 ▪ ¿Sabes qué significa "echarle a alguien el muerto"? Tu compañero te va a explicar el significado y el origen de esta expresión. Toma nota y después comprueba si lo has entendido.

2 ▪ Lee esta explicación tomada de un libro. Cuéntasela después a tu compañero de un modo más informal (utiliza "parece ser que…", "por lo visto…"):

Estar entre Pinto y Valdemoro

Esta expresión se emplea sobre todo para decir que una persona vacila entre dos cosas y opiniones. Pinto y Valdemoro son dos pueblos de las afueras de Madrid que están separados por un arroyo. La gente de allí cuenta que en Pinto había un hombre aficionado a la bebida que solía ir por las tardes con sus amigos a las afueras del pueblo. Cuando llegaban al arroyo, el borrachín se divertía saltándolo, cantando a cada salto: "¡Ahora estoy en Pinto! ¡Ahora en Valdemoro!" En uno de los saltos, cayó al fondo del arroyo y exclamó: "¡Ahora estoy entre Pinto y Valdemoro!".

ACTIVIDAD 2

Alumno A

1 ▪ Escucha las definiciones de tu compañero y dile cómo se llaman estos objetos que está definiendo:

 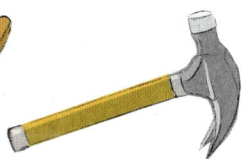 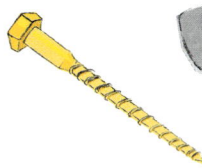 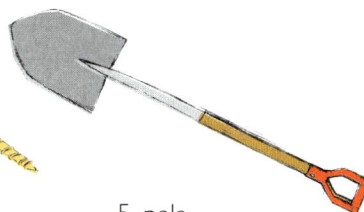

1. brocha   2. martillo   3. tuerca   4. tornillo   5. pala

2 ▪ Ahora define estos objetos para que tu compañero te diga cómo se llaman en español:

Expresiones útiles:
- Es de… (tela, plástico, material sintético…)
- Sirve para…
- Se… (moja, mete en un cubo, usa para…)
- Tiene… (un mango muy largo, tiras de material absorbente en la punta, …)

ACTIVIDAD 3

Alumno A

LOS VIRUS DE LAS MOSCAS FRITAS

Las lámparas que atraen y eliminan a los insectos domésticos pueden extender infecciones. El investigador James Urban, de la Universidad de Kansas, en Estados Unidos, ha demostrado que las moscas que explotan al contacto con la parrilla eléctrica de estos aparatos pueden extender virus en un radio de dos metros. "Al electrocutarse, los insectos no se desintegran del todo, sino que algunas de sus partes, que pueden estar contaminadas con microorganismos, se dispersan por el aire", advierte Urban.

HASTA DIEZ HUEVOS A LA SEMANA

Como su aporte de colesterol no alcanza la dosis diaria de un adulto y es una gran fuente de proteínas, ésta es la cantidad que aconseja consumir la Organización Mundial de la Salud a las personas sanas.

UNA BRÚJULA EN EL PICO

Ni tienen un gen de la orientación, ni mapas archivados en su memoria. El GPS particular de muchas aves encargado de llevarlas por el buen camino es simplemente su pico. Según las dos biólogas alemanas de la Universidad de Frankfurt que lo han descubierto, en la piel que recubre parte del pico de las palomas mensajeras hay pequeñísimas cantidades de magnetita, mineral de óxido de hierro. Al parecer, estas partículas reaccionan de forma similar a las agujas de las brújulas, es decir, son extremadamente sensibles al campo magnético terrestre. Los cambios magnéticos que experimentan son enviados por los nervios de las aves hasta su cerebro y así pueden mantener el rumbo.

LOS MENTIROSOS, EN EL BOLSILLO

¿Pensaba que los detectores de mentiras sólo podían usarse en los interrogatorios policiales? Pues nos llegan noticias de que la compañía 911 Computer de Seúl (Corea del Sur) ha desarrollado un detector de mentiras portátil. Con un 84 por 100 de precisión, según sus fabricantes, el Handy Truster está lejos del polígrafo tradicional, que se encarga de registrar las reacciones fisiológicas ante la mentira, como las variaciones en el pulso. El nuevo invento coreano trabaja analizando los cambios en la voz baja analizando los cambios en la voz debidos al estrés. Acoplado al teléfono e incluso al móvil, cualquiera podrá usarlo también con su amado/a y comprobar hasta qué punto no le tiembla la voz ante sus promesas de amor.

LA ALEGRÍA DE LA HUERTA

¿Ve a sus plantas tristes o nerviosas? ¿Le parece que sus tulipanes están estresados? La compañía de juguetes japonesa Epoch sabe cómo averiguar el humor o los sentimientos de sus plantas. El Plantone es un dispositivo que, al medir cómo cambian las plantas su actividad eléctrica ante la luz, la proximidad de una persona, el ruido o cualquier otro estímulo externo, consigue saber el estado de ánimo de cualquier vegetal. Si la planta se encuentra bien, emite un fuerte impulso eléctrico que enciende de rojo la lámpara del Plantone; en caso contrario, lo hace de azul.

EL RONCAR SE VA A ACABAR

El 2,3 por 100 de las causas de divorcio en EE UU y Europa son debidas a los ronquidos de alguno de los cónyuges. En casos extremos, los conciertos nocturnos pueden alcanzar los 85 decibelios. De ahí que la gente se las haya ingeniado a lo largo de la historia para librarse de tan ruidosa disfunción. Afortunadamente, a finales del pasado año apareció la noticia de un nuevo método: una simple inyección de sulfato de tetradecilo en el velo del paladar a la altura de la garganta devuelve el silencio a las noches. La técnica destruye aquellos tejidos del velo del paladar que durante el sueño vibran y ocasionan el ronquido. Pero al eliminarlos, no sólo reduce diez veces el volumen de los rugidos nocturnos sino que alivia la peligrosa apnea, enfermedad que suspende la respiración durante el sueño y que es una grave dolencia que mata a diario a 3.000 personas en todo el mundo.

(Artículos adaptados de la revista *Muy Interesante*)

ACTIVIDAD 4
Texto A

Fernando Garrido
62 días en el Aconcagua

(Madrileño de nacimiento, aragonés de adopción, 1958). Récord mundial de permanencia en altura (62 días en la cumbre del Aconcagua).

A mí siempre me ha gustado estar solo. Planeé la permanencia en la cumbre del Aconcagua como una aventura personal, yo mismo me encargué de todo. Me presenté en Argentina en 1986. Durante el primer mes estuve haciendo aclimatación. Una vez que me quedé solo empezaron los problemas. A los cuatro días estaba muy mal, con vómitos continuos. Pensé que siempre hay que dejar un margen de seguridad y que no debía apurar demasiado, pues únicamente contaba con mis propios medios para salir de allí, así que bajé al campo base para recuperarme. Cuatro días después volví a subir, y allí estuve durante otras 62 jornadas seguidas, un récord que aún no ha sido superado. Arriba me sentía como un ermitaño, pero en condiciones muy duras; sólo hay una cuarta parte del oxígeno a esa altitud, por lo que todo se ralentiza, la cabeza va despacio, no tienes energía para nada. Permanecí la mayor parte del tiempo dentro de mi pequeña tienda, acostado en un saco doble. Salía sólo una vez al día, porque la cabeza no estaba nada lúcida. Al final sí que estaba muy débil, perdí las 20 uñas de los dedos y 17 kilos de peso.

(Del reportaje "Españoles que han roto moldes", por Paco Nadal)

ACTIVIDAD 5

Padre:

En esta familia mandas tú y se hace lo que tú dices, aunque con frecuencia tengas que enfadarte y gritar un poco para que los demás se den cuenta de que tienes razón. En esta casa nadie parece darse cuenta de que las cosas cuestan dinero. Tu hijo/a mayor ya tiene edad suficiente para irse a vivir solo/a y dejar de hacer gasto en casa, o por lo menos que contribuya con parte de su sueldo, como prometió el día en que le dieron el trabajo.

Hablando de hijos, el/la pequeño/a, a ver cuándo empieza a estudiar, que no piensa nada más que en hacer deporte y en irse por ahí a bailar con sus amigos. Hace años te prometió estudiar mucho si le comprabas una moto y aún sigues esperando.

Valoras mucho la imagen personal: una persona respetable debe ir bien vestida y bien aseada. Por supuesto, los hombres deben llevar el pelo corto y las chicas, mejor con falda… y eso de que las mujeres fumen, ¡ni hablar! Por cierto, que tu mujer te prometió hace años que lo dejaría y todavía no lo ha cumplido.

No soportas a tu suegro. Es un viejo tonto que cree que por su edad lo sabe todo y se puede permitir decirle a todo el mundo lo que tiene que hacer. Además, cuando viene a tu casa, tu mujer se preocupa tanto de él y de los niños, que a ti no te hace ni caso.

Llevas años prometiendo a tu familia que los vas a llevar de vacaciones a Italia, pero nunca encuentras el momento. En el fondo, el viaje te parece tan caro que, a menos que te toque la lotería, no lo ves fácil a corto plazo, aunque si tu mujer insistiera mucho…

ACTIVIDAD 6

Alumno B

1 ▪ Lee esta explicación tomada de un libro. Cuéntasela después a tu compañero de un modo más informal (utiliza "parece ser que…", "por lo visto…"):

Echarle a alguien el muerto

Quiere decir "cargar a alguien con la responsabilidad de algo que no ha hecho". Al parecer, el origen de la expresión se remonta a la Edad Media. Según las leyendas, cuando en un pueblo aparecía un cadáver de una persona muerta de forma violenta, y no se llegaba a saber quién había cometido el asesinato, los habitantes del pueblo estaban obligados a pagar una multa. Para no pagar, los vecinos utilizaban algunos trucos; lo más frecuente era meter al muerto en un saco y, de noche, tirarlo en otro pueblo.

2 ▪ ¿Sabes qué significa "estar entre Pinto y Valdemoro"? Tu compañero te va a explicar el significado y el origen de esta expresión. Toma nota y después comprueba si lo has entendido.

ACTIVIDAD 7
Alumno B

EL RONCAR SE VA A ACABAR

El 2,3 por 100 de las causas de divorcio en EE UU y Europa son debidas a los ronquidos de alguno de los cónyuges. En casos extremos, los conciertos nocturnos pueden alcanzar los 85 decibelios. De ahí que la gente se las haya ingeniado a lo largo de la historia para librarse de tan ruidosa disfunción. Afortunadamente, a finales del pasado año apareció la noticia de un nuevo método: una simple inyección de sulfato de tetradecilo en el velo del paladar a la altura de la garganta devuelve el silencio a las noches. La técnica destruye aquellos tejidos del velo del paladar que durante el sueño vibran y ocasionan el r o n q u i d o . Pero al eliminarlos, no sólo reduce diez veces el volumen de los rugidos nocturnos sino que alivia la peligrosa apnea, enfermedad que suspende la respiración durante el sueño y que es una grave dolencia que mata a diario a 3.000 personas en todo el mundo.

HASTA DIEZ HUEVOS A LA SEMANA

Como su aporte de colesterol no alcanza la dosis diaria de un adulto y es una gran fuente de proteínas, ésta es la cantidad que aconseja consumir la Organización Mundial de la Salud a las personas sanas.

LA ALEGRÍA DE LA HUERTA

¿Ve a sus plantas tristes o nerviosas?¿Le parece que sus tulipanes están estresados? La compañía de juguetes japonesa Epoch sabe cómo averiguar el humor o los sentimientos de sus plantas. El Plantone es un dispositivo que, al medir cómo cambian las plantas su actividad eléctrica ante la luz, la proximidad de una persona, el ruido o cualquier otro estímulo externo, consigue saber el estado de ánimo de cualquier vegetal. Si la planta se encuentra bien, emite un fuerte impulso eléctrico que enciende de rojo la lámpara del Plantone; en caso contrario, lo hace de azul.

LOS MENTIROSOS, EN EL BOLSILLO

¿Pensaba que los detectores de mentiras sólo podían usarse en los interrogatorios policiales? Pues nos llegan noticias de que la compañía 911 Computer de Seúl (Corea del Sur) ha desarrollado un detector de mentiras portátil. Con un 84 por 100 de precisión, según sus fabricantes, el Handy Truster está lejos del polígrafo tradicional, que se encarga de registrar las reacciones fisiológicas ante la mentira, como las variaciones en el pulso. El nuevo invento coreano trabaja analizando los cambios en la voz al mentir debidos al estrés. Acoplado al teléfono e incluso al móvil, cualquiera podrá usarlo también con su amado/a y comprobar hasta qué punto no le tiembla la voz ante sus promesas de amor.

UNA BRÚJULA EN EL PICO

Ni tienen un gen de la orientación, ni mapas archivados en su memoria. El GPS particular de muchas aves encargado de llevarlas por el buen camino es simplemente su pico. Según las dos biólogas alemanas de la Universidad de Frankfurt que lo han descubierto, en la piel que recubre parte del pico de las palomas mensajeras hay pequeñísimas cantidades de magnetita, mineral de óxido de hierro. Al parecer, estas partículas reaccionan de forma similar a las agujas de las brújulas, es decir, son extremadamente sensibles al campo magnético terrestre. Los cambios magnéticos que experimentan son enviados por los nervios de las aves hasta su cerebro y así pueden mantener el rumbo.

LOS VIRUS DE LAS MOSCAS FRITAS

Las lámparas que atraen y eliminan a los insectos domésticos pueden extender infecciones. El investigador James Urban, de la Universidad de Kansas, en Estados Unidos, ha demostrado que las moscas que explotan al contacto con la parrilla eléctrica de estos aparatos pueden extender virus en un radio de dos metros. "Al electrocutarse, los insectos no se desintegran del todo, sino que algunas de sus partes, que pueden estar contaminadas con microorganismos, se dispersan por el aire", advierte Urban.

(Artículos adaptados de la revista *Muy Interesante*)

ACTIVIDAD 8
Alumno B

Madre:

A pesar de lo que pueda pensar tu marido, en esta familia mandas tú, pero tampoco te interesa que se note demasiado. Tu marido se está volviendo cada vez más tacaño con los años y siempre protesta por todo. A tu pobre hijo/a mayor cada vez le exige más. Ahora se ha empeñado en echarlo/la de casa, pero a tí te parece una locura. Es verdad que prometió ayudar en los gastos de la casa y luego no lo ha cumplido, pero todavía es demasiado joven e inexperto/a como para vivir solo/a y además a tí te gusta tenerlo/la cerca para controlar un poco lo que hace.

Hablando de controlar, vas a tener que hacer algo con el/la pequeño/a. Aunque prometió que iba a estudiar mucho si su padre le compraba una moto…, ¡ya ha repetido dos cursos!

Tu marido se ha quedado muy anticuado en sus gustos. Según él, todos tendríamos que seguir vistiendo como en su juventud, aunque más le valdría mirarse un poco al espejo. Te dan mucha envidia los jóvenes de hoy en día que pueden ponerse lo que quieran y sentirse más libres.

Tu pobre padre, el abuelo, se está haciendo muy mayor. A ti te da mucha pena que viva solo y, por supuesto, ni consideras mandarlo a una residencia de ancianos. Además, si se viniera a vivir con vosotros, os pasaría parte de su pensión, que siempre os vendría muy bien, sobre todo para pagar las vacaciones. Por cierto, tu marido lleva años prometiéndote unas vacaciones en Italia para toda la familia. Tú también le habías prometido que dejarías de fumar (porque, según él, no es elegante que las mujeres de tu edad fumen), pero cada vez estás menos convencida.

ACTIVIDAD 9

Alumno B

1 ▪ Describe estos objetos para que tu compañero te diga cómo se llaman en español:

Expresiones útiles:
– Es de... (madera, metal...)
– Sirve para...
– Se... (moja, mete en un cubo, usa para...)
– Tiene... (un mango muy largo, pelos en un extremo ...)

2 ▪ Ahora escucha las definiciones de tu compañero y dile cómo se llaman estos objetos:

1. escoba

3. mopa

2. estropajo

4. fregona

5. trapo

ACTIVIDAD 10

Hijo/a pequeño/a:

En esta familia nadie te entiende. Tu padre, en vez de hablar, grita. Tu madre sólo se preocupa porque tu padre no se enfade y por tu hermano/a mayor, que es su preferido/a. A ti nadie te hace mucho caso, si no es para regañarte.

Estás deseando que tu hermano/a se vaya de casa porque siempre se está metiendo contigo y no te deja nunca en paz. Además, si por lo menos aportara dinero a casa, a lo mejor te daban a ti más para tus gastos, o tu padre te llevaba a Italia, como lleva años prometiendo. Bueno, también hace años que tú prometes sacar buenas notas en el colegio y ya has repetido dos cursos.

Lo que menos te gusta de tu familia es cómo van vestidos: tu padre es un anticuado; tu madre dice que no, pero es igual que él. Tu hermano/a también podría ponerse un poco a la moda…, como tú, que lo que quieres es hacerte un tatuaje en el cuello, como todos tu amigos…, o por lo menos uno en el hombro, que sólo se ve en verano.

Tampoco soportas que a nadie le importe la salud ni el medio ambiente. Eres la única persona de la casa que hace deporte y que se preocupa de lo que come. Tu padre no se mueve del sillón; tu hermano/a ha empezado a engordar desde que tiene coche y tu madre llena toda la casa de humo con sus cigarrillos.

El abuelo te parece un tipo genial. Es simpático, habla contigo, te da dinero y parece ser el único que te entiende. Ojalá se fuera tu hermano de casa y viniera a vivir el abuelo. Entonces sí que iban a empezar a cambiar las cosas.

ACTIVIDAD 11
Texto B

Mercè Marti
África en avioneta de hélice

(Sant Feliù de Llobregat, Barcelona, 1968). Primer piloto español en dar la vuelta al mundo en avión de hélice y primera mujer que gana este tipo de competición.

Siempre soñé con volar como los pioneros de la aviación, en aparatos de hélice sin ayuda técnica y con navegación visual. Mi suerte cambió al ir a Estados Unidos para estudiar COU*. Aquello fue la gloria, todo dios tenía una avioneta; mi sueño dejó de ser inalcanzable. Conseguí todas las licencias, las convalidé en España y entré a trabajar en la aviación comercial. En 1994 completé la vuelta al mundo en una Cesna Centurion en 22 días y me convertí en la primera mujer que ganaba la *Race Around the World*, logré tres récords mundiales de velocidad y el subcampeonato en el *Race of the Americas*. Pero ninguna de mis aventuras me ha llenado tanto como la que acabo de terminar por África. Con el dinero de varios patrocinadores compré un Fairchild R-24, un avión de los años cuarenta utilizado en la II Guerra Mundial para operaciones de reconocimiento. Recopilé información sobre vuelos históricos y tracé una ruta que recordara aquellos *raids*** románticos, sin aparatos de ayuda a la navegación. Han sido tres semanas de auténtica aventura, volando despacito y bajito. He visto África a dos palmos de altura.

(Del reportaje "Españoles que han roto moldes", por Paco Nadal)

* Siglas de Curso de Orientación Universitaria, un curso preparatorio anterior a la Universidad (actualmente ya no se hace en España).

** Palabra del inglés para denominar una incursión aérea, una entrada en avión en el territorio enemigo, normalmente para atacar por sorpresa.

ACTIVIDAD 12

No cojas la cuchara con la mano izquierda.

No pongas los codos en la mesa.

Dobla bien la servilleta.

Eso, para empezar.

Extraiga la raíz cuadrada de tres mi trescientos trece.

¿Dónde está Tanganika? ¿En qué año nació Cervantes?

Le pondré un cero en conducta si habla con su compañero.

Eso, para seguir.

¿Le parece a Ud. correcto que un ingeniero escriba versos?

La cultura es un adorno y el negocio es el negocio.

Si sigues con esa chica te cerramos las puertas.

Eso, para vivir.

No seas tan loco. Sé educado. Sé correcto.

No bebas. No fumes. No tosas. No respires.

¡Ay, ay, no respirar! Dar el NO a todos los NOS.

Y descansar: Morir.

(Gabriel Celaya, "Itinerario poético")

ACTIVIDAD 13

Hijo/a mayor:

Ya tienes 28 años y de vez en cuando te planteas independizarte, ¡pero es que en casa se está tan a gusto! No hay que cocinar, ni lavar la ropa, ni pagar el alquiler, ni la luz, ni el teléfono… Sí, es verdad que tu padre grita un poco, pero uno hace que lo escucha un rato y en seguida se calma. Tu madre te adora y no sabría vivir sin ti. Si insisten mucho, a lo mejor contribuyes a los gastos de la casa aportando parte de tu sueldo. Es verdad que se lo llevas prometiendo desde que empezaste a trabajar, pero si les das el dinero a tus padres, ¡a ver cómo ahorras tú para comprarte un piso! Además, también tu padre lleva años prometiendo llevar a toda la familia a Italia.

A ti te gusta ir a la moda, pero sin exagerar. Eso de los tatuajes te parece cosa de locos. Tu padre se ha quedado en sus gustos de juventud y tu madre alterna entre lo clásico y lo moderno, probablemente para contentar a tu padre, porque a ella le gustaría ir a la última moda. Lo que sí te gustaría es que dejara de fumar, porque temes por su salud, ahora que se está haciendo mayor.

Tu abuelo es un poco pesado. Siempre te está diciendo lo que tienes que hacer y además, cuando está en casa, tu madre sólo se dedica a él y tu padre se pone de muy mal humor. Las residencias de ancianos modernas son unos sitios muy agradables, y el abuelo podría venir a veros cuando quisiera, manteniendo su intimidad.

ACTIVIDAD 14

- Todo ser humano tiene un mismo tipo de órganos articulatorios*. Por ello, no existe ningún sonido lingüístico que no pueda pronunciar un ser humano. Otra cosa es que los sonidos que no se adquieren en la infancia cueste realizarlos de modo automático.

  * Las partes del cuerpo que utilizamos para producir los sonidos de las lenguas.

- Esta falsa impresión surge cuando comparamos una lengua que no conocemos con la nuestra. No somos conscientes de las irregularidades de nuestra propia lengua y lo somos mucho más de las de las lenguas que no conocemos.

- La dificultad o facilidad de una lengua es un concepto relativo. Depende siempre del idioma del que se parta. A un portugués, el español le parecerá mucho más fácil que el alemán, y a un alemán, el neerlandés le parecerá mucho más fácil que el portugués.

- Cuando se aprende un idioma segundo y se va por primera vez a uno de los lugares donde se habla, se produce un choque traumático*: lo que escuchamos no es lo mismo que lo que hemos aprendido, nos cuesta entenderlo por muy buenas notas que hayamos obtenido al estudiar la lengua en cuestión en la academia o la escuela. Nunca encontramos esa lengua estándar que hemos aprendido en los libros de texto y que sólo habla el profesor en clase, porque esa lengua no es real. En ningún lugar se habla naturalmente, en la comunicación diaria de la gente, el inglés estándar que aprendemos en las gramáticas pedagógicas: cada país, cada región, cada ciudad, tiene su propia variedad con sus peculiaridades; unas de ellas son más parecidas a la lengua estándar que hemos aprendido y otras lo son menos. Hemos de adaptarnos en cada caso a los usos locales.

  *Que causa una impresión fuerte.

- Por muy grande que sea un diccionario nunca podrá recoger todas las palabras y acepciones* de las palabras que se usan en una comunidad lingüística, ya que continuamente surgen nuevas palabras y nuevas acepciones. Si una palabra o una acepción de una palabra no figura en un diccionario, es un defecto del diccionario y no de la palabra.

  *Cada uno de los sentidos de una palabra o expresión.

- La interacción con hablantes de esa lengua es suficiente aunque no se esté en el país o zona geográfica donde esa lengua es predominante.

- Esto no es cierto. ¿Por qué el latín hablado dio origen a diferentes lenguas según el territorio? Sencillamente, porque los hablantes de cada territorio pronunciaban en latín con algunos de los rasgos de sus lenguas nativas autóctonas [...]. De estas diferentes pronunciaciones salieron las diversas lenguas romances: es decir, no hubo ni contaminación, ni degradación, ni empobrecimiento. La idea de hablar una lengua segunda exactamente igual que un nativo de determinada variedad es un objetivo loable*, pero la historia de las lenguas demuestra que éste no es el caso más general.

  * Digno de ser elogiado.

- Muchas personas consideran que el inglés es una lengua útil y que el vasco no lo es. La utilidad de una lengua no tiene nada que ver con la lengua en sí, sino con las circunstancias sociales que la rodean. Si el inglés es útil no es por su estructura gramatical, sino por circunstancias económicas, políticas y sociales que hacen que los individuos que hablan inglés tengan determinadas ventajas en muy diversos lugares.

- En muchas ocasiones, los diccionarios incluyen palabras o acepciones de palabras que ya no se usan y cuya utilización podría ser inadecuada dependiendo del contexto de uso. Por ello, no por el hecho de que una palabra o acepción figura en el diccionario, es siempre de uso adecuado o correcto.

- El mero hecho de ser hablante nativo no hace que una persona sea un buen profesor de su lengua. Las dificultades que pueda tener un extranjero para aprender una lengua las conoce bien quien no tenga dicha lengua como nativa, es decir, quien se haya encontrado en una situación similar a la del alumno.

- Si un pueblo o comunidad lingüística necesita aprender otra u otras lenguas para comunicarse, lo hará. Las comunidades que hablan lenguas muy extendidas geográficamente pueden permitirse el lujo de no aprender otras lenguas. Curiosamente, los pueblos de los que se dice que están menos dotados para las lenguas hablan siempre una lengua dominante en algún o algunos ámbitos importantes.

(Juan Carlos Moreno Cabrera,
La dignidad e igualdad de los idiomas)

ACTIVIDAD 15

Apúntate a una radio que te ofrece una programación, local, regional y en cadena, hecha a tu medida.

CADENA RATO

60 Emisoras y tú, en Cadena.

Que es todo oídos con las 700.000 personas que la escuchan a través de 60 emisoras.

Apúntate a la radio con la que, seguro, vas a sintonizar.